普通高等学校创新创业教材

"十三五"江苏省高等学校重点教材（编号：2020-2-090）

DAXUESHENG CHUANGXIN CHUANGYE SHIJIAN YU ANLI

大学生创新创业实践与案例

主　编　徐德锋　陈　群　江一山

副主编　张小远　陈海群　胡　航

编　者（按姓氏笔画排序）

江一山　李忠玉　张小远　陈　群

陈海群　胡　航　徐知遥　徐德锋

龚　亮　崔永琪

华中科技大学出版社
http://www.hustp.com
中国·武汉

内 容 简 介

本书是普通高等学校创新创业教材,"十三五"江苏省高等学校重点教材。

本书共10章,内容包括创新创业教育概述、大学生创新创业比赛、大学生创新创业的扶持体系、大学生创新创业教育实践、大学生创新创业项目的选择、创新创业开办企业、编制创新创业计划书、大学生创新创业项目PPT制作、大学生创新创业项目路演、大学生创新创业比赛优秀案例。

本书可作为高等学校创新创业类课程的教学用书,也可作为广大青年朋友创新创业学习的参考用书。

图书在版编目(CIP)数据

大学生创新创业实践与案例/徐德锋,陈群,江一山主编.—武汉:华中科技大学出版社,2021.6(2025.1重印)
ISBN 978-7-5680-7197-0

Ⅰ.①大… Ⅱ.①徐… ②陈… ③江… Ⅲ.①大学生-创业-高等学校-教材 Ⅳ.①G647.38

中国版本图书馆 CIP 数据核字(2021)第 115872 号

大学生创新创业实践与案例 徐德锋 陈 群 江一山 主编
Daxuesheng Chuangxin Chuangye Shijian yu Anli

策划编辑:余 雯	
责任编辑:张 琳	
封面设计:原色设计	
责任校对:李 弋	
责任监印:周治超	
出版发行:华中科技大学出版社(中国·武汉)	电话:(027)81321913
武汉市东湖新技术开发区华工科技园	邮编:430223
录 排:华中科技大学惠友文印中心	
印 刷:武汉市籍缘印刷厂	
开 本:889mm×1194mm 1/16	
印 张:12	
字 数:370 千字	
版 次:2025 年 1 月第 1 版第 6 次印刷	
定 价:46.00 元	

本书若有印装质量问题,请向出版社营销中心调换
全国免费服务热线:400-6679-118 竭诚为您服务
版权所有 侵权必究

前言

为贯彻落实党的十九届五中全会精神，在常态化疫情防控特殊背景下，新时代大学生应积累智慧、施展才华，提高创新创业实践能力，强化社会责任感，肩负起新时代青年的使命。为推进"大众创业、万众创新"深入发展，激发高校创新创业主体的积极性和创造性，充分发挥高等学校的重要作用，在高等学校内部开展创新创业教育意义重大，这也是培养新时代创新创业人才的一项重要措施。为了更好地在高校实施创新创业教育，全面提高人才培养质量，坚持育人为本，促进大学生全面发展，满足创新创业通识教育的新需求，编者根据教育部《普通本科学校创业教育教学基本要求（试行）》，以及学校的人才培养目标和学生的实际情况，围绕教育部"创业基础"教学大纲，参考了大量的创新创业类教材和研究著作，编写了本书。

本书在编写时力求突出两大特色。

第一，本书按照立德树人育桃李的要求，深度挖掘创新创业教育中的思想政治教育因素，将创新创业教育和践行社会主义核心价值观与弘扬优秀传统文化教育有机融合。

第二，随着互联网时代的发展，将"互联网＋"的便利和优势充分利用到大学生创新创业教育当中，更好地帮助大学生了解创新创业思维，培养创新创业精神。本书按照《国务院关于深化"互联网＋先进制造业"发展工业互联网的指导意见》和《中国制造2025》的文件精神，优化了编写内容。

本书结合学校开设的创新创业课程的实际情况，在梳理筛选经典知识理论的基础上，尽可能地收集优秀的创新创业案例，满足新时代未来发展趋势。本书既可以作为普通高校创新创业基础课程的教材，也可以作为创新创业精英班或者创业实践班学生的入门级教材。下面对本书内容做一个简单介绍。

1. 本书开篇即为创新创业教育概述，帮助学生在知识经济时代新方位上去认识创新创业，激发大学生创新创业的热情。

2. 本书重点介绍了创新创业的基础知识，包括创新理念与创新创业能力、大学生创新创业比赛、大学生创新创业扶持政策、创新创业计划书的编写、开办创新创业企业等，力求理论与实践相结合，培养和提高大学生的创新创业能力。

3. 大学生创新创业路演PPT制作与演讲技巧非常重要，本书特增加了路演PPT的制作方法及如何进行路演的内容。

4. 本书最后介绍了大学生创新创业项目的选题，增加了2020年第六届中国国际"互联网＋"大学生创新创业大赛指南及评价标准内容。

本书由徐德锋、陈群、江一山担任主编；张小远、陈海群和胡航担任副主编，李忠玉、龚亮、崔永琪和徐知遥参与编写。具体编写分工如下：第一章、第二章和第三章由徐德锋、徐知遥和龚亮编写；第四章由徐德锋和胡航编写；第五章、第六章和第七章由陈群、陈海群、崔永琪编写；第八章和第九章由江一山、张小远和龚亮编写；第十章由徐德锋、李忠玉、徐知遥编写。研究生洪俊、邓竞和陈竞雷参与了第十章案例的整理。徐德锋对全书进行了认真审阅并统稿。

在编写本书过程中，编者参考和引用了国内外创业指导与创业教育研究方面的文献资料，以及一些专家学者的理论和观点。书中引用的案例与资料部分来自期刊、网络，以及创业学生提供的材料。在此向相关著作者一并表示衷心的感谢。

本书的编写得到了常州大学教务处及创新创业教育办公室的大力支持,得到药学院及石油化工学院的帮助,在此一并表示感谢!

由于编者水平有限,加之时间仓促,书中难免有一些不足之处,敬请广大读者批评指正。

编 者

目录

第一章 创新创业教育概述 1
第一节 创新创业概述 1
第二节 创新创业教育 4
第三节 创新创业能力 8
第四节 创新创业意识 10

第二章 大学生创新创业比赛 13
第一节 中国国际"互联网＋"大学生创新创业大赛 16
第二节 "挑战杯"全国大学生课外学术科技作品竞赛 24
第三节 "创青春"全国大学生创业大赛 28

第三章 大学生创新创业的扶持体系 36
第一节 国家对大学生创新创业的扶持政策 36
第二节 江苏省对大学生创新创业的扶持政策 41
第三节 常州市对大学生创新创业的扶持政策 45
第四节 解读扶持政策,提高大学生创业成功率 50

第四章 大学生创新创业教育实践 56
第一节 大学生创新创业前期准备工作 56
第二节 创业者的必备素质与创业成功者的主要特质 60
第三节 优秀创新创业团队的建设 65

第五章　大学生创新创业项目的选择　72
- 第一节　项目选择的影响因素和原则　72
- 第二节　大学生选择创新创业项目的策略　75
- 第三节　大学生挖掘创新创业项目的方法与途径　78
- 第四节　大学生创新创业的风险与规避　83
- 第五节　大学生创新创业项目类型　86

第六章　创新创业开办企业　93
- 第一节　企业组织形式的选择　93
- 第二节　企业名称的选择　96
- 第三节　企业注册登记　98

第七章　编制创新创业计划书　108
- 第一节　创新创业计划与创新创业计划书　108
- 第二节　创新创业计划书的主要要素　110
- 第三节　创新创业计划书的撰写　112
- 第四节　创新创业计划书的诊断工具作用　121

第八章　大学生创新创业项目PPT制作　123
- 第一节　PPT制作设计思路　123
- 第二节　PPT制作技能及常用快捷键　125
- 第三节　PPT制作高级技巧　130
- 第四节　大学生创新创业比赛PPT制作　144

第九章　大学生创新创业项目路演　148
- 第一节　创新创业项目路演准备　148
- 第二节　大学生创新创业演讲技巧　153
- 第三节　学习创新创业大赛路演经验　156

第十章　大学生创新创业比赛优秀案例　161

参考文献　182

第一章　创新创业教育概述

开展创新创业教育是我国应对知识经济挑战的必然选择,在知识经济时代,大学生是推动建设创新型国家和推动"大众创业,万众创新"的主力军。2015年1月26日,国务院总理李克强主持召开座谈会(图1-1),听取专家学者和企业界人士对《政府工作报告》的意见建议,提出大众创业、万众创新是中国经济新的发动机、新引擎。2017年3月15日,十二届全国人大五次会议闭幕之后,李克强总理例行会见中外记者并在回答记者提问中提到,"双创"不仅带动了大量就业,促进创新驱动发展战略深入实施,它也是一场改革,因为它抓住了人这个生产力当中最重要的因素,让人的聪明才智和活力充分展现出来,让大家有改变命运、获得纵向上升的平等机会。在这个时代背景下,大学生创新创业教育成为社会各层面关注的重要焦点。

图1-1　2015年1月26日国务院总理李克强主持召开座谈会(引自新华网)

创新创业教育作为一种新的教育理念,不仅要求培养大学生的自主学习能力,还要求培养大学生的实践能力。新时期,社会与时俱进的特点赋予高等教育的一个核心要务是创新创业教育,高校必须构建一个"全过程、全方位、一体化"的创新创业教育体系,培养高素质创新型人才。

第一节　创新创业概述

创新创业由创新和创业两个概念组成,创新是创业的本质和基础,创业是创新最佳的实现形式。

"创新"(innovation)一词的概念很广泛,涵盖了管理、法律、教育、哲学、社会等多个学科以及政治、经济、军事、文化、科技、安全等多个领域,不同的学科领域有着截然不同的理解。在哲学观中,创新是一种人的创造性实践行为,目的在于通过对事物的发现和利用以及再创造来增加利益总量,尤其是对物质世界矛盾的利用和再创造。从社会学上来说,创新是人们为了发展需要,运用已知的信息和条件,突破常规,发现或产生某种新颖、独特的有价值的新事物、新思想的活动。经济学视角将创新视为一种经济学概念,是指通过抓住市场的潜在机会和商业价值,利用现有知识和物质改进或创造新事物,使经济领域获取一定利益效果的行为。编者认为创新是指理论、方法、工艺或技术等方面的发明、创造或者重新组合,关键在于创新技术与经济发展相结合。创新是一个民族进步的灵魂,是引领社会发展的第一动力,其核心是知识创新。

"创业"(entrepreneurship)一词数百年前就已提出,通常与创业者这一概念联系而呈现。在经济学中,"创业"是由创业教育开拓者杰弗里·蒂蒙斯教授在《创业学》中提出的。狭义的创业是指创建一个新企业,而广义的创业则强调面对不确定性和风险,创建新的经济组织,追求经济利益或实现自我价值这一过程。诸多学者从不同视角定义了创业。有学者将创业定义为一种能力,即处理风险和不确定性的能力。有学者则将创业定义为新组织的建立。在机会价值说中,创业是指创业者寻找机会去创造新的产品,并实现其潜在价值的过程,核心词是"机会"和"价值",主体是创业者。在财富目的说中,创业是指以获得财富为目标而进行的商业活动。在组织创新说中,创业是指将各种资源进行重组、再利用。一般来说,对创业概念的认知大体上可以分为广义的创业概念和狭义的创业概念。广义的创业,指人类创造新事业、新事物的过程;狭义的创业,指个人或者组织创建一个营利性企业,具有自主性、功利性等特征。从总体上看,学术界认为创业是一个过程,是将各种经济要素以创新方式综合起来的过程,其本质在于把握机会、整合资源、创新行动。我国关于创业的认知分三个层面:创建新企业;创建事业;创建新事业。创业面对的风险和不确定性为创业者提供了限制最少但风险最大的机会探索和实现的环境。相比管理能力和技术专长,创业者更需要的是极大的商务洞察力。

创业实施主体为创业者,是创业企业的运营者或负责人。创业者通常具有以下特征。第一,创业者应富有创造性和远见。不同于静态环境中的墨守成规,他们改变自身行为模式、思维模式,寻求资源上的新组合,并乐此不疲。第二,创业者不同于技术专家。创业者关注技术发明,但更强调的是技术从理论概念到样板应用,再到市场化和商业化的整个过程的实现。这种创新价值的转化实现是他们的最终目标和最重要的关注点。第三,创业者要具有商务洞察力。基于经济发展形势,创业者具备在不确定的市场中发现尚未满足或者潜在的需求机会的能力(敏锐的嗅觉)。第四,创业者具备过硬的自身素养。专业知识、顽强意志力和强大的人格魅力都会成为创业者创业过程中的有力武器。创业不仅是活力之基、富民之道,也是就业之源,创业活动已成为经济增长的主要推动力。

创新创业是指基于技术创新、产品创新、品牌创新、服务创新、商业模式创新、管理创新、组织创新、市场创新、渠道创新等方面的某一点或几点创新而进行的创业活动。创新是创新创业的特质,创业是创新创业的目标。创新创业理论目前主要有四个:Schmnpeter(熊彼特)创新与创业理论、Drucker(德鲁克)创新与创业理论、Timmons(蒂蒙斯)创业过程理论以及 Ichak Adizes(伊查克·爱迪思)企业成长理论。

Schumpeter 创新与创业理论主要关注创业的创新价值,相对于获得利润和建立企业,更强调创新精神和创业精神的价值,关注创新精神的发挥和实现,并从创业者个体的角度上升到组织和国家层面。在市场建立初期,市场对企业创新需求是较少的,规模扩张和资源依赖的发展模式为该阶段主要发展特征。随着经济规模和数量上的扩张带来经济水平上升,经济形势和形态逐渐变得丰富以至饱和。这时经济发展因受限于技术和制度因素将出现增长停滞。企业间竞争加剧并呈现白热化,创新将成为企业脱离恶性竞争的关键。创新和创业不仅冲击着饱和阶段的经济结构,还碰撞着固化陈旧的管理和组织体制,推动着巨大的社会变革。该理论认为创业既可以发生在需求供给的一方(如供给新产品、新技术),也可以发生在需求提出的一方(如买家,对新产品、新生产技术的购买)。此时创业呈现出了创造特质。总的来说,该研究对创新创业的界定有三个特征:现有体系的要素新组合;创业即是创新;创业的实现主体可以是个人,也可以是组织甚至国家。

Drucker 创新与创业理论在于创业主体的突破，Drucker 认为创新创业的实现不一定是新创企业，可以是拥有创业型管理的成熟企业。创新创业的实现并非一定由企业家或创业者完成。高效管理团队可依据市场定位，通过合理分工，以及战略、财务等方面决策运作从而实现创新创业。此外，他还认为创业是一种可以习得的能力，并能被系统训练。他认为聪明和创造天赋能带来好的创意，但不意味着创业更有可能获得成功。因为创业比创意更为复杂。只有立足社会和经济现状，有目标有计划地进行创新活动，创业才有可能取得更大成就。该理论对创新创业的理解包含以下内容：创业本质是实践和创新；创业创新是一项技能。创新创业应该遵循规则，有计划有目标地实施，并应注重创新的管理机制；最后，科技创新和社会创新是相辅相成的，创业思维的转化和实践能带来国家发展和经济繁荣，并最终构建创业型社会。

Timmons 创业过程理论表明创造力能平衡商业机会、团队、资源在企业发展中的作用。具体来说，创造力使得个体通过发散性思维对复杂微妙的创业环境进行把握。创业个体能借此抓住商机、调动资源、实施创业，实现价值创造。该理论认为创业发展的核心要素是商业机会、团队、资源；创造力的收敛思维和发散思维是创业的核心动力。它们能帮助创业者在复杂环境中把握机遇，从而调动资源成功完成创业过程。同时强调创业过程中最重要的环节就是商机，商机在一定程度上决定着创业团队的形式和规模，社会的发展、技术的进步以及政府的相关政策等。

Ichak Adizes 是美国极有影响力的管理学家之一，提出了企业成长理论。他把企业成长过程分为孕育期、婴儿期、学步期、青春期、盛年期、稳定期、贵族期、官僚初期、官僚期以及死亡期共十个阶段。国内学者对此进行了修正，将企业生命周期分为初创期、发展期、成熟期和衰退期。

创新创业是在创新基础上的创业活动，创新是创业的基础和前提，创业又是创新成果的载体和呈现。在创业活动过程中，应不断优化资源配置、总结提炼，以实现创新的更新与升级。创新带动创业，创业促进创新。

典型案例 1-1

鲁军和"易得方舟"的创业启示

鲁军，1976 年出生于浙江鄞县（现鄞州区）；1993—1998 年就读于清华大学汽车工程系；1998 年成为清华大学经济研究所经济学专业硕士研究生。鲁军是中国第一个休学创业的大学生。1999 年 4 月，鲁军和清华大学热能系毕业生俞弛以及陈曦商讨进军 ICP 行业（电信与信息服务业务经营）。1999 年 5 月，随着在教育网上颇有名气的个人网站"化云坊"的创立者刘颖及其团队以及童之磊的加入，形成了"易得方舟"的团队雏形，"易得方舟"的产品理念得到了初步完善。该团队参加了"清华大学第二届学生创业大赛"。1999 年 7 月 18 日，清华大学正式批准鲁军停学创业的申请；1999 年 8 月，鲁军获得第一笔私人投资，入驻清华大学创业园。1999 年 9 月 3 日，鲁军创建易得方舟信息技术有限公司并担任总裁，用 FanSo 网站勾画他的梦想，标语是"大学生自己的网站"。

易得方舟信息技术有限公司开辟了"新闻在线""环球影视""啸林书院""打开音乐""游戏辞海"和"我的家"等频道，还提出了一套全新的"CampusAge 中国高校电子校园解决方案"，为加快中国高校校园电子化建设进程服务。"易得方舟"从最初一个不到 10 人的创业团队发展成为拥有 60 余名员工的初具规模的商业公司。鲁军团队参加 1999 年第一届"挑战杯"中国大学生创业计划大赛，并最终获得冠军（金奖），他的"FanSo 网络信息服务"计划，被上海浦东科创投资管理有限责任公司看好，成功融资 660 万元，其页面浏览量突破 250 万人次，在四个月内就成长为当时教育网内最大的站点。

"易得方舟"的创业理念就是源于校园、服务学生，其业务内容与大学生的生活息息相关。"易得方舟"的创业模式和创业的切入点可以说是很有特色的：一是它抓住了互联网发展的契机。互联网是新生事物,是一种有效的载体和工具,从理论和实践上来看,ICP是一种重要的基于互联网的经营模式,创业者作为在校大学生对互联网具有灵敏的感知,他们既认识到互联网的发展方向,又发挥了自己的长处,是利用新经济机遇的一种典型。二是它以大学为业务背景,以学生和校园为主要服务对象,他们因本身作为在校大学生而对大学生的需求和心理有着深刻的感受和理解。年轻人特有的朝气、灵敏、果敢和想象力,再加上丰富的学校资源,"易得方舟"与多家高校开展了各种形式的合作。三是"易得方舟"引进了风险投资。风险投资当时在我国还是一个比较新鲜的事物,对于创业初期的公司尤其是ICP公司的重要作用是显而易见的。

2000年4月14日,"易得方舟"隆重推出"CampusAge中国高校电子校园解决方案",赢得社会各界的赞赏;2000年5月,中文在线成立,"股权换版权"的理念使它囊括了巴金、余秋雨等一大批优秀作家的网上版权,总裁童之磊和他的同伴被作家丛维熙称为"来自天堂的文学天使"。"易得方舟"鼎盛时网站页面的日浏览量突破300万,注册用户达到15万。鲁军、童之磊等创业者成为业内外关注的焦点,不少媒体称他们为"网络英雄"。

然而,就在"易得方舟"踌躇满志之时,2000年6月,IT企业在纳斯达克"跳水",互联网的冬天降临。"易得方舟"感受到了资本的无情,两周内,风险投资撤走。2000年底,"易得方舟"经历了最艰难的时期。核心团队五个人走了三个,账上只有几千元钱,40多个员工等着开工资。

2001年10月,FanSo网站无法登录了。作为"易得方舟"的"船长",鲁军坚守到最后。在"易得方舟"最艰难的时候,有人劝鲁军"弃船保帅",从头再来,也有猎头公司相中了他,但鲁军仍是那句话:"船在人在。"然而,"易得方舟"最终还是沉没了。鲁军在反思时认为,大学生自己创业面临的最大问题:实战经验不足,缺乏管理经验。一个创业计划,毕竟还只是一个抽象的、停留在文本状态的合理想象,成长到真正市场意义的"咚巴拉"(藏语,意思是"心中的日月"),还有很长的路要走。

大学生创新创业教育理念要满足教育实践需要,通过依托有效的创新创业教育体系,促进大学生创新创业理念发展。对于在校大学生而言,要想获得更多关于创业方面的知识,可以通过接受一些创新创业教育帮助自己创造一个更好的发展条件,让自己在创业这方面可以积累更多的经验,体现人生价值,实现人生梦想。

第二节 创新创业教育

"创新创业教育"(innovation-entrepreneurship education)的概念界定,学界众说纷纭。从字面上看,"创新创业教育"实际上是"创新教育"与"创业教育"各取"创新"和"创业"一词后合二为一。由于两者在各自的维度上本来就有着不同的内涵,使得"创新创业教育"的内涵变得更加模糊不清,内涵的泛化与异化造成我国创新创业教育认识和实践层面的两大典型误区:其一,将创新创业教育等同于创新教育,认为创新创业教育的目的是培养学生发现或产生某种新颖、独特的新事物或新想法的活动,忽视了对创业能力和创业精神的培育;其二,将创新创业教育等同于创业教育,窄化为对学生进行就业指导以缓解就业压力,对学生实施商业技能训练,教学生创办企业。

要科学合理地界定"创新创业教育"这一名词,应当追溯其产生的根源。事实上,"创新创业教育"是我国对西方国家"创业教育"内涵的拓展,是我国独有的概念。当前,学界对此普遍认同的定义:创新创业教育的本质是创业教育,是一种创新基础之上的创业教育,强调创业的核心是创新,以创新支撑创业。这一概念相当于在创业教育中加入了创新的元素,使其成为一种新型的教育理念。它既区别于传统意义上的创新教育,又不等同于低层次的创业教育,是对创新教育和创业教育的双重超越。创业是在社会经济、文化、政治领域内开创新的事业、新的企业或者新的岗位,强调行动层面的创造;创新是不拘现状、勇于开拓、乐于尝试、善于变化的精神和态度,包含更多的思维层面的创造。因此,创新创业教育不是培养学生单一行动层面或是思维层面的教育活动,而是促使学生思维与行动高度统一的教育活动,即基于创新实施创业。

开展创新创业教育,既是世界高等教育改革与发展的共同趋势,也是我国实施创新驱动发展战略、促进经济结构转型升级、发展创业型经济的客观需要,同时也是深化高等教育综合改革、提升大学生创新创业能力和就业竞争力的必然要求。

创新创业教育是被联合国称为与学术教育、职业教育具有同等重要地位的新型教育。创新创业教育不是短期的知识技能教育,也不是快速创建企业的教育,它以创造性、创业性、开创性为内涵,以知识技能和创新创业实践活动为主体。

目前我国创新创业教育主要存在如下问题。

(1) 地方政府、社会、高校对培养大学生创新创业能力的问题未引起足够重视。

(2) 未与转变经济发展方式的要求充分结合起来。

(3) 我国主要注重基础理论的培养,缺少与实践、实训的有机结合。

同济大学原党委书记周祖翼指出:"创新创业教育应该在原有的专业基础上,转变教育思想和更新教育理念,以提升大学生的创新精神、创业意识和创业能力为核心,坚持以培养大学生创新创业能力为重点,不断推进高等院校创新创业教育工作的开展,提升人才培养的质量。"高校创新创业教育应加强实践教育,利用线上线下相结合的方式实现互联网时代的创新创业教育;未来创新创业教育的发展方向为"互联网+"教师师资队伍、环境、课程以及学习模式等。"互联网+"时代的到来为大学生在社会各个领域的发展带来了机遇,如果政府、高校、企业、学生自身能够积极相互配合,建立起互联网学习思维,便能促进大学生创新创业能力发展。

创新创业教育是指以培养学生的创新精神、创业意识和创业能力为基本价值取向的教育理念和教育模式。创新创业教育是一种教育理论、一种教育体制、一种新的教育实践。创新创业教育表达着一种与时代精神相吻合、与社会发展需要相适应的新理念。

如今,高校对"互联网+"大学生创新创业大赛、创新创业教育的重视程度与日俱增。创新创业教育面向全体学生,引导全体教师参与、融入人才培养全过程,已成为高校共识。"创新创业教育改革已延伸到课程、教法、实践、教师等各个环节,但创新创业教育不仅仅是一堂课、一个项目,更应是创业意识、创新精神和创造能力的培养。"

为贯彻落实全国教育大会和新时代全国高等学校本科教育工作会议精神,根据《国务院办公厅关于深化高等学校创新创业教育改革的实施意见》(国办发〔2015〕36号)等有关文件精神,结合国家大学生创新创业训练计划实施情况,深入推进国家级大学生创新创业训练计划(国创计划)工作,深化高校创新创业教育改革,提高大学生创新创业能力,培养造就创新创业生力军,加强国创计划的实施管理,教育部于2019年7月31日印发了《国家级大学生创新创业训练计划管理办法》(以下简称《管理办法》)。

《管理办法》指出:国创计划是大学生创新创业训练计划中的优秀项目,是培养大学生创新创业能力的重要举措,是高校创新创业教育体系的重要组成部分,是深化创新创业教育改革的重要载体。国创计划坚持以学生为中心的理念,遵循"兴趣驱动、自主实践、重在过程"原则,旨在通过资助大学生参加项目式训练,推动高校创新创业教育教学改革,促进高校转变教育思想观念、改革人才培养模式、强化学生创新创业实践,培养大学生独立思考、善于质疑、勇于创新的探索精神和敢闯会创的意志品格,提升大学生创新创业能力,培养适应创新型国家建设需要的高水平创新创业人才。国创计划围绕经济社会发展和国家战略需求,重点支持直接面向大学生的内容新颖、目标明确、具有一定创造性和探索性、技术或商业模式有所创新的训练和实践项目。国创计划实行项目式管理,分为创新训练项目、创业训练项目和创业实践项目三类。教育部是国创计划的宏观管理部门。

（1）创新训练项目是本科生个人或团队，在导师指导下，自主完成创新性研究项目设计、研究条件准备和项目实施、研究报告撰写、成果（学术）交流等工作。

（2）创业训练项目是本科生团队，在导师指导下，团队中每个学生在项目实施过程中扮演一个或多个具体角色，完成创新创业计划书编制、可行性研究、企业模拟运行、撰写创业报告等工作。

（3）创业实践项目是学生团队，在学校导师和企业导师共同指导下，采用创新训练项目或创新性实验等成果，提出具有市场前景的创新性产品或服务，以此为基础开展创业实践活动。

针对创新创业教育，2020年12月3日举办了2020年中国高等教育学会创新创业教育分会年会暨"十四五"创新创业教育高质量发展论坛（图1-2）。中国高等教育学会监事长孙维杰指出，要提升政治站位，充分认识新时期高校创新创业教育的重要地位和作用。要以增强学生创新精神、创业意识和创新创业能力为目标，全面提升高校创新创业教育质量，具体来说，一是深化需求研究，改革课程体系；二是强化科技赋能，变革教学手段；三是加强实践效果，完善实践教学体系。他强调，提高创新创业教育质量，高校需要提供完善的政策条件和制度保障。

图1-2　2020年中国高等教育学会创新创业教育分会年会
暨"十四五"创新创业教育高质量发展论坛

中国高等教育学会创新创业教育分会理事长、上海财经大学常务副校长徐飞教授表示，谋划"十四五"全国创新创业教育工作，应该着力处理好以下关系。

处理好创新创业教育理论与实践有机结合的关系。高校要深入研究创新创业教育理论，通过理论有效指导、规范创新创业实践。要把创新创业实践作为检验理论的标准，坚持真抓实干，并在创新创业实践中发展完善理论。要不断总结出创新创业教育发展的中国范式及本土问题，推动创新创业教育高质量发展。

处理好专业教育、通识教育与创新创业教育有机结合的关系。高校要将学科优势转化为创新创业教育优势，把创新创业教育贯穿人才培养全过程，将学校的高水平科研优势和产学研资源转化为育人优势，构建"面向全体、结合专业、梯次递进"的创新创业教育体系。

处理好科教融合和产教融合有机结合的关系。高校要把优质科研资源转化为育人资源和优势，将学生参与科研作为一种有效的教学形式,以高水平的科学研究支撑高质量的人才培养。注重汇聚各类社会资源、拓展育人空间,与政府、行业和用户实现多元主体的跨界整合、协同创新,打造校企联合培养创新创业人才的大平台。要形成政产学共同体,采用政府扶持、企业参与、高校支撑的模式,推进不同主体和不同区域之间的协同创新,建成新型产教融合教育体系,打造产业人才高地,推动协同创新向纵深发展。

处理好劳动教育与创新创业教育有机结合的关系。劳动过程中蕴含了丰富的创新创业元素,创新创业也是新时代科学劳动的有机组成部分。要建立以正确的劳动价值观为基础,以创新创业素质形成为进阶,以创造性劳动知识与能力的学习为核心,融工匠精神与企业家精神为一体的双融合的目标体系。要积极引入政府及各类群团组织,协同搭建各类资源平台,为劳动教育与创业教育的有机融合创造条件。

处理好"四新"与创新创业教育有机结合的关系。当下要重点做好创新创业教育与"新工科、新医科、新农科、新文科建设"的融合。要积极发挥不同类型高校的优势,积极培养学科交叉的创新型、复合型、应用型人才。

处理好创新创业教育线上和线下相结合的关系。大力发展融合化在线教育。构建线上线下创新创业教育常态化融合发展机制,形成良性互动格局。借助数字化技术,打造线上、线下混合教学模式。利用信息化的教学环境改变传统教学模式中的不足,转变教师和学生的角色,发挥学生的主体地位,让学生从被动接受知识到主动学习知识。要积极将线下创新创业教育基地的经验体验转化为线上资源,推动更多人参与和共享。

典型案例 1-2

王兴和美团网

王兴,1979年生,1997年保送到清华大学电子工程系无线电专业,2001年毕业,人人网创始人,饭否网总裁,美团网创始人兼CEO。

王兴于2003年放弃美国学业回国;2005年创立校内网;2006年校内网被千橡互动集团收购;2007年创办饭否网;2010年创办美团网;2014年,王兴入围2014年度华人经济领袖。

25岁之前的王兴,有典型的三好学生式经历:从福建龙岩一中被保送上清华大学,毕业获得奖学金前往美国读书。

2004年初,25岁的王兴中断了在美国特拉华大学电子与计算机工程系的博士学业,从美国回国创业。"当时除了想法和勇气外,一无所有,我读完本科就去了美国,除了同学没什么社会关系,回来后找到了一个大学同学、一个高中同学,三个人在黑暗中摸索着开干了。"王兴回忆说。

王兴做的第一个项目叫"多多友"。在"多多友"之后他又做了第二个项目——"游子图","游子图"针对的是海外的朋友。

2005年秋,王兴决定要专注于一块细分市场:大学校园SNS(社交网络服务)。他们研究和学习美国在这一方面的成功案例——"脸书",综合之前在SNS领域的经验和教训,结合国情,开发出校内网。发布三个月来,校内网吸引了3万用户,增长迅速。

2006年,校内网的用户量暴增,王兴却没有钱增加服务器和带宽,只能饮恨将校内网卖给千橡互动集团CEO陈一舟,后者从日本软银融得4.3亿美元,并将校内网改为人人网,2011年公司上市。

2007年11月16日,王兴创办的社交网站——海内网上线。这也是王兴继校内网和饭否网之后创办的第三个社交网站。

王兴最近的创业项目是美团网。2009年7月,王兴的饭否网因故被关闭。美团网获得红杉资本超过1000万美元的风险投资。

2020年8月11日,王兴位列2020福布斯中国最佳CEO榜第5位。

2020年10月20日,王兴以1700亿元人民币财富位列2020衡昌烧坊·胡润百富榜第13位。

2020年11月,2020年福布斯中国400富豪榜发布,王兴以1367.9(亿元)财富排名第16位。

2020年12月7日,王兴入选2020年度最具影响力的25位企业领袖榜单。

2020年12月18日,王兴位列2020中国品牌人物500强第14位。

第三节 创新创业能力

创新创业能力是一种既具有创新能力、实践能力又具备创业潜能的复合型能力。智力是创新创业能力的基础,是人们认识客观事物并运用知识解决实际问题的能力,主要包括信息获取能力、操作能力等。创新素养是创新创业能力的核心,主要包括创新思维、创新意识和创新精神。创新创业潜能是创新创业能力培养的动力,是在一定社会环境和教育条件影响下形成的与他人不同的固定的态度和行为。

创新创业能力并非创新能力与创业能力的简单相加,而是将两者复合在一起,包括创新创业思维、创新创业意识和创新创业动机等主要内容。培养大学生创新创业能力是为了使大学生在社会转型中充分实现自己的价值,得到全面的发展。创新创业能力已成为现代青年的立世之本、求存之道。人们都欣赏创新创业,人们都希望创新创业,但是不一定都知道如何创新创业。从创新创业高手身上,能够学到些什么呢?又会得到怎样的启示呢?这些都是要着实去思考和探究的问题。

大学生创新创业教育是新时期大学生思想政治教育的新领域,对建设创新型国家和中华民族的可持续稳定发展复兴具有重要意义。大学生创新创业教育是新时期高校思想政治工作的一个重要方面。开展创新创业教育不仅有助于培养学生的创新意识,而且有助于大学生树立正确的人生观和价值观。

创新创业教育是知识经济时代的一种全新的教育形式和全新的教育观念。创新创业教育是创新教育、创业教育和专业教育的有机组合。通过提高大学生创新意识,挖掘大学生创业潜力,增加大学生创新创业信心,开发创新的教学模式,提高大学生创业实践活动的质量等,以达成大学生的创新创业行为。通过大学生创新创业教育,增加高等教育的多元取向,最终促进大学生的全面发展。

在高校实践教育中,教师要科学地引导学生正确认识创新创业,培养创新创业的能力和理念,加紧创新创业相关知识的学习,践行产教融合发展,提高创新创业的能力。

创新创业能力培养是我国建设创新型国家一系列战略举措的重要组成部分。对于高校来说,应把创新创业能力培养作为创新办学体制机制,全面推进高等学校创新创业教育改革,到2020年建立健全以课堂教学、自主学习、结合实践、指导帮扶、文化引领为一体的高校创新创业教育体系。

(一)建立"以人为本",以提高创新创业能力为目标的培养体系

一直以来,我们的教育以应试教育为主,以学生的考试成绩进行最终评价,没有全面、综合的考核体系。事实上每个学生自出生以来就存在差异,考试成绩并不完全代表智力水平和掌握知识的综合程度。应试教育作为一种传统的"填鸭式"的教学方法,忽略了人的创新能力和综合能力的考查。

应以学生为主体,营造创新环境,引导并发掘学生优点,发挥学生的主观能动性,针对每个学生的优点进行强化培养。树立因材施教的人才培养理念,尊重主观能动性,鼓励学生自由发展,不拘一格培养创新性人才。树立终身自学的创新理念,为职业生涯可持续发展奠定基础。在教学过程中,要理论联系实践,为学生的创新创业能力的培养树立正确的学习观和价值观。

(二)培养正确的人生观,勇于奉献,全心全意为人民服务

全心全意为人民服务是社会主义道德建设的核心,道德建设是社会主义精神文明建设的重要组成部分,引导当代大学生树立正确的人生观,勇于奉献,全心全意为人民服务。

大学生是国家宝贵的人才资源,是国家未来和社会发展的重要力量。大学生正处于个体逐步从依赖走向独立的重要时期,也是个人走向社会的准备时期,更是价值观形成发展的关键时期。他们的价值观如何,不仅关系到大学生个人的发展和前途,也关系到国家的前途和命运,关系到民族兴衰。

应积极引导大学生参加社会实践活动和创新创业实践。大学生通过参加科技创新、社会调查、生产劳动等社会实践和公益活动,能进一步认识国情,了解社会,亲身感受我国社会快速发展所取得的新成就及面临的新问题,促使他们运用理论分析思考现实,更加明确自己所肩负的社会责任和历史使命,从内心深处增强对社会主义核心价值观的认同和接受,促进大学生的知与行真正统一,自觉践行社会主义核心价值观。

在这个知识和数据大爆炸的时代,树立正确的价值观,对推动社会发展有着极强的理论意义和实践意义,因此在信息时代下,以社会主义核心价值体系建立为引导,加强高校培养学生的创新创业能力是很有必要的。

(三)引导学生融合"大众创业、万众创新"

李克强总理在2014年夏季达沃斯论坛和2015年的政府工作报告中明确提出"大众创业、万众创新",励志要在中国每一寸土地上开展"大众创业、万众创新",大力提倡"草根创业"。因此,在李克强总理每次考察期间,他都会与当地的优秀创业者进行会面并进行详细的交流,这种方式能够大幅度提高大学毕业生创业的积极性,提高创业士气。

通过创新创业教育提高学生创新创业能力,引导大学生在实践中磨炼和发挥创新创业能力。首先高校需要为大学生创设此类平台,能够让大学生通过实践的锻炼来了解和感受社会环境,以此来锻炼学生的适应能力和动手能力,为更好地激发学生的创新思维和创业乐趣提供支持。社会的实践环节不仅仅是让学生对所学的专业知识和技能进行实际运用,也要求学生在实践的过程中能够发现问题和解决问题,通过实际的操练,让学生在理论和操作方面都得到提升。在实践中推动和实施"大众创业、万众创新"。

"大众创业、万众创新"的思想已经深入人心,各地也开始进行相关的配合,新思路、新产业、新操作模式的层出不穷,大大激发并释放了人的创造力,成为社会主义国家经济发展的一个新的亮点。

(四)实践"互联网+",提高创新创业能力

"互联网+"把互联网的创新成果与经济社会各领域深度融合,能推动技术进步,提高效率,推动组织变革,提升实体经济创新力和生产力,形成更广泛的以互联网为基础设施和创新要素的经济社会发展新形态。

为加快推动互联网与各领域深入融合和创新发展,充分发挥"互联网+"对稳增长、促改革、调结构、惠民生、防风险的重要作用,国家相关部门积极推进"互联网+"行动,并制定相应政策。在创新创业教育中利用"互联网+"平台,提高创新创业能力,成功创造了"大众创业、万众创新"的社会氛围。因此,当代大学毕业生应积极响应这项由党中央、国务院号召,抓住社会机遇,利用"互联网+"提供的资源,发展社会新动能,打开自身被禁锢的思想格局,全面推行万众创业,释放创新创业的新能量。

典型案例 1-3

尹立志和快创学院

尹立志,快创学院创始人,北京快投会网络科技有限公司董事长,中关村股权投资协会常

务副会长,北京创投联盟秘书长。

尹立志,河北师范大学商学院2005级本科生,在校期间积极参加创业活动,先后开展"夏之恋冰吧""淘宝小屋""初级韩语社"等创业项目,并取得了很大成功,成为校园里的风云人物。大学毕业后,尹立志来到北京继续追逐自己的梦想。

2010年,他与会长王少杰一起从零开始,创立了国家级股权投资行业协会——中关村股权投资协会,并担任秘书长、副会长等重要职务,为协会的发展壮大作出了极大的贡献。尹立志是中国首家投资人商学院"快乐投资学院"创始人,还创办了国家级众创空间"快创学院"。他曾成功策划"中国青年投资100风投行业评选""中国快乐投资论坛""中国众筹务实论坛""中国国际视野下的创新与资本论坛"等大型论坛,快乐投资学院创办经历还被收录到《玩转众筹》书籍中列为经典案例。

尹立志曾获新华网"2014年年度人物"等荣誉奖项,在海风联资本、盛元丰亨投资负责TMT行业(数字新媒体产业)项目投资,拥有30多家大型企业创新课程授课经验,培训过300多位投资人、1000多位CEO。通过快创发布会,不少企业实现了迭代升级、发展壮大的目标。比如细品粗粮原来只是一家由几个人组成的创业团队,后来通过快创发布会这个平台,成为营业额过亿的粗粮快餐领域领导品牌。

第四节　创新创业意识

"互联网+"代表着一种新的社会形态,"互联网+"是指以互联网的平台为载体,以信息通信技术为支撑,将互联网与其他各种相关的行业相互结合,最终在新的领域产生的一种新生态。

2015年3月,全国两会上,人大代表马化腾指出,我们需要持续以"互联网+"为驱动,鼓励产业创新,促进跨界融合,惠及社会民生,推动我国经济和社会的创新发展。坚持创新发展,靠创新塑造增长新动力、打造发展新引擎,才能推动发展方式从要素驱动转向创新驱动、从依赖规模扩张转向提高质量效益,为引领经济发展新常态、实现转型升级提供坚实支撑和强劲动力。信息技术的蓬勃发展使新媒体日益盛行,对高校创新创业教育产生了越来越大的影响。"互联网+"拓宽了大学生创新创业教育的内容,微时代快速发展,博客、微博、微信等一系列新媒体平台层出不穷,把人们带进多媒体和自媒体时代。庞大的市场需求使得大学生创新创业教育的内容得以扩展。

创新创业教育已成为社会新的关注点。当前社会科技快速发展,人才市场的竞争也日趋激烈,导致现代企业对员工综合素质的要求也越来越高,这是大学毕业生就业难的一个不容忽视的因素。因此,创新创业教育逐渐引起了社会的高度关注。

习近平总书记和李克强总理在不同场合的讲话中对"双创"作出了重要指示。关于推动"双创"工作,党和政府近年来先后出台了一些政策,这些都为高等院校教育改革带来了"政治春风",同时为加快高水平应用技术型大学建设和深化应用型创新人才的培养模式改革创造了公平的竞争环境。可以说,创新创业教育正在迎来新一轮跨越发展的黄金机遇期。

2017年3月15日,十二届全国人大五次会议闭幕,李克强总理会见了中外记者并在回答记者提问中提到,"双创"可以说是应运而生,在全球化、"互联网+"的时代,推动"放管服"改革,也促进了"大众创业,万众创新"。"双创"不仅是中小微企业的事,也是大企业的事,现在许多大企业也在推动"双创",在线上创造很多众创空间,让线上的工人当创客,和订单背后的市场需求结合起来,更适应消费者的需要。

当今世界的综合国力竞争,归根结底,不仅是科技实力的竞争,而且是高素质人才的竞争,同时也是创新能力的竞争。一个国家在拥有创新能力的同时,也拥有大量的高素质人才资源,这样的国家必然也拥有巨大的发展潜力。新的社会发展阶段需要新的教育理念,新的教育理念也必将为社会发展提供人才支撑和动力保障。创新创业教育不仅是中国教育的一面新旗帜,而且是一种新理念。

我国高等教育的大众化整体上提升了受教育者的整体素质,促进了社会进步与人类发展,近几年我国高校毕业生就业情况不断变化,形势日益严峻。大学生的就业问题成为了政府、高校关注的重点问题。教育部预测,2022年毕业生将超过1000万人。

对大学生来说,既要看到当前新冠肺炎疫情影响下的就业挑战,更要在高等教育普及时代正确认识自我。对高校来说,要深入挖掘更多就业资源,拓展就业空间,从人才培养到就业各个环节为大学生提供更多机会。

培养大学生创业意识,可以增加就业岗位。大学毕业生作为高等教育接受者,不能仅仅是就业岗位的需求者,还应该是就业岗位的创造者,成为国家经济发展与社会进步的有力推动者。

培养大学生创业意识,是大学生完善自我、实现自我价值的精神保障。当代大学生想要在激烈的社会竞争中立于不败之地,实现自身价值,就必须在大学期间不断充实自我,培养自身各个方面的能力,提高自身素质。大学生通过创业,能将自己所追求的管理理念、工作方式与思维运用到创业实践中。

典型案例 1-4

李佳琦直播美妆带货,快速成网红

李佳琦,1992年6月7日出生于湖南省岳阳市,曾于2018年9月成功挑战"30秒涂口红最多人数"的吉尼斯世界纪录,自此被称为"口红一哥"。2020年6月23日,李佳琦作为特殊人才落户上海。

李佳琦曾以五分钟卖出一万五千支口红一夜走红,成为网络上人人皆知的"口红一哥",凭借极其强大的带货能力受到很多观众的喜爱。

李佳琦通过直播试用、评测美妆产品而走红,其评测内容质量高,同时也凭借着高人气和超强带货能力获得了与很多知名品牌的合作机会。大牌可在李佳琦手中收获更高的口碑和人气,而一些不知名的优质小品牌通过李佳琦推荐和宣传,也迅速获得知名度和销量。曾经一个不知名的品牌经过李佳琦带货后,短时间内销量暴涨,可见借助李佳琦的带货能力的确可以获得立竿见影的营销效果。

李佳琦知名度是靠长久的直播评测而累积起来的,其爆红并不是偶然,而且他粉丝多、黏性强并对李佳琦具有较高的忠实度和信任度。李佳琦试过的产品非常多,经验丰富,具有一定的权威性和影响力。通过他的宣传可迅速打响品牌名号,在使用产品、描述其优点和特色之后,可以非常有效地让很多粉丝知晓产品的性能,并在其推荐下使用。通过李佳琦推广,品牌获得了知名度,提升了产品的销量,其成功与一种新的营销方式——抖音营销有关。

(1) 强化客户关注利益点。

他直播中经常使用的语言:"虽然是哑光质地,但是完全不拔干啊!黄皮涂上也不老气!""梅子酱的紫色调,看起来就超级优雅,在重要场合涂上它毫无压力,完完全全女主人气质!尤其是这支163色号,偏暖色调,高级又复古,非常适合亚洲人皮肤,显白能力一流。"除了价格低外,皮肤"显白"和"高级又复古"这些直戳女性利益点的文案,引起客户极大的购买欲望。

(2) 敬业销售。

李佳琦在口红领域的专业度非常强：一般主播只试几支，点到为止，李佳琦直播几乎全套试色，甚至一天上嘴试色超过百余种，凭着这种专业、专注的精神品质，李佳琦坐稳了"口红一哥"的地位。除了敬业，李佳琦对口红化妆品非常精通，他给大家推荐口红时，会对口红的颜色、质感和上唇的滋润度、舒适度等因素进行综合分析后，才建议大家购买。

(3) 专业的营销场景。

除了针对品牌的日常销售视频，李佳琦还会依据特定场景和特定人群进行专题式销售，这种方式常常使得转化和购买率大大提升。

（徐德锋　徐知遥　龚亮）

第二章　大学生创新创业比赛

为响应国务院"大众创业,万众创新"的号召,贯彻党的十九届五中全会精神,落实十九大报告中关于"激发和保护企业家精神,鼓励更多社会主体投身创新创业,建设知识型、技能型、创新型劳动者大军,弘扬劳模精神和工匠精神"的要求,常州大学创新创业教育办公室举办了一系列大学生创新创业大赛相关活动。大学生创新创业大赛激发了学生的创新创业活力,提高了学生的创新实践能力,形成了积极向上的创业创新氛围。学校根据创新创业竞赛的主办单位、知名度和影响力等因素,考虑竞赛的行业背景和高校参与情况,将每类创新创业竞赛由高到低分为Ⅰ级、Ⅱ级、Ⅲ级三个级别,每个级别由高到低划分为甲、乙、丙三个等次。

主办单位为国际权威机构、国家部委及其司局,尤其是由教育部高教司等主办;有世界著名高校或多所具有相关专业的"985""211"高校参赛;具有很强的学术权威性和业内认可度,在国内外具有很大影响力;对学生培养确实有很大作用、对学校发展确实有较大影响的学生竞赛可以认定为Ⅰ级竞赛。由国家部委及其司局主办、千所以上高校参加,权威性极高,影响力极广,且对学校发展确实有较大影响的大型综合性及基础性竞赛可认定为Ⅰ级甲等和Ⅰ级乙等竞赛;由国家部委及其司局发文主办或资助,或具有明显行业特色且业内认可度极高、对学生培养确实有很大作用的竞赛可认定为Ⅰ级丙等竞赛。

主办单位为国家部委直属单位、教育部高等学校教学指导委员会(含其他部级专业指导委员会)、全国性的专业团体组织、省厅级部门以及石油石化行业领域直属央企;赛事范围覆盖全省或多个省份,有多所高校组成代表队参与,有省内或区域内选拔过程;在省内有较大影响力,具有较强的学术权威性和业内认可度的竞赛可认定为Ⅱ级竞赛。由国家部委直属单位、教育部高等学校教学指导委员会(含其他部级专业指导委员会)、全国一级学会或协会主办,以及省级或地区级影响力大,具有很强学术权威性和业内认可度的竞赛,认定为Ⅱ级甲等竞赛;由其他全国性学术团体组织、全国一级学会省级以上分会、省厅级部门主办的竞赛,认定为Ⅱ级乙等竞赛;由省级学术团体主办的竞赛,认定为Ⅱ级丙等竞赛。其中,Ⅰ级甲等、Ⅰ级乙等竞赛的江苏赛区选拔赛均认定为Ⅱ级甲等竞赛。

Ⅲ级竞赛中由市级部门或国内名牌高校组织的校际竞赛,可认定为Ⅲ级甲等竞赛。校级竞赛均认定为Ⅲ级乙等竞赛。

为了方便大家对创新创业活动的了解,我们对大学生创新创业类比赛进行了一次系统盘点。全国大学生创新创业竞赛一览表如表2-1所示。

表 2-1　全国大学生创新创业竞赛一览表

序号	竞赛名称	赛事级别	主办单位	认定级别
1	中国"互联网+"大学生创新创业大赛	国际级/国家级	教育部、中央统战部、中央网信办、国家发改委、工信部、人社部、生态环境部、农业部、国家知识产权局、中科院、中国工程院、国务院扶贫办、共青团中央	Ⅰ级甲等
2	"挑战杯"全国大学生课外学术科技作品竞赛	国家级	共青团中央、教育部、中国科协、全国学联	Ⅰ级甲等
3	"创青春"全国大学生创业大赛	国家级	共青团中央、教育部、人力资源社会保障部、中国科协、全国学联	Ⅰ级甲等

续表

序号	竞赛名称	赛事级别	主办单位	认定级别
4	全国大学生数学建模竞赛	国家级	教育部高教司、中国工业与应用数学学会	Ⅰ级乙等
5	全国大学生电子设计竞赛	国家级	教育部高教司、工信部人教司	Ⅰ级乙等
6	全国大学生化工设计竞赛	国家级	中国化工学会、中国化工教育协会、教育部高等学校化学工程与工艺教学指导分委员会	Ⅰ级丙等
7	全国大学生机械创新设计大赛（CNMMTD）	国家级	教育部高教司、全国大学生机械创新设计大赛组织委员会、教育部高等学校机械学科教学指导委员会	Ⅰ级丙等
8	全国大学生工程训练综合能力竞赛	国家级	教育部高教司、教育部高等学校力学教学指导委员会、力学基础课程教学指导分委员会、中国力学学会、周培源基金会	Ⅰ级丙等
9	中国石油工程设计大赛	国家级	教育部学位与研究生教育发展中心、世界石油大会中国国家委员会、中国石油学会、中国石油教育学会	Ⅰ级丙等
10	全国大学生节能减排社会实践与科技竞赛	国家级	教育部高教司	Ⅰ级丙等
11	ACM-ICPC 国际大学生程序设计竞赛亚洲区域赛	国际级	国际计算机协会（ACM）	Ⅰ级丙等
12	全国大学生智能汽车竞赛	国家级	教育部高等学校自动化类专业教学指导委员会	Ⅰ级丙等
13	全国大学生生命科学创新创业大赛	国家级	高等学校生物科学类专业教学指导委员会、国家级实验教学示范中心联席会	Ⅰ级丙等
14	全国高等学校安全科学与工程类专业大学生实践与创新作品大赛	国家级	教育部安全科学与工程类专业教学指导委员会	Ⅰ级丙等
15	全国大学生金相技能大赛	国家级	教育部高等学校材料类专业教学指导委员会	Ⅰ级丙等
16	"学创杯"全国大学生创业综合模拟大赛	国家级	高等学校国家级实验教学示范中心联席会经管学科组	Ⅰ级丙等
17	"外研社杯"大学生英语挑战赛（Uchallenge）	国家级	外语教学与研究出版社、北京外研在线教育科技有限公司和教育部高等学校大学外语教学指导委员会、教育部高等学校英语专业教学指导分委员会、中国外语教育研究中心	Ⅰ级丙等
18	全国大学生广告艺术大赛	国家级	教育部高等学校新闻传播学类专业教学指导委员会、中国高等教育学会广告教育专业委员会	Ⅰ级丙等
19	中华龙舟大赛	国家级	国家体育总局社会体育指导中心、中国龙舟协会、中央电视台体育频道	Ⅰ级丙等
20	美国大学生数学建模竞赛（MCM/ICM）	国际级	美国数学及其应用联合会、美国运筹及管理科学研究所、美国国家安全局	Ⅰ级丙等
21	国际遗传工程机器设计竞赛（iGEM）	国际级	麻省理工学院	Ⅰ级丙等

续表

序号	竞赛名称	赛事级别	主办单位	认定级别
22	ACM国际大学生程序设计竞赛	国际级	国际计算机协会(ACM)	Ⅰ级丙等
23	全国大学生化学实验邀请赛	国家级	国家自然科学基金委、教育部高等学校化学教育研究中心	Ⅰ级丙等
24	中国大学生物理学术竞赛	国家级	教育部、中国物理学会	Ⅰ级丙等
25	全国大学生电子商务"创新、创意及创业"挑战赛	国家级	教育部、财政部、教育部高等学校电子商务类专业教学指导委员会	Ⅰ级丙等
26	全国大学生结构设计大赛	国家级	高等教育学会工程教育专业委员会、高等学校土木工程学科专业指导委员会、中国土木工程学会教育工作委员会、教育部科学技术委员会、环境与土木水利学部	Ⅰ级丙等
27	全国周培源大学生力学竞赛	国家级	教育部高等教育司、中国力学学会	Ⅰ级丙等
28	全国大学生机器人比赛(Robocon)	国家级	共青团中央、全国学联	Ⅰ级丙等
29	英特尔杯大学生电子设计竞赛嵌入式系统专题邀请赛	国家级	教育部高等教育司、工业和信息化部人事教育司	Ⅰ级丙等
30	全国三维数字化创新设计大赛	国家级	科技部国家制造业信息化培训中心、国家两化融合创新推进联盟、全国3D技术推广服务与教育培训联盟、光华设计基金会	Ⅰ级丙等
31	蓝桥杯全国软件与信息技术专业人才大赛	国家级	工业和信息化部人才交流中心、互联网应用创新开放平台联盟	Ⅰ级丙等
32	全国高校物联网应用创新大赛	国家级	教育部科技发展中心	Ⅰ级丙等
33	全国大学生化工实验大赛	国家级	教育部高等学校化工类专业教学指导委员会、中国化工教育协会	Ⅱ级竞赛
34	全国大学生数学建模竞赛(CUMCM)	国家级	国家教委高教司、中国工业与应用数学学会	Ⅱ级竞赛
35	全国移动互联创新大赛	国家级	中国通信学会、全国移动互联网产业孵化中心	Ⅱ级竞赛
36	"飞思卡尔"杯全国大学生智能车竞赛	国家级	教育部高等自动化专业教学指导分委员会	Ⅱ级竞赛
37	中国大学生计算机设计大赛	国家级	教育部高等学校计算机类专业教学指导委员会	Ⅱ级竞赛
38	全国大学生先进制图技术与技能大赛	国家级	教育部高等学校工程图学教学指导委员会、中国工程图学学会制图技术专业委员会	Ⅱ级竞赛
39	中国大学生Chem-E-Car竞赛	国家级	中国化工学会、教育部高等学校化工类专业教学指导委员会	Ⅱ级竞赛
40	全国"互联网+化学反应工程"课模设计大赛	国家级	教育部高等学校化工类专业教学指导委员会	Ⅱ级竞赛
41	中国高校智能机器人创意大赛	国家级	中国高等教育学会、教育部工程图学课程教学指导委员会	Ⅱ级竞赛
42	"国药工程-东富龙杯"全国大学生制药工程设计竞赛	国家级	教育部高等学校药学类专业教学指导委员会	Ⅱ级竞赛

续表

序号	竞赛名称	赛事级别	主办单位	认定级别
43	中国大学生机械工程创新创意大赛	国家级	教育部高等学校机械专业教学指导委员会和教育部高等学校材料专业教学指导委员会	Ⅱ级竞赛
44	全国大学生先进成图技术与产品信息建模创新大赛	国家级	教育部高等学校工程图学教学指导委员会、中国图学学会制图技术专业委员会、中国图学学会产品信息建模专业委员会	Ⅱ级竞赛
45	"英飞凌杯"全国高校无人机创新设计应用大赛	国家级	教育部电气类专业教学指导委员会	Ⅱ级竞赛
46	全国大学生智能互联创新大赛	国家级	教育部高等学校电子信息类专业教学指导委员会、中国电子学会	Ⅱ级竞赛
47	"博创杯"全国大学生嵌入式设计大赛	国家级	教育部高等学校计算机类专业教学指导委员会、中国电子学会	Ⅱ级竞赛
48	"AB杯"全国大学生自动化系统应用大赛	国家级	教育部自动化教学指导委员会	Ⅱ级竞赛
49	台达杯高校自动化设计大赛	国家级	教育部高等学校自动化类专业教学指导委员会	Ⅱ级竞赛
50	"西门子杯"中国智能制造挑战赛	国家级	高等学校自动化类专业教学指导委员会、中国系统仿真学会	Ⅱ级竞赛
51	中国大学生数学竞赛	国家级	中国数学学会	Ⅱ级竞赛
52	全国大学生城市管理竞赛	国家级	中国区域科学协会城市管理专业委员会、全国城市管理专业教学指导委员会	Ⅱ级竞赛
53	全国大学生电气与自动化大赛	国家级	教育部高等学校电气类专业教学指导委员会、中国自动化学会	Ⅱ级竞赛

教育部中国高等教育学会每年会发布全国普通高校学科竞赛排行结果，排名前三的赛事为中国国际"互联网+"大学生创新创业大赛、"挑战杯"全国大学生课外学术科技作品竞赛和"创青春"全国大学生创业大赛。以上三项赛事是目前我国影响力大、认可度高、获奖难的大学生综合性竞赛，高校在此三项赛事中的成绩影响着学校声誉、教学评估、招生宣传、学生升学等。

为进一步推动大学生创新创业教育，应注重培养学生的实践能力、创新精神和创业意识，从而提高人才培养质量。下面对影响力大、认可度高、获奖难的大学生综合性竞赛的三大比赛进行重点解读。

第一节　中国国际"互联网+"大学生创新创业大赛

2015年4月，李克强总理对举办中国"互联网+"大学生创新创业大赛作出了明确指示。大赛是由教育部会同国家发展改革委、工业和信息化部、人力资源社会保障部、共青团中央等中央部委和地方省级人民政府共同主办的重大创新创业赛事。2020年，大赛更名为中国国际"互联网+"大学生创新创业大赛。

为深入贯彻落实全国教育大会精神，全面落实习近平总书记给第三届中国"互联网+"大学生创新创业大赛"青年红色筑梦之旅"的大学生的回信精神，按照《国务院办公厅关于深化高等学校创新创业教育改革的实施意见》等文件要求，加快培养创新创业人才，持续激发大学生的创新创业热情，展示创新创业教育成果，搭建大学生创新创业项目与社会资源对接平台，举办"互联网+"大学生创新创业大赛。中国"互联网+"

大学生创新创业大赛每年举办一次,每届大赛有特定的主题、目的任务、组织机构、项目要求、参赛对象、比赛制度、赛程安排、评审规则、大赛奖励、宣传发动、大赛优化等内容,迄今为止已经在吉林(吉林大学)、湖北(华中科技大学)、陕西(西安电子科技大学)、福建(厦门大学)、浙江(浙江大学)、广东(华南理工大学)举办六届。六届大赛累计 375 万个团队的 1577 万名大学生参赛,培养了一大批有理想、有本领、有担当的青春力量,孵化了一大批高质量创业项目。

2015 年,首届中国"互联网+"大学生创新创业大赛全国总决赛由吉林大学承办,大赛采用校级初赛、省级复赛、全国总决赛三级赛制,共有 300 支优秀团队进入全国总决赛,其中创意组项目 111 项、实践组项目 189 项。本届大赛中,北京航空航天大学 Unicorn 无人直升机系统和浙江大学智能视力辅具及智能可穿戴近视防控设备并列冠军,华南理工大学优蜜移动科技股份有限公司获得亚军,西安电子科技大学 Visbody 人体三维扫描仪获得季军。

2016 年,第二届中国"互联网+"大学生创新创业大赛全国总决赛由华中科技大学承办,共 600 个项目进入全国总决赛,最终产生金奖 36 项、银奖 114 项。西北工业大学"翱翔系列微小卫星"项目获得冠军;南京大学"insta360 全景相机"项目获得亚军;山东大学"越疆 DOBOT 机械臂"和北京大学"ofo 共享单车"项目获得季军。

2017 年,第三届中国"互联网+"大学生创新创业大赛全国总决赛由西安电子科技大学承办,共 600 多个项目进入全国总决赛,总决赛共产生金奖 43 项,银奖 123 项,铜奖项目 448 个。最终浙江大学"杭州光珀智能科技有限公司"项目获得冠军;北京航空航天大学"ULBrain 机器人视觉解决方案"项目获得亚军;南京大学"分子精准调控的吸波导磁材料及工业解决方案"和东南大学"全息 3D 智能炫屏"项目获得季军。

2018 年,第四届中国"互联网+"大学生创新创业大赛全国总决赛由厦门大学承办,共有 600 多支队伍进入全国总决赛,总决赛共产生主赛道冠、亚、季军 6 名,金奖项目 58 个、银奖项目 130 个、铜奖项目 465 个;红旅赛道金奖项目 18 个、银奖项目 42 个、铜奖项目 143 个;国际赛道金奖项目 15 个、银奖项目 45 个。最终北京理工大学"中云智车——未来商用无人车行业定义者"获得冠军;厦门大学"罗化新材料:全球激光荧光陶瓷的领航者"、北京邮电大学"人工智能影视制作——聚力维度"获得亚军;浙江大学"邦巍科技——全球高性能结构材料领跑者"、北京理工大学"枭龙科技 AR 智能眼镜"以及来自国际赛道的加拿大多伦多大学"FlexCap 柔性能源储存"获得季军。

2019 年,第五届中国"互联网+"大学生创新创业大赛全国总决赛由浙江大学承办,构建了"高教、职教、国际、萌芽(中学生)"四大板块。总决赛期间,高教主赛道金奖项目 67 个、银奖项目 140 个、铜奖项目 439 个。"青年红色筑梦之旅"赛道金奖项目 18 个、银奖项目 51 个、铜奖项目 134 个。职教赛道金奖项目 18 个、银奖项目 50 个、铜奖项目 133 个。国际赛道金奖项目 14 个、银奖项目 45 个、铜奖项目 215 个。萌芽版块创新潜力奖项目 20 个。最终清华大学的"交叉双旋翼复合推力尾桨无人直升机"项目获得冠军,浙江大学的"回车科技——未来全脑智能行业定义者"项目获得亚军,浙江大学的"智网云联——无限共算全球算力交易平台"项目获得季军。

2020 年,第六届中国国际"互联网+"大学生创新创业大赛总决赛由华南理工大学承办。本届大赛以"我敢闯、我会创"为主题,围绕"更国际、更教育、更全面、更创新、更中国"的目标,最终北京理工大学、清华大学、厦门大学等 6 支团队从 117 个国家和地区、4186 所学校的参赛团队中脱颖而出,获得冠亚季军。高教主赛道金奖项目 104 个、银奖项目 214 个、铜奖项目 772 个。"青年红色筑梦之旅"赛道金奖项目 23 个、银奖项目 59 个、铜奖项目 127 个。职教赛道金奖项目 25 个、银奖项目 60 个、铜奖项目 128 个。萌芽版块创新潜力奖项目 20 个。北京理工大学的"星网测通"项目获大赛冠军(图 2-1);清华大学的"高能效工业边缘 AI 芯片及应用"项目和来自厦门大学的"西人马:中国 MEMS 芯片行业领军者"项目团队获亚军。宁波大学"甬乌水产——全球唯一规模化乌贼苗种供应商"项目获得最佳带动就业奖;华南理工大学"大隐科技——四维隐身吸波蜂窝开创者"项目获得最佳创意奖;同济大学"同驭汽车——线控制动系统行业领导者"项目获得最具商业价值奖。除了主体赛事以外,在决赛期间,本届大赛还组织了"智创未来"大学生创新创业成果展、"智绘未来"世界湾区高等教育论坛、"智联未来"全球独角兽企业尖峰论坛、"智享未来"全球青年学术大咖面对面、"智投未来"资源对接会等一系列丰富精彩的活动，真正搭建起一个全球性的创新创业交流平台。本届大赛中已完成资源对接的有450多个项目，累计达成投资意向36亿元，比第五届大赛翻了一番。仅中国建设银行一家，现场投资意向就达到2.7亿元。

图 2-1　第六届中国国际"互联网＋"大学生创新创业大赛总决赛冠军项目

第六届中国国际"互联网＋"大学生创新创业大赛总决赛高教主赛道获金奖名单（部分）如表 2-2 所示。

表 2-2　第六届中国国际"互联网＋"大学生创新创业大赛总决赛高教主赛道获金奖名单（部分）

冠军			
序号	参赛项目	学校	负责人
D1	星网测通	北京理工大学	宋哲
亚军			
序号	参赛项目	学校	负责人
D2	高能效工业边缘 AI 芯片及应用	清华大学	武通达
D3	西人马：中国 MEMS 芯片行业领军者	厦门大学	聂泳忠
季军			
序号	参赛项目	学校	负责人
D4	Advanced Robot-assisted System for Dental Surgery	Technical University of Munich	Mingchuan Zhou
D5	JetPack MAI	Moscow aviation institute	Denis Prokopenko
D6	E-mental Health	Carnegie Mellon University	Xingyu Chen

续表

最佳带动就业奖

序号	参赛项目	学校	负责人
D7	甬乌水产——全球唯一规模化乌贼苗种供应商	宁波大学	张元博

最佳创意奖

序号	参赛项目	学校	负责人
D8	大隐科技——四维隐身吸波蜂窝开创者	华南理工大学	王浩

最具商业价值奖

序号	参赛项目	学校	负责人
D9	同驭汽车——线控制动系统行业领导者	同济大学	舒强

最具人气奖

序号	参赛项目	学校	负责人
D10	芯源科技——未来免疫精准评估领域的定义者	山西医科大学	张升校

金奖

序号	参赛项目	学校	负责人
1	宇航芯——高可靠高性能自主可控模拟芯片	北京大学	郭虎
2	5G通信氮化镓功放芯片	清华大学	黄飞
3	照明卫士——隧道智慧照明系统引领者	北京工业大学	何禄诚
4	京工智演——数字表演产业化的领航者	北京理工大学	薛彤
5	智引微创：一体化穿刺手术导航机器人领航者	北京理工大学	武潺
6	"猎鹰"——开创城市环境下的无人机防控新时代	北京理工大学	吴则良
7	云遥宇航星座计划——中国商业空间气象探测领航者	天津大学	李峰辉
8	KGMB——污水重金属吸附新航向	天津大学	史全滨
9	芯源科技——未来免疫精准评估领域的定义者	山西医科大学	张升校
10	精工利刃——全球领先的复合材料加工工具	大连理工大学	赵猛
11	海大智龙——世界级无人驾驶商船系统供应商	大连海事大学	刘春雷
12	比特光链——面向全场景应用的激光通信网络终端	长春理工大学	常帅
13	同驭汽车——线控制动系统行业领导者	同济大学	舒强
14	用激光照亮未来——白激光光引擎技术的开发和产业化	上海理工大学	杨毅
15	做激光高端制造领域的ASML——超快激光极端精密加工一体机	华东师范大学	蒋其麟
16	eDNA精准生物监测与生态健康诊断	南京大学	杨江华
17	HoloOptics全息视界——全息波导AR眼镜显示技术破壁者	东南大学	沈忠文
18	粒子超人——全球首创多脏器肿瘤粒子介入机器人	东南大学	徐易
19	智感检测——密闭环境无人检测全球开拓者	南京航空航天大学	袁诚
20	芯片指纹——工业互联网安全守护神	南京航空航天大学	崔益军
21	商车底盘——中国智能商用车线控底盘领跑者	南京航空航天大学	栾众楷
22	韬讯航空——新型共轴无人机创领者	南京航空航天大学	葛讯

续表

序号	参赛项目	学校	负责人
23	中盛嘉材——新型商用级量子点薄膜领跑者	南京理工大学	陈嘉伟
24	全自动"纤"锋	南京邮电大学	张茂林
25	与"醛"世界为敌——世界首创的高效降解甲醛污染物解决方案	浙江大学	章凌
26	华盛科技——打造全球智慧实验室生态系统	浙江大学	钱文鑫
27	知未科技——精准耐药检测领域引领者	浙江工业大学	谢中袍
28	全球脑神经外科手术规划云服务领航者	浙江工业大学	曾庆润
29	肯上智控——高端特种装备智能控制系统引领者（让民族装备自由呼吸）	浙江工业大学	李亚飞
30	天维菌素——新一代低毒高效农兽药引领者	浙江工业大学	黄隽
31	创普肽——全球生长因子创新技术领导者	温州医科大学	范兰兰
32	裕腾百诺：智慧环保新三板第一股	浙江工商大学	陈卓贤
33	树益生科——国内领先的乳酸菌菌剂解决方案提供商	浙江工商大学	周青青
34	涂科技——国内首家高性能车用轴瓦涂层材料供应商	宁波大学	吴烨卿
35	愿朗纳米科技——国内首家高效纳米纤维空气过滤膜供应商	宁波大学	张涵
36	甬乌水产——全球唯一规模化乌贼苗种供应商	宁波大学	张元博
37	磁晶科技——国内首创光电通信器件的核心材料供应商	福州大学	刘海鹏
38	气炭创循——酿酒废弃物微波气化高效处理装备创造者	南昌大学	王允圃
39	Plastifuel——塑料再生循环领航者	南昌大学	戴磊磊
40	柯林得——环氧乙烷生产新工艺服务提供商	江西师范大学	郭韬
41	国家战略急需高性能电磁材料与天线产业化	山东大学	薛玉磊
42	NASH 美育	山东师范大学	米怀源
43	美瑞健康——长寿时代健康管理的探索者	武汉大学	周文川
44	心房分流器	武汉大学	尚小珂
45	猫皮 MAOPEA	华中科技大学	蔡剑军
46	图匠数据——做全球AI零售大数据的持续领导者	中山大学	郭怡适
47	识古通今——OCR技术领航者	华南理工大学	罗灿杰
48	人体第二套基因组诊断技术革命——瑞因迈拓微生物宏基因组测序平台	华南理工大学	李少川
49	金磁海纳——全球高性能纳米晶磁芯开拓者	华南理工大学	王永飞
50	中国光纤声呐技术的筑梦者	华南理工大学	周开军
51	华南脑控——脑机AI原创技术与产业化先行者	华南理工大学	肖景
52	大隐科技——四维隐身吸波蜂窝开创者	华南理工大学	王浩
53	能眼云 E-eyes	华南理工大学	刘泽健
54	新"净"界——用"芯"打造空气净化安全网	华南理工大学	张武
55	广州市格米网络科技有限公司——大数据智能心理服务平台	华南师范大学	郭永兴
56	塑料黄金——特种聚酰亚胺的中国力量	广东工业大学	简凌锋

续表

序号	参赛项目	学校	负责人
57	小鹿萌妈——打造优质国学教育IP，传承中华优秀传统文化	广东外语外贸大学	汪晖
58	智骨——个性化可降解骨诱导材料开拓者	四川大学	张勃庆
59	NUSTER水下东风快递——中国核动力无人潜航器最佳解决方案的供应商	西安交通大学	唐思邈
60	活水卫康——基于先进等离子体技术的安全高效消毒灭菌产品及服务提供商	西安交通大学	王子丰
61	普瑞塞斯——多自由度精密指向技术引领者	西安交通大学	胡方泽
62	水上行者——无人驾驶清洁船守护绿水青山	西北工业大学	朱健楠
63	CHAMP显微镜	香港科技大学	吴佳洁
64	航天材料保护益生菌	香港理工大学	顾英琳
65	基于多功能石墨烯涂层的精密非球面玻璃透镜快速生产线研发	香港理工大学	余宁辉
66	澳门首创"有人"空气消毒	澳门大学	岑邦杰
67	奇程一站式透明屏服务	朝阳科技大学（台湾地区）	宋绢蕙

第六届中国国际"互联网+"大学生创新创业大赛总决赛"青年红色筑梦之旅"赛道获奖名单（部分）如表2-3所示。

表2-3 第六届中国国际"互联网+"大学生创新创业大赛总决赛"青年红色筑梦之旅"赛道获奖名单（部分）

序号	参赛项目	学校	负责人
乡村振兴奖			
D1	参芪草——助力西部乡村振兴的"神奇草"	广东工业大学	车洲
社区治理奖			
D2	扶瑶织梦——瑶族扶贫之路的先行者	贺州学院	潘水珍
逐梦小康奖			
D3	博士村长——贵州脱贫攻坚的一线战士	贵州大学	王倩
最具人气奖			
D4	国际航空林——坚守12年的空乘学子生态建设公益新模式	内蒙古师范大学	查若娜
金奖			
1	金色燕麦，铸就精准扶贫产业链	天津师范大学	徐锟
2	"成功人力"——更懂中国的人力资源专家	南京大学	林伟星
3	渔米香——科学助力万千农民稻渔丰收	浙江大学	张剑
4	点"石"成金——石蛙规模化生态养殖精准扶贫领军者	浙江师范大学	李秋晴

续表

序号	参赛项目	学校	负责人
5	红艺轻骑——中国原创红歌红剧走基层公益传播第一团	宁波大学	范超
6	海蟹富盐碱——全球首创内陆盐碱地海洋牧场开拓者	宁波大学	秦康翔
7	洪宇——涉罪未成年人一站式帮教服务助力社会治理	江西师范大学	何东
8	郭牌西瓜	山东理工大学	由守昌
9	"AI"无界:新冠肺炎 AI 辅助诊断助力全球抗疫	华中科技大学	史天意
10	点姜成金:黄姜皂素绿色制造	华中科技大学	邱海亮
11	青春护航·成长相伴	中南大学	冯瑶
12	动友公益,以"动"攻毒	华南理工大学	刘含煦
13	聚果盆——脉冲电场助力乡村挖掘水果金矿	华南理工大学	唐忠盛
14	海水稻——中国新饭碗	广东海洋大学	王世超
15	毕业后公益基金——关爱留守儿童,赋能乡村教育	广州大学	刘楠鑫
16	参芪草——助力西部乡村振兴的"神奇草"	广东工业大学	车洲
17	扶瑶织梦——瑶族扶贫之路的先行者	贺州学院	潘水珍
18	柑橘扶贫:四川云萃农业科技有限公司	西南大学	陈志友
19	博士村长——贵州脱贫攻坚的一线战士	贵州大学	王倩
20	滇西北支教团——一份责任,两代传承,十三年坚持	云南大学旅游文化学院	周雨璇
21	蜂之蜜——打造蜂产业链升级变革与精准扶贫新模式	西北大学	赵浩安
22	蜂巢智慧——农村人居环境智慧管家	西安交通大学	李振宇
23	星船——唱响长征路上的英雄赞歌	兰州大学	杨怀川

为了更好地实现大赛的目的并完成任务,搭建大学生创新创业项目与社会投资对接平台,从第三届大赛开始比赛内容出现了一系列优化。

(1) 增加七类参赛项目类型。"互联网＋"现代农业、"互联网＋"制造业、"互联网＋"信息技术服务、"互联网＋"文化创意服务、"互联网＋"商务服务、"互联网＋"公共服务和"互联网＋"公益创业。与第二届大赛相比,增加了"互联网＋"文化创意服务组。

(2) 增加就业型创业组。根据参赛项目所处的创业阶段、已获投资情况和项目特点分为四组:创意组、初创组、成长组和就业型创业组。与第二届大赛相比,增加了就业型创业组,该组参赛项目能有效提升大学生就业数量与就业质量,主要面向高职高专院校的创新创业项目,其他高校也可申报本组。

(3) 鼓励师生共创。初创组、成长组和就业型创业组中已完成工商登记注册参赛项目的股权结构中,参赛成员合计不得少于1/3。对于高校科技成果转化的项目,允许将拥有科研成果的老师的股权合并计算,合并计算的股权不得少于50%,其中参赛成员合计不得少于15%。

(4) 增加协办单位。第三届大赛由中国建设银行、中国高校创新创业教育联盟、全国高校创新创业投资服务联盟、中国教育创新校企联盟、中国高校创新创业孵化器联盟、中关村百人会天使投资联盟和全国高校双创教育协作媒体联盟参与协办。

(5) 进一步加强项目线下对接。发布《中国建设银行支持大学生创新创业服务指南》,所有建行驻高校支行网点面向大学生提供大赛和全国双创产业投资基金的帮助、指导及信息发布等服务。

(6) 进一步完善线上对接服务。加强大赛线上对接平台建设,提高平台活跃度,充分发挥大赛项目和投资人资源优势,打造项目不间断路演、投融资全天候对接平台。

(7) 新增两项大赛同期活动。传承红色基因,发扬延安精神,开展"青年红色筑梦之旅"活动;发挥西安古丝绸之路起点地域优势,紧密结合国家"一带一路"发展战略,召开"一带一路"大学创新创业教育校长论坛。

第四届大赛的主基调定为"有广度、有高度、有深度、有温度"。本届大赛扩大参赛规模,实现区域、学校、学生类型全覆盖和国际赛道大拓展;全面实施"青年红色筑梦之旅"活动,培养有理想、有本领、有担当的青春力量;壮大创新创业生力军,服务创新驱动发展、"一带一路"建设、乡村振兴和脱贫攻坚等国家战略。大赛举办"1+5"系列活动。"1"是主体赛事,在校赛、省赛基础上,举办全国总决赛。"5"是5项同期活动,具体包括如下内容。

(1)"青年红色筑梦之旅"活动。在更大范围、更高层次、更深程度上开展"青年红色筑梦之旅"活动,推动创新创业教育与思想政治教育相融合,创新创业实践与乡村振兴战略、精准扶贫脱贫相结合,打造一堂全国最大的思政课。组织理工、农林、医学、师范、法律、人文社科等各专业大学生以及企业家、投资人等,以"科技中国小分队""幸福中国小分队""健康中国小分队""教育中国小分队""法治中国小分队""十九大宣讲小分队"或项目团队组团等形式,走进革命老区、贫困地区,接受思想洗礼、学习革命精神、传承红色基因,将高校的智力、技术和项目资源辐射到广大农村地区,推动当地社会经济建设,助力精准扶贫和乡村振兴。

(2)"21世纪海上丝绸之路"系列活动。主动服务"一带一路"建设,推动教育先行,实现创新创业教育交流合作从"丝绸之路经济带"到"21世纪海上丝绸之路"的全面布局,为民心相通、合作共赢铺路搭桥。建立创新创业教育共同体,成立"21世纪海上丝绸之路"大学联盟、举办"一带一路"大学校长创新创业教育论坛,深化"一带一路"沿线国家双创教育合作和青年交流,为国际高等教育发展贡献新经验。

(3)"大学生创客秀"(大学生创新创业成果展)。在大赛总决赛期间举办"大学生创客秀",在承办校厦门大学设置项目展示区、项目路演区、投融资对接区、合作签约区、交流分享区、创意产品体验区等,开展投资洽谈、创新创业成果展、团队展示等活动,为各方人员提供开放参与的机会。

(4)改革开放40年优秀企业家对话大学生创业者("互联网+"产学合作协同育人报告会)。邀请改革开放40年来涌现出的有影响的企业家、投资人、行业领军人物、技术专家与大学生创业者对话,在总决赛期间开设报告会或主旨演讲,围绕产业发展趋势、行业人才需求和产学合作协同育人等主题进行交流,传播成功经验,共享创新创业理念,助力大学生成长发展。

(5)大赛优秀项目对接巡展。在2018年"数字中国"建设峰会、第二十二届中国国际投资贸易洽谈会和大赛总决赛期间设立专区,开展优秀项目展示交流和投融资洽谈对接活动,进一步推动大赛成果转化应用。实施国际优秀创新创业项目落地计划,举办地方政府与双创项目对接巡展,推动科技含量高、市场潜力大、社会效益好、具有明显投资价值的优质项目落户中国。

自第三届大赛以来设立了大赛主题:第三届大赛主题为"搏击'互联网+'新时代,壮大创新创业主力军";第四届大赛主题为"勇立时代潮头敢闯会创,扎根中国大地书写人生华章";第五届大赛主题为"敢为人先放飞青春梦,勇立潮头建功新时代";第六届大赛主题为"我敢闯,我会创"。第六届大赛将力争做到"五个更"。一是更国际。立足我国粤港澳大湾区,融入全球创新创业浪潮,汇聚世界一流大学,打造同场竞技、相互促进、人文交流的国际大平台。二是更教育。深化创新创业教育改革,构建德智体美劳"五育平台",培养学生敢闯的素质、会创的能力;助力脱贫攻坚,提升学生社会责任感和担当精神。三是更全面。做强高教、国际、职教、萌芽各版块,探索形成各学段有机衔接的创新创业教育链条,实现区域、学校、学生类型全覆盖。四是更创新。广泛开展大学生和中学生创新活动,助推科研成果转化应用,服务国家创新发展。五是更中国。以大赛为载体,推出创新创业教育的中国经验、中国模式,提升我国高等教育的影响力、感召力和塑造力。

常州大学在中国"互联网+"大学生创新创业大赛的获奖情况如下。

常州大学自2017年参加第三届中国"互联网+"大学生创新创业大赛以来,共获全国总决赛金奖1项、银奖3项、铜奖6项。

2017年,常州大学在第三届中国"互联网+"大学生创新创业大赛全国总决赛中获铜奖2项。项目为

"高效回收腐蚀性气体反应热的特种塔"和"荣耀非遗-打造全国首家非遗手工追溯体系"。

2018年,常州大学在第四届中国"互联网＋"大学生创新创业大赛全国总决赛中获金奖1项、银奖2项。"贵在植染——以植染技术革新助力贵州脱贫致富"获青年红色筑梦之旅赛道全国金奖;"盐无不净:国内领先的高含盐有机废水处理专家"和"石墨烯阻尼材料——绿色车用'黑'科技"获主赛道全国银奖。

2019年,常州大学在第五届中国"互联网＋"大学生创新创业大赛全国总决赛中获银奖1项、铜奖3项。"金色蜀姜——姜黄技术创新助力犍为产业精准扶贫"获青年红色筑梦之旅赛道银奖;"淘智坊——新零售直播一站式共享服务领军企业"和"源源不断——水电一体综合保障车"获高教主赛道铜奖。

2020年,常州大学在第六届中国国际"互联网＋"大学生创新创业大赛总决赛中获铜奖1项,项目为"超级鲤盒——模式创新引导Z世代消费"。

典型案例 2-1

学校:北京理工大学

项目:星网测通

项目负责人:宋哲

指导教师:安建平、王帅、邢成文、罗士荀

参赛队员:宋哲、方金辉、安思宁、郭哲、杨炬赫、岳平越、陈超凡、傅正堂、张天、金鑫、张昊星、闫伟豪、赵钦源、董新虎、曹宇腾

本项目获第六届中国国际"互联网＋"大学生创新创业大赛总决赛冠军。

宋哲,2005年进入北京理工大学实验班,2009年保送到北京理工大学通信与网络实验室攻读硕士,2019年在北京理工大学攻读博士并加入安建平教授团队。安建平教授团队花了12年时间,发明了宽带链路测量仪、参数矩阵测量仪和十二分量模拟源,所研制的设备保障了神舟、天通、北斗等国家重大型号的研制急需。安建平教授主持完成的"卫星通信阵列测量技术与应用"项目获2019年国家技术发明奖二等奖。

第二节 "挑战杯"全国大学生课外学术科技作品竞赛

"挑战杯"竞赛是"挑战杯"全国大学生系列科技学术竞赛的简称,是由共青团中央、中国科协、教育部、全国学联主办的大学生课余科技文化活动中的一项具有导向性、示范性和群众性的竞赛活动,被誉为中国大学生学术科技"奥林匹克"。"挑战杯"竞赛在中国共有两个并列项目,一个是"挑战杯"中国大学生创业计划竞赛;另一个则是"挑战杯"全国大学生课外学术科技作品竞赛。这两个项目交叉轮流开展,每个项目每两年举办一届。此项活动旨在全面展示我国高校育人成果,引导广大在校学生崇尚科学、追求真知、勤奋学习、迎接挑战,培养跨世纪创新人才。这项活动坚持"崇尚科学、追求真知、勤奋学习、迎接挑战"的宗旨,自1989年首届竞赛举办以来已分别在清华大学、浙江大学、上海交通大学、武汉大学、华南理工大学、重庆大学和西安交通大学等高等院校成功地举办了十六届。"挑战杯"竞赛已形成校级、省级、全国的三级赛事,参赛同学首先参加校内及省内的作品选拔赛,优秀作品报送全国组委会参赛。党和国家领导人对竞赛活动十分关注,1993年8月4日,中共中央总书记、国家主席、中央军委主席江泽民为"挑战杯"竞赛题写了杯名,国务院副总理李岚清等党和国家领导人纷纷为"挑战杯"竞赛题词。

由于"挑战杯"竞赛活动在较高层次上展示了我国各高校的育人成果并推动了高校与社会间的交流,已成为学校学生课余科技文化活动中的一项主导性活动,成为高校与社会交流与合作的重要窗口,成为促进高校科技成果向现实生产力转化的有效方式,成为培养高素质跨世纪人才的重要途径,也是企业界接触和

物色优秀科技人才、引进科技成果、宣传企业、树立企业良好形象的最佳机会。因此"挑战杯"竞赛越来越受到广大学生的欢迎和各高校的重视,也越来越在社会上产生广泛而良好的影响。

"挑战杯"全国大学生课外学术科技作品竞赛历届成绩回顾如下。

第一届竞赛于1989年在清华大学举行。1988年,清华大学首次设立校内"挑战杯"竞赛。次年,在国家教委的支持下,清华大学等34所高校和全国学联、中国科协及部分媒体联合发起举办了首届"挑战杯"大学生课外科技活动成果展览暨技术交流会。李鹏、聂荣臻等领导为首届竞赛题词。来自全国21个省(自治区、直辖市)的52所高校的430件作品参加展览和比赛,其中参赛项目有396项。清华大学以总分640分的高分荣获团体总分第一,捧得"挑战杯"。华中理工大学、北京理工大学、北京航空航天大学、西安交通大学、浙江大学分别获得"优胜杯"。石河子医学院获精神文明奖。

第二届竞赛于1991年在浙江大学举行。本届竞赛由共青团中央、中国科协、全国学联主办。"挑战杯"全国大学生课外学术科技作品竞赛名称正式确定并沿用至今。这届竞赛初步建立了选拔、申报、评审的竞赛机制;确立组委会和评委会各自独立运作的竞赛机构;形成了两年一届、高校承办的组织方式。此次竞赛共展示了来自28个省份的168所高校带来的553项作品。这些作品涉及社会科学论文(法律、教育、管理等)、科技作品与成果和社会调查报告。上海交通大学以400分的总成绩摘得"挑战杯",获得第二名至第六名的依次为中国科学技术大学、华中理工大学、浙江大学、北京航空航天大学和清华大学。

第三届竞赛于1993年在上海交通大学举行。竞赛开幕前夕,江泽民同志亲笔为竞赛题写杯名,使竞赛影响更加广泛。来自全国30个省份的240多所高校的近千名师生参加了此次盛会。在参加竞赛的760余件作品中,北京大学等17所高校的19件作品获得一等奖,其中北京大学总分第一名,捧得"挑战杯"。通过本届竞赛的举办,"挑战杯"竞赛的各项机制得到进一步完善和加强。

第四届竞赛于1995年在武汉大学举行。国务院副总理李岚清为本届竞赛题词,周光召、朱光亚等100名著名科学家为大赛寄语勉励。本届竞赛发起高校82所,来自全国30个省、直辖市、自治区的254所高校的863件作品申报参赛,有821件作品进入终审决赛。复旦大学以团体总分第一的成绩捧走了"挑战杯"。清华大学、华中理工大学、北京航空航天大学、大连理工大学、南京理工大学、湖南大学、西安交通大学、北京科技大学、中国科学技术大学获理工、农医类院校"优胜杯"。北京大学、北京师范大学、云南大学、武汉大学、华东师范大学获综合、师范、财经政法、体育艺术类院校"优胜杯"。

第五届竞赛于1997年在南京理工大学举行。国务院副总理邹家华为本届"挑战杯"竞赛题词。香港大学生首次组团参与竞赛活动。本次竞赛共有267所高校参加,其中香港地区高校5所。参赛作品共924件,按理工农医学术论文、科技发明制作、社会调查报告和社科论文三大类进行评奖。参加展览的339件理工农医类学术论文和发明制作来自全国31个省、直辖市、自治区和香港特别行政区的157所高等院校。清华大学获得团体总分第一名,捧得"挑战杯"。获得"优胜杯"的为理工农医类院校的前六名和综合、语文师范、财经政法、体育艺术类院校的前四名。香港地区5所高校的大学生参加了本次竞赛,树仁学院(现更名为香港树仁大学)获得港澳"优胜杯"。

第六届竞赛于1999年在重庆大学举行。重庆市政府成为主办方之一,这是省级政府首次参与赛事主办。香港地区9所高校的40件作品直接进入终审决赛。竞赛协议项目43个,转让总金额超过1亿元,转让金额超过前五届的总和。复旦大学获得"挑战杯"。

第七届竞赛于2001年在西安交通大学举行。这是"挑战杯"竞赛首次在西北地区举行终审决赛。西安外事学院成为第一所参加"挑战杯"竞赛的民办高校。本届高校还首次实现了内地大学生和港、澳、台大学生的同台竞技交流。共收到933件(含港澳作品54件)作品。复旦大学和东南大学共同获得"挑战杯"。

第八届竞赛于2003年在华南理工大学举行。除来自中国内地31个省(直辖市、自治区)及港澳台地区外,还有来自新加坡等地高校的师生代表及企业界、新闻界人士近万人参加了开幕式。共有18件"挑战杯"参赛作品成功转让,总成交额达到1300万元。其中单件作品最高成交额800万元。清华大学获得"挑战杯"。

第九届竞赛于2005年在复旦大学举行。本届竞赛成为九届竞赛中参赛高校最多、参赛作品最多的一届,共有1171件作品入围复赛。台湾地区高校首次正式组团参赛。本届竞赛设立了飞利浦科技多米诺大赛,成为国内大学生校际的首次多米诺正规赛事。首次以公开答辩的方式进行最后的评审。复旦大学以总分420分捧得第九届"挑战杯",北京大学、中国矿业大学、南京大学等20所高校夺得"优胜杯"。而清华大学由于累计三次捧杯,获得"挑战杯永久纪念杯"。香港中文大学获得"港澳优胜杯",台湾地区的淡江大学获得"两岸交流杯"。

第十届竞赛于2007年在南开大学举办,来自国内外300多所高校3000多名师生参加了决赛。东南大学夺得第十届"挑战杯"。全体参赛学生向全国大学生发出"努力成为推动创新型国家建设的生力军"的倡议。决赛期间,举办了学生学术科技作品展、创新型人才培养系列论坛、天津滨海新区开发开放报告会、学生科技成果转化洽谈会、港澳台地区高校学生座谈会。包括109位两院院士在内的161位海内外知名人士为竞赛题词。

第十一届竞赛于2009年在北京航空航天大学举办。本届竞赛共有内地432所高校的1106件作品、港澳地区15所大学的53件作品进入全国决赛。竞赛评审委员会共评出特等奖作品29件,一等奖作品100件,二等奖作品283件,三等奖作品747件。竞赛信息化是本届竞赛特点之一,组委会邀请专家组织开发竞赛官方网站、完善全国大学生科技成果信息服务平台,第一次引入网络申报、网络评审的机制,评比全程实现网络信息化服务。清华大学、北京航空航天大学共同获得本届"挑战杯"。

第十二届竞赛于2011年在大连理工大学举办。本届竞赛实现了从精英型向兼顾群众型方向转变,从比赛时的集中展示向日常化的科技创新活动转变,进一步增强课外学术科技作品竞赛的学术性和权威性。本届竞赛共有1900多所高校的近5万件作品实现了网络报备。最终305个高校的1252件作品进入终审决赛。港澳地区12所大学的55件作品也参加了比赛。上海交通大学获得本届"挑战杯"。

第十三届竞赛共有531所高校的1464件作品进入全国复赛,最终454所高校的1195件作品进入终审决赛。全国竞赛评审委员会最终评出特等奖作品34件、一等奖作品104件、二等奖作品288件、三等奖作品710件。本届竞赛期间,主办单位首次进行了"累进创新奖"与"交叉创新奖"评选。本届竞赛首次由省属"211工程"高校承办,首次在地级市举办,首次采用校地合作的承办模式。

第十四届竞赛由广东工业大学、香港科技大学共同承办。本届竞赛在评审方面取得突破,不再将港澳地区学生参赛作品独立评审,改用混合评审,港澳地区和内地参赛学生统一安排答辩,接受评审。上海交通大学以总分450分与清华大学、南京理工大学并列第一名,共同捧得"挑战杯"。竞赛评审委员会最终评出特等奖作品38件、一等奖作品124件、二等奖作品318件、三等奖作品759件。本届竞赛实行"1+2"赛制,"1"即是主体赛事,"2"即是一项香港地区选拔赛及一项科技创新专项赛。本届竞赛首次采用跨境联合承办。组委会开设"一带一路"海外大学生科技创新作品展示交流专区,邀请10个国家30所高校的大学生,参加海外学生科技创新作品专区的展示交流,组织国内参赛学生与海外学生进行科技创新、创意创作等方面的研讨互动。

第十五届竞赛由上海大学承办,全国2000多所高校的200多万大学生参加了校级竞赛。共有314所高校的755件作品进入终审决赛。本届竞赛的主办单位首次引入中国社会科学院。组委会在项目作品选题上加强引导,鼓励参赛选手参与战略前沿领域研究,并通过开辟"天使基金"创业绿色通道,以及举办创新创业高端论坛、创新型人才专场招聘会和创新成果交易会等途径,为优秀创新项目就地孵化搭建平台。举办"一带一路"国际专项系列活动、海峡两岸大学生创新挑战训练营、"挑战杯"港区选拔赛等活动,搭建各方互动交流桥梁,提升赛事的国际化水平。上海交通大学捧得"挑战杯"。

第十六届竞赛由北京航空航天大学承办,吸引了全国超过1573所高校的267万余青年学生参与。经过省级赛事选拔,共有1533件作品参加国家级比赛(内地1513件作品、港澳地区21件作品)。竞赛评审委员会评出特等奖作品35件、一等奖作品105件、二等奖作品286件、三等奖作品786件。北京航空航天大学以6项特等奖,清华大学以5项特等奖、1项一等奖的成绩共同捧得"挑战杯"。

第十六届"挑战杯"全国大学生课外学术科技作品竞赛特等奖名单如表2-4所示。

表2-4　第十六届"挑战杯"全国大学生课外学术科技作品竞赛特等奖名单

序号	作品名称	学校
1	单目多光谱三维重构技术及其在医用内窥镜中的应用	上海交通大学
2	碳纤维复合材料自加热原位固化装备	南京航空航天大学
3	基于低阻复合式气动布局的垂直起降高速飞行平台	北京航空航天大学
4	仿生太阳能无人机	西北工业大学
5	快速救灾抢险高效自循环自吸离心泵关键技术研究	江苏大学
6	高精度多维力传感器及航天员生物力学测量系统	东南大学
7	新型轮毂电机车轮设计及其整车应用	清华大学
8	超高分辨率微波光子实时成像雷达	南京航空航天大学
9	软硬件联合优化的新型低功耗5G通信系统	清华大学
10	Mcontroller——跨维度机器人运动控制系统	北京航空航天大学
11	高性能量子数字签名系统	南京邮电大学
12	I know you：基于多源异构数据的分层用户建模通用框架	清华大学
13	基于深度学习的多感融合手势识别与控制系统	江西财经大学
14	镓基液态金属表面结构和多场调控理化性质的研究及应用	北京航空航天大学
15	三维回转模拟微重力效应在线剪切体外细胞培养系统的构建	北京航空航天大学
16	用于高效细胞捕获的基于仿病毒结构的多级微球设计	上海交通大学
17	水稻粒重基因qPE9-1和OsGASR9的功能研究	扬州大学
18	免疫检查点PD-1/PD-L1(PD-L2)的调控机制研究	南通大学
19	褪黑素调节肠道代谢防控大肠杆菌型脑膜炎——基于肠-脑轴微生物代谢调控的研究	扬州大学
20	多元肿瘤标志物化学发光阵列芯片检测仪	扬州大学
21	高性能、低成本燃料电池阴极催化剂的开发	清华大学
22	基于电场操控的抗消磁反铁磁存储芯片器件	北京航空航天大学
23	基于掺杂诱导相转变设计高性能锂离子电池负极材料	复旦大学
24	高效热-光协同催化水制氢的机理研究	上海交通大学
25	高性能新型锌离子电池研制与优化机制研究	武汉理工大学
26	记忆的调查研究	上海大学
27	建设生态文明背景下的电力行业效率改进与减排优化研究	北京航空航天大学
28	精准扶贫中的贫困识别：福利损失与解决办法——基于西部、东部、东北的调研与实证研究	清华大学
29	"退之有道"：兼顾农户利益与社会效益的宅基地退出模式优化研究——基于浙江省15个县市区调研	浙江工商大学
30	行动起来,向滥用抗生素说不！——中国13省市1345家零售药店无处方销售抗生素情况调查及应对研究	浙江大学
31	生命的馈赠——器官捐献家庭意愿影响因素与对策研究	温州医科大学
32	基于供应链金融的"三维信用评价体系"助力中小微企业融资增信——对140家企业和40家金融机构的访谈调研	上海大学
33	护航"网生代"——Web3.0时代未成年人网络权益软性保护路径研究	东南大学

续表

序号	作品名称	学校
34	科学育孙万家行——祖辈教养"2+X"课程开发与推广	上海师范大学
35	网络舆情"体制归因"演化机制及防控策略研究——基于503个教育网络舆情案例分析	福建师范大学

常州大学在"挑战杯"全国大学生课外学术科技作品竞赛中的获奖情况如下。

2015年,常州大学在第十四届"挑战杯"全国大学生课外学术科技作品竞赛中获一等奖2项、二等奖2项、三等奖2项。"防弹衣材料聚苯硫醚合成新工艺"和"'海归创客':中国创新驱动的一支可贵力量——基于常州市6个留创园158家企业的调查研究"获一等奖;"嗜热细菌前期开发及其在采油污水处理中的应用"和"新型多孔碳负载纳米氧化铁脱硫催化剂"获二等奖;"石化企业电能监测与节能诊断云平台"和"高效节能三维并联运动振动筛的研制"获三等奖。

2017年,常州大学在第十五届"挑战杯"全国大学生课外学术科技作品竞赛中获特等奖2项、二等奖1项、三等奖2项,并首次捧得"优胜杯"。总成绩排名跃居全国高校第19位。"宽频电子变压器参数自动测试仪的研制"和"需要为本,优势取向:创新流动儿童权益保护社会工作服务模式——常州一校三社区的行动研究"获特等奖;"国产化C4烷基化汽油连续流合成新工艺的研发"获二等奖;"抗静电涂层材料关键组分制备及应用"和"高透明聚酯薄膜低成本制备工艺"获三等奖。

2019年,常州大学在第十六届"挑战杯"全国大学生课外学术科技作品竞赛中获得一等奖1项、二等奖2项、三等奖2项。"连续安全合成法制备火箭推进剂1,2,4-丁三醇三硝酸酯新工艺"获一等奖;"阿斯巴甜高盐有机废水高效节能绿色处理装备研发与应用"和"有杆抽油泵人工智能诊断控制系统"获二等奖;"超临界CO_2萃取废旧锂电池电解液及再生"和"20 Hz~10 MHz智能元件参数分析仪的研制"获三等奖。

典型案例 2-2

  学校:上海交通大学

  项目:单目多光谱三维重构技术及其在医用内窥镜中的应用

  项目负责人:舒轶

  指导教师:任明俊、徐凯

  参赛队员:舒轶、安向昕、陈斌豪

  早期胃癌在胃镜检查时病灶特征辨识度低,存在漏检率高等问题。本作品基于单目多光谱光度立体视觉技术,设计"旋梯式"锥形旋转分光结构,实现多光谱分通道传输;设计近场非标定三维重构算法,实现精细三维重构;并利用深度学习对多光谱进行解耦,开发了一套实时动态、精细成像的单目三维内窥镜系统。该系统可在兼容二维成像的基础上为医生提供更多有效信息,助力早癌筛查。

第三节 "创青春"全国大学生创业大赛

  "创青春"是"创青春"全国大学生创业大赛的简称,是"挑战杯"中国大学生创业计划竞赛的改革提升。大赛的举办深入学习贯彻习近平新时代中国特色社会主义思想和党的十九大精神,引导和激励高校学生弘扬时代精神,把握时代脉搏,将所学知识与经济社会发展紧密结合,培养和提高创新、创意、创造、创业的意识和能力,促进高校学生就业创业教育、创业实践活动的蓬勃开展,发现和培养一批具有创新思维和创业潜力的优秀人才,帮助更多高校学生通过创业创新的实际行动,推动大众创业、万众创新,为决胜全面建成小康社会、建成社会主义现代化强国、实现中华民族伟大复兴的中国梦贡献青春力量。

2013年11月8日,习近平总书记向2013年全球创业周中国站活动组委会专门致贺信,特别强调了青年学生在创新创业中的重要作用,并指出全社会都应当重视和支持青年创新创业。党的十八届三中全会对"健全促进就业创业体制机制"作出了专门部署,指出了明确方向。为贯彻落实习近平总书记系列重要讲话和党中央有关指示精神,适应大学生创业发展的形势需要,共青团中央、教育部、人力资源和社会保障部、中国科协、全国学联决定,在原有"挑战杯"中国大学生创业计划竞赛的基础上,自2014年起共同组织开展"创青春"全国大学生创业大赛,每两年举办一次。

2014年,"创青春"全国大学生创业大赛,以党的十八大和十八届二中、三中全会精神为指导,以"中国梦,创业梦,我的梦"为主题,以增强大学生创新、创意、创造、创业的意识和能力为重点,以深化大学生创业实践为导向,着力打造权威性高、影响面广、带动力大的全国大学生创业大赛。以此为带动,将大学生的创业梦与中国梦有机结合,打造深入持久开展"我的中国梦"主题教育实践活动的有效载体;将激发创业与促进就业有机结合,打造整合资源服务大学生创业就业的工作体系和特色阵地;将创业引导与立德树人有机结合,打造增强大学生社会责任感、创新精神、实践能力的有形工作平台。

大赛下设3项主体赛事:第九届"挑战杯"中国大学生创业计划竞赛、创业实践挑战赛和公益创业赛。其中,中国大学生创业计划竞赛面向高等学校在校学生,以创新创业计划书评审、现场答辩等作为参赛项目的主要评价内容。创业实践挑战赛面向高等学校在校学生或毕业未满5年的高校毕业生,且已投入实际创业3个月以上,以经营状况、发展前景等作为参赛项目的主要评价内容。公益创业赛面向高等学校在校学生,以创办非营利性质社会组织的计划和实践等作为参赛项目的主要评价内容。

大赛设立MBA、移动互联网创业等专项竞赛,由共青团湖北省委协调相关地方人民政府及高校负责具体组织,奖项单独设立。其中,MBA专项赛由赛事承办方会同部分高校发起,组织和邀请国内设有MBA专业的各高校参加,参赛对象为就读于MBA专业的在校学生,通过申报创业项目计划书参加比赛。移动互联网创业专项赛由赛事承办方直接面向国内各高校开展,参赛对象为高校在校学生,通过提交基于移动互联网领域的创业项目计划书或APP应用程序等移动互联网作品说明书参赛。

2016年,"创青春"全国大学生创业大赛由共青团中央、教育部、人力资源和社会保障部、中国科协、全国学联、四川省人民政府主办,由电子科技大学、共青团四川省委、成都市人民政府、绵阳市人民政府承办。本次大赛吸引了全国2200余所院校参与,最终399个创业项目进入决赛。大赛评委会最终评定出金奖项目134个,银奖项目262个,铜奖项目726个,大赛还首次邀请到美国、德国、荷兰等国家高校作品在终审决赛期间参展。

2018年,"创青春"浙大双创杯全国大学生创业大赛由共青团中央、教育部、人力资源和社会保障部、中国科协、全国学联、浙江省人民政府主办,由浙江大学、共青团浙江省委、金华市人民政府、浙江师范大学承办。大赛的宗旨为"培养创新意识、启迪创意思维、提升创造能力、造就创业人才"。大赛的基本方式:大学生创业计划竞赛面向高等学校在校学生,以创新创业计划书评审、现场答辩等作为参赛项目的主要评价内容;创业实践挑战赛面向高等学校在校学生或毕业未满3年的高校毕业生,参赛项目应已投入实际创业3个月以上,以盈利状况、发展前景等作为参赛项目的主要评价内容;公益创业赛面向高等学校在校学生,以创办非营利性质社会组织的计划和实践等作为参赛项目的主要评价内容。本次大赛共有全国2200余所高校逾百万大学生的15万余件参赛作品参赛,最终包括港澳地区高校在内的197所高校、369件作品脱颖而出,入围终审决赛。大赛评委会最终评定出金奖项目124个,创业计划竞赛金奖项目69个,创业实践挑战赛金奖项目35个,公益创业赛金奖项目20个。

2020年,第十二届"挑战杯"中国大学生创业计划竞赛由共青团中央、教育部、中国科协、全国学联、黑龙江省人民政府主办,由东北林业大学和共青团黑龙江省委承办。本次大赛以"青春磨砺出彩,挑战成就未来"为主题,围绕新发展理念,分为"创新引领未来""协调同筑美好""绿色成就发展""开放共创繁荣""共享汇聚梦想"和"擘画宏伟蓝图"六大篇章,展现青年学生学习贯彻党的十九届五中全会精神,立志在全面建设社会主义现代化国家的宏伟征程中听党话、跟党走、齐奋斗的青春风采。本次大赛共吸引全国 2786 所学校的 17.9 万个项目,通过线上路演答辩,评审产生大赛各类奖项。大赛最终评定金奖项目 144 个、银奖项目 288 个、铜奖项目 1007 个。浙江大学以团体总分第一的成绩荣获"挑战杯"。

"大挑"与"小挑"的区别:"挑战杯"竞赛在中国共有两个并列项目,一个是"挑战杯"全国大学生课外学术科技作品竞赛,简称"大挑";另一个则是"挑战杯"中国大学生创业计划竞赛,简称"小挑"。两者的比赛侧重点不同,"大挑"注重学术科技发明创作带来的实际意义与特点,而"小挑"更注重市场与技术服务的完美结合,商业性更强。"大挑"奖项设置为特等奖、一等奖、二等奖、三等奖,而"小挑"奖项设置为金奖、银奖、铜奖。"大挑"发起高校可报六项作品,其中三项为高校直推作品,另外三项要与省赛组织方协商推荐,而"小挑"只能推荐三项作品进国赛。"大挑"有学历限制,专本科组、硕士组、博士组分开评审,而"小挑"没有。"大挑"国赛最多可以报 8 人,而"小挑"最多可以报 10 人。"大挑"比赛证书盖共青团中央、中国科协、教育部、全国学联、举办地人民政府的章,"小挑"证书只盖共青团中央、中国科协、教育部、全国学联的章。

第十二届"挑战杯"中国大学生创业计划竞赛全国决赛金奖项目(144 个,排名不分先后)如表 2-5 所示。

表 2-5　第十二届"挑战杯"中国大学生创业计划竞赛全国决赛金奖项目(144 个,排名不分先后)

A组:科技创新和未来产业(共40项)		
序号	参赛项目	学校
1	脂肪性肝炎的治疗专家——温州湫奥生物医药科技有限公司	温州医科大学
2	卫星互联网阵列测量	北京理工大学
3	真稀——全球首个稀土基多模动态光学防伪验真整体方案提供商	兰州大学
4	五季光子——全球首创高精度光延时测量仪赋能5G基站建设	南京航空航天大学
5	甬乌水产——全球唯一规模化乌贼苗种供应商	宁波大学
6	创享科技——非常规能源纳米级储量评估破局者	中国矿业大学
7	依莫诺飞生物——高性能免疫细胞基因改造载体	南京大学
8	痕量级激光光谱气体在线传感平台	香港中文大学
9	巨印科技——突破Micro LED显示巨量转移技术瓶颈引领者	浙江大学
10	骨联科技——基于可注射诱导性材料的腱骨修复专家	四川大学
11	高精铝材——新基建高端铝合金循环再生技术全球领航者	北京科技大学
12	金镶钻——高功率热沉材料领跑者	西安交通大学
13	航空发动机加速试车控制系统	南京航空航天大学
14	中远智芯——智能光学芯片开拓者	北京理工大学
15	心"视"界——心血管全息诊疗智库	四川大学
16	华涂科技——国内首家高性能车用轴瓦涂层材料供应商	宁波大学
17	新启科技——5G毫米波吸波材料领航者	浙江师范大学
18	极创动力-AI智能机械狗	西安电子科技大学
19	CHAMP显微镜	香港科技大学
20	用于慢性病治疗的温敏凝胶	复旦大学
21	纳动科技:高密度细间距LED芯片封装装备领航者——超高清显示LED芯片精准对位	广东工业大学
22	全自动"纤"锋——首款国产化全自动光纤熔接一体机	南京邮电大学
23	舞指科技	东北大学

续表

序号	参赛项目	学校
24	极阳科技——新型平板集光技术为光伏产业未来赋能	宁波大学
25	360°"瓶中瑕影"视觉检测系统	吉林大学
26	淼微科技——基于微流控技术的即时癌症检测系统	北京工业大学
27	智能工匠——航空航天高精度机器人智能装备	南京航空航天大学
28	麻辣数据——以科技创新赋能数据标注	浙江大学
29	Bluewhale新材料——下一代超声领域革新者	西安交通大学
30	斯安打虎——全国首创的气动式搅注一体化脉动注浆泵	中国矿业大学
31	智能通航发动机总成系统	西北工业大学
32	智引微创：一体化穿刺手术导航机器人领航者	北京理工大学
33	润航科技——打造船舶油液的可视窗户	大连海事大学
34	针织大师——双机协同AI智能机器人	潍坊职业学院
35	"灵"波微"探"——钢铁件渗碳层无损检测专家	常州信息职业技术学院
36	"智紧王"中国恒力防松螺母	扬州工业职业技术学院
37	"逆行守护者"森林消防员应急逃生装置	北京财贸职业学院
38	管道卫士——城市地下管道的守护者	南京信息职业技术学院
39	贴身守护 专注心肺健康——便携式心肺监护仪	河南职业技术学院
40	微胶囊科技——未来相变材料塑形定义者	河北工业职业技术学院

B组：乡村振兴和脱贫攻坚（27项）

序号	参赛项目	学校
1	"馨"火脱贫攻坚夜校——决胜贵州脱贫攻坚的新时代"农民讲习所"	南京理工大学
2	迅建住工——村镇装配式建筑引领者	西安建筑科技大学
3	"菌果粒"新型羊饲料——菇渣与果渣的完美碰撞升华	常熟理工学院
4	"解秆先锋"——秸秆资源化高效处理专家	河北科技大学
5	果胶低聚糖——源于农废果渣的天然抑菌保鲜剂	浙江工业大学
6	智慧稻渔——科学助力千万农民稻渔丰收	浙江大学
7	绿林卫士——智能化树木养护一体机	盐城工学院
8	秸然不同——移动式微波热解秸秆还田工程	南昌大学
9	盘种餐——一体化生态高效秧盘开创者	扬州大学
10	海蟹行盐碱，瘠土变沃田——全球首创盐碱地青蟹生态养殖	宁波大学
11	乡路新生——用农村废弃物重塑乡村道路	东南大学
12	基于缺水地区农村分散式污水再生装置	华中科技大学
13	智网农联——农作物生物虫害防治云监测系统	长春理工大学
14	紫荆云陪伴——教育帮扶留守儿童、贫困青少年的领航者	华南师范大学
15	龟足苗种——全球首次实现龟足人工育苗	福建师范大学
16	智绘乡村——打造乡村振兴战略下的"智绘"模式	山东财经大学
17	云梦端——乡村振兴长效机制的探索者	陕西科技大学

续表

序号	参赛项目	学校
18	(ISET)机器人辅助农业现代化,智能化生产产业链	北京航空航天大学
19	智建乡村——用智慧设计点燃乡村振兴的燎原之火	东南大学
20	智慧菇坊——优化羊肚菌产业链 助力乡村振兴	江苏师范大学
21	粮成即实——基于智能农业设施的一站式解决方案	北京工业大学
22	不芒解"乡愁"	中国矿业大学
23	花馃馃的春天——助力西部贫困地区乡村振兴	西安建筑科技大学
24	稳就业 促振兴——后疫情时代广西贫困地区建筑农民工技能服务站	广西建设职业技术学院
25	万红千"紫"——紫苏全株产业链扶贫模式引领者	重庆电子工程职业学院
26	董家大院——打造非遗IP,助力乡村振兴	江苏建筑职业技术学院
27	匠心筑梦 非遗传承——创新打造非遗扶贫产业 助力西北乡村振兴	西安航空职业技术学院

C组:城市治理和社会服务(共34项)

序号	参赛项目	学校
1	蔚蓝防线——全球首创的城市语音安全解决方案	浙江大学
2	通途道路——国际领先的超薄沥青磨耗层	华南理工大学
3	麦德森医疗科技——临床检测和数据处理服务平台	吉林大学
4	纤清注射液——致盲性眼病小分子药物开拓者	同济大学
5	从我,到我们——二孩家庭幸福成长计划	南通大学
6	工程建设智能眼——中国自主智造的高性能岩土工程仿真软件MatDEM	南京大学
7	普惠科技——先进等离子体消毒灭菌方案提供商	西安交通大学
8	国内多燃料微型燃气轮机先驱者	哈尔滨工程大学
9	替抗先锋"伊片好"——做绿色养殖的守护者	大连理工大学
10	空中反黑卫士——无人机频谱认知仪	南京航空航天大学
11	墅懒日租——一站式聚会娱乐服务预订的创新平台	浙江理工大学
12	桥梁医生——桥梁智慧检测引领者	东南大学
13	觅健康——乳腺癌早期预警miRNA无创检测原研试剂盒	中国医科大学
14	Cell&hunter——循环肿瘤细胞智能检测系统	西安电子科技大学
15	凯邦智测——城市地下电网运行安全守护者	四川大学
16	消化道肿瘤的高精度探测及定位设备	华中科技大学
17	"鲁班"微创血管介入手术机器人	北京理工大学
18	魔轮户外——打造国内健康骑行品牌新业态	宁波大学
19	航弈生物科技——基于脑机接口的脑卒中康复外骨骼	北京航空航天大学
20	拓影系统——医学影像3D可视化引导者	东北林业大学
21	星路启航——打造自闭症青年精准就业新模式	中国石油大学(华东)
22	鲲图——4K超高清图传核心模组供应商	福州大学
23	元盛科技:微创可视化关节手术导航引领者	北京理工大学
24	明眸伴侣——专注打造生长因子角膜修复的新视界	温州医科大学

续表

序号	参赛项目	学校
25	伊赛科技——全国车载光学显示技术引领者	浙江大学
26	Smart Vision——视觉定位与实时三维重建解决方案供应商	杭州电子科技大学
27	中国虚拟驾培行业的实践者——优驾虚拟驾培平台	浙江工商大学
28	爱吉因生物——遗传疾病基因治疗领跑者	华东师范大学
29	立刻游——5G背景下的个人AI旅游助手	澳门城市大学
30	共享水下智能装备——全球首个"共享＋水下智能"项目	天津交通职业学院
31	高铁电商、箱得益彰——高铁冷链快递箱	南京铁道职业技术学院
32	安之诺适老化改造室内设计工作室	北京财贸职业学院
33	亲青工程	江西环境工程职业学院
34	工业级无人机专业实训及综合应用解决方案	江苏安全技术职业学院

D组:生态环保和可持续发展(共23项)

序号	参赛项目	学校
1	果核环保:基于餐厨垃圾全量资源化的"无废社区"开拓者	南京大学
2	闲书通——智能书报驿站建设的先行者	江苏师范大学
3	危废智"链"——中国危废整体解决方案领跑者	四川大学
4	智创绿源——中深层地热能开发引领者	山东科技大学
5	让老百姓过上"干净"的日子——整治城乡人居污染环境的领跑者	湖北工业大学
6	与"醛"世界为敌——世界首创的高效降解甲醛污染物解决方案	浙江大学
7	点石成金——让金属尾矿重获新生的神奇药剂	中国矿业大学
8	全球首创对流增强型自分层储能电池	华中科技大学
9	新型石墨烯界面热净水解决方案	清华大学
10	常新空净——开创水洗空气新时代	常州大学
11	"沙漠焕生"——基于物联网的沙漠治理智能机器人集群	东北大学秦皇岛分校
12	变形轻刚——绿色节能的微秒级金属电磁制造设备供应商	重庆大学
13	无人驾驶清洁船	西北工业大学
14	中微纳米——打造技术驱动的分布式水处理装备领军者	东南大学
15	电磁制造——国际首创氢燃料电池金属双极板电磁成形工艺	华中科技大学
16	土壤医院	扬州大学
17	华焰科技——生物质高分子粘结剂产业化先行者	中国矿业大学
18	移花接木:开创西北荒漠化扶贫嫁接新模式	上海交通大学
19	创凯能源——光热相变储能技术革新者	南京工业大学
20	打赢绿水青山保卫战——国内首款漂浮式太阳能生态循环净水系统	浙江金融职业学院
21	铈在必行——柴油降烟纳米添加剂	南京科技职业学院
22	续航科技——金华市续航汽车零部件有限责任公司	金华职业技术学院
23	地膜功能化循环利用新方案	徐州工业职业技术学院

续表

E组:文化创意和区域合作(共20项)		
序号	参赛项目	学校
1	戏城——带上"剧本"去旅行	上海音乐学院
2	GoPrint——自行走的智能打印机先行者	浙江大学
3	生命之光——国内生命文化艺术化传播的青春领航者	温州医科大学
4	Muses人工智能作曲	西安电子科技大学
5	斗拱newer——"斗拱你玩"指尖模玩创想家	天津大学
6	杭州勾勾科技有限公司	浙江工业大学
7	一口汉语——国际汉语教育领跑者	华东师范大学
8	昭朔光电——中东及非洲地区便携式高效率太阳能发电装置革新者	浙江师范大学
9	element音乐平台	香港科技大学
10	久黎压花的开发和推广	东北林业大学
11	苍田故事	西安建筑科技大学
12	I-dub——国内首创AI影视后期声解决方案提供者	浙江大学
13	灵魂重铸——未来新型生物标本领行者	合肥学院
14	小鹿萌妈——少儿国学IP创造者,传承经典守护文化根基	广东外语外贸大学
15	生命在线——中非专业应急救护先行者	温州医科大学
16	"童画·文遗"真人AI课程	广西建设职业技术学院
17	海骏科技:年产电子蜡烛超千万件	义乌工商职业技术学院
18	AI智能造字——中国智能造字领航者	广州城建职业学院
19	吴地拾遗——非遗文化研发活化平台的开拓者	苏州工艺美术职业技术学院
20	会蚁国际——打造专业化领域的中小型国际会议第一品牌	福州墨尔本理工职业学院

常州大学在"创青春"全国大学生创业大赛中的获奖情况如下。

常州大学在2016年"创青春"全国大学生创业大赛总决赛中获得第十届"挑战杯"大学生创业计划竞赛金奖2项、银奖1项,获金奖数量位列江苏省高校第二。"迪源微通道反应器科技有限责任公司"和"欧尔克绿色科技有限责任公司"荣获金奖;"南京维安材料有限公司"荣获银奖。

常州大学在2018年"创青春"全国大学生创业大赛总决赛中获得金奖1项、铜奖3项,获奖项目数位居江苏省高校第二,实现了创业实践挑战赛奖项零的突破。"蓝天清洁能源有限公司"荣获金奖;"常州碳润新材料科技有限公司""常州旭锌科技服务咨询有限公司"和"江苏浩刻文化发展有限公司"分获铜奖。

常州大学在2020年第十二届"挑战杯"中国大学生创业计划竞赛中获得金奖1项、银奖2项、铜奖3项,首次捧得"小挑"优胜杯。学校总积分排名位列全国第31位、江苏省第6位。"常新空净——开创水洗空气新时代"荣获金奖;"金色蜀姜——助力犍为打赢脱贫攻坚战"和"源源不断——水电一体综合保障车"分获银奖;"土壤卫士——土壤农药残留微生物修复的引领者""动态结构光三维形貌采集分析系统"和"呼吸机用光诱导可回收生物基聚氨酯的制备关键技术"分获铜奖。

典型案例2-3

学校:宁波大学

项目:甬乌水产——全球唯一规模化乌贼苗种供应商

项目负责人:张元博

指导教师：彭瑞冰、蒋霞敏、屠春飞、李政

参赛队员：张元博、韩子儒、麻晓蝶、童露、张诗晗、王心禹、王以宁、叶凌志、王佳丽、张欣妮、涂伟涛、柴永辉、皮林鹭、占旭、崔家源

甬乌水产，作为全球唯一规模化乌贼苗种供应商，主营业务是向沿海养殖企业提供乌贼苗种及配合饲料。

乌贼曾是东海四大海产之一，但因过度捕捞和环境问题，面临濒危。其中，虎斑乌贼在东海已难觅踪迹。据调查，国内外对于虎斑乌贼的繁育技术研究仅仅停留在实验室小试阶段，而养殖技术则一片空白。究其原因，有如下几点：①亲体产卵量少、质量差；②孵化率低、育成率低；③驯化过程死亡率高，养殖成功率低。甬乌水产团队致力于乌贼繁育攻坚数十年，掌握了全套乌贼繁育核心技术，研发的亲体繁殖技术、全人工繁育技术、规模化养殖技术等拥有20项独占专利授权，以上技术融合形成的生态化、集约化的设施养殖模式，突破了虎斑乌贼规模化繁育与养殖的业界难题，在国内外首次真正实现虎斑乌贼全人工繁育与养殖。团队受邀参加国际顶级学术会议（世界头足类大会）并作学术汇报，受到了国内水产繁育领域首席专家桂建芳院士和浙江省水产技术推广总站丁雪燕站长等专家的称赞与推荐。目前，团队累计繁育乌贼苗种数量超过百万尾，营收已突破千万。团队在盈利过程中不忘奉献社会，带动更多就业，提供更多岗位，不断增殖放流，保护东海生态。

该项目获2020年第六届中国国际"互联网+"大学生创新创业大赛总决赛金奖和最佳带动就业奖。2020年第十二届"挑战杯"中国大学生创业计划竞赛全国决赛金奖（科技创新和未来产业）。

（徐德锋　徐知遥　龚亮）

第三章 大学生创新创业的扶持体系

2017年9月1日我国开始实施教育部修订的《普通高等学校学生管理规定》,该规定要求学生恪守学术道德;坚守学术诚信。此外,针对近年来兴起的大学生创新创业潮,规定也给予了支持,明确大学生创新创业可折算成学分,计入学业成绩。

大学生往往对未来充满希望、充满激情,有着"初生牛犊不怕虎"的精神,他们是建设创新型国家和推动"双创"工作的生力军。由于创新创业知识、技能、心理、经验的欠缺和创新创业价值观的偏差,在校大学生创新创业成功率并不高,普遍存在模式单一、科技含量低、运作周期短、市场效果差等问题,创新创业效果不明显。在这样的背景下,政府提供了哪些创新创业扶持政策体系呢?

大学生创新创业扶持体系是一项系统工程,以高校大学生为核心,政府、高校、企业、社会构成了大学生创新创业扶持体系这个整体。大学生创新创业是各种资源相互博弈、相互碰撞、相互融合的过程。在当前"大众创业、万众创新"的背景下,大学生创新创业扶持体系的四个部分取长补短、相辅相成、相互促进、相得益彰,为大学生创新创业提供政策倾向、人力支持、资金借贷以及环境支持。政府在大学生创新创业发展的作用主要体现在创新创业的政策引导、培育体系的扶持、市场体系的支撑、外部环境的营造优化四个方面,为大学生创新创业工作提供政策保障和动力支持;高校是创新创业型人才培养的摇篮,为大学生提供最直接的创新创业教育资源;社会和企业是推动大学生创新创业的强大动力,不仅能为大学生创业者提供技术支持、项目孵化、资金帮扶,更重要的是能为大学生创新创业营造出一种敢闯敢拼的创业氛围。大学生创新创业扶持体系如果能作为一个整体有序运行,大学生创新创业将会步入一个新的起点。

我国积极实施创新驱动战略和"大众创业、万众创新"计划,出台多项扶持政策支持创新创业。大学生创新创业是国家创新创业计划的重点。大学生创新创业扶持政策作为创业政策体系的重要组成部分,是一种对创业活动具有指引、激励和导向及保障功能的政府公共产品,为大学生创业提供了宏观的创新创业环境。

对就业困难的毕业生通过发放求职创业补贴、举办专场招聘活动等多种方式,帮助他们尽快实现就业,持续为离校未就业毕业生提供指导服务。针对当前大学生严峻的就业形势,围绕战略性新兴产业、现代服务业,面向民营经济、小微企业,开发更多适合大学毕业生的就业岗位。办好各类招聘活动,确保校园招聘活动热度不减、数量提高。搭建精准对接服务平台,充分利用"互联网+就业"新模式,为大学毕业生送政策、送指导、送信息。

大学生创业扶持政策体系是一个不断整合、促进的过程。中央以及地方各级政府作为政策制定主体,要围绕政策的协调性与可行性,注重政策设计的科学合理性;政府相关职能部门以及高校作为政策实施主体,要加强政策的宣传与落实,提高政策的实施效果。政府出台一系列创新创业扶持政策,从"搭平台、建机制、强基础、优服务"等方面出发,充分利用全国大学生创新创业比赛及政府资助,有效探索一套有利于大学生创新创业的扶持体系。

第一节 国家对大学生创新创业的扶持政策

近年来,中央和地方政府对于大学生创新创业一直予以高度关注,给予很多优惠条件,鼓励创新创业带动就业,2015年"大众创业、万众创新"战略提出后,相关政策文件不断推出。2015年5月,国务院办公厅印发《关于深化高等学校创新创业教育改革的实施意见》,坚持创新引领创业、创业带动就业,以创新人才培养机制为重点,以完善条件和政策保障为支撑,加快培养规模宏大、富有创新精神、勇于投身实践的创新创业人才队伍。2020年3月,教育部《关于应对新冠肺炎疫情做好2020届全国普通高等学校毕业生就业创业工作的通知》,强调支持毕业生以新的就业形态、灵活多样的方式实现多元化就业。教育部会同有关部门落实大学生创业优惠政策,加强创业平台建设,举办中国"互联网+"大学生创新创业大赛,鼓励和支持更多毕业生自主创业。国家要求各政府部门要整合发展财政和社会资金,支持高校学生创新创业活动。各高校要优化教育经费支出结构,多渠道统筹安排创新创业资金,支持大学生的创新创业教育教学,资助学生创新创业项目。部委属高校应按规定使用中央高校基本科研业务费,积极支持品学兼优且具有较强科研潜质的在校学生开展创新科研工作。中国教育发展基金会设立大学生创新创业教育奖励基金,用于奖励对创新创业教育作出贡献的单位。鼓励社会组织、公益团体、企事业单位和个人设立大学生创业风险基金,以多种形式向自主创业大学生提供资金支持,提高扶持资金使用效益。深入实施新一轮大学生创新创业引领计划,落实各项扶持政策和服务措施,重点支持大学生到新兴产业创新创业。有关部门要加快制定有利于互联网创业的扶持政策。国家对大学生创新创业的扶持政策主要有税收优惠、创业担保贷款和贴息、免收有关行政事业性收费等。

(一)税收优惠

2015年1月,财政部、税务总局、人力资源社会保障部、教育部联合发布《关于支持和促进重点群体创业就业税收政策有关问题的补充通知》,提出将就业失业登记证更名为就业创业证,毕业年度内高校毕业生在校期间凭学生证向公共就业服务机构按规定申领就业创业证,毕业年度内高校毕业生从事个体经营的,持就业创业证(注明"毕业年度内自主创业税收政策")享受税收优惠政策。2019年2月,财政部、税务总局、人力资源社会保障部、国务院扶贫办联合发布《关于进一步支持和促进重点群体创业就业有关税收政策的通知》,提出大学毕业生如果持有就业创业证并从事个体经营活动,自办理个体工商户登记当月起,三年之内按每户每年12000元为限额,依次扣减其当年实际应缴纳的增值税、城市维护建设税、教育费附加、地方教育附加和个人所得税,限额标准最高可上浮20%。这是对原有政策的替代,相对加大了扶持力度,期限为2019年1月1日至2021年12月31日。2020年3月,教育部《关于应对新冠肺炎疫情做好2020届全国普通高等学校毕业生就业创业工作的通知》指出,有关部门要加大改革力度,各地要给予充分配合,继续推进创新创业优惠政策的落实,进一步完善税费减免、创业担保贷款及创业培训补贴等优惠政策。

(二)创业担保贷款和贴息

2018年3月,财政部、人力资源社会保障部、中国人民银行发布《关于进一步做好创业担保贷款财政贴息工作的通知》,提出调低大学生贷款申请条件、放款担保和贴息要求,同时对还款积极、带动就业能力强、创业项目好的借款个人和小微企业,可继续提供创业担保贷款贴息。对符合条件的大学生自主创业的,可在创业地按规定申请创业担保贷款,贷款额度为10万元。鼓励金融机构参照贷款基础利率,结合风险分担情况,合理确定贷款利率水平,对个人发放的创业担保贷款,在贷款基础利率基础上上浮3个百分点以内的,由财政给予贴息。

(三)免收有关行政事业性收费

毕业2年以内的普通高校学生从事个体经营(除国家限制的行业外)的,自其在工商部门首次注册登记之日起3年内,免收管理类、登记类和证照类等有关行政事业性收费。

（四）创新创业培训补贴

对大学生创办的小微企业新招用毕业年度高校毕业生,签订1年以上劳动合同并缴纳社会保险费的,给予1年社会保险补贴。对大学生在毕业学年(即从毕业前一年7月1日起的12个月)内参加创业培训的,根据其获得创业培训合格证书或就业、创业情况,按规定给予培训补贴。

（五）免费创业服务

有创业意愿的大学生,可免费获得公共就业和人才服务机构提供的创业指导服务,包括政策咨询、信息服务、项目开发、风险评估、开业指导、融资服务、跟踪扶持等"一条龙"创业服务。

（六）取消高校毕业生落户限制

高校毕业生可在创业地办理落户手续(直辖市按有关规定执行)。

（七）创新人才培养

创业大学生可享受各地各高校实施的系列"卓越计划"、科教结合协同育人行动计划等,同时享受跨学科专业开设的交叉课程、创新创业教育实验班等,以及探索建立的跨院系、跨学科、跨专业交叉培养创新创业人才的新机制。

（八）开设创新创业教育课程

自主创业大学生可享受各高校的各类专业课程和创新创业教育资源,以及面向全体学生开发开设的研究方法、学科前沿、创业基础、就业创业指导等方面的必修课和选修课;同时享受各地区、各高校推出的资源共享的慕课、视频公开课等在线开放课程,以及在线开放课程学习认证和学分认定制度。

（九）强化创新创业实践

自主创业大学生可共享学校面向全体学生开放的大学科技园、创业园、创业孵化基地、教育部工程研究中心、各类实验室、教学仪器设备等科技创新资源和实验教学平台;参加全国大学生创新创业大赛、全国高职院校技能大赛,各类科技创新、创意设计、创业计划等专题竞赛,以及高校学生成立的创新创业协会、创业俱乐部等社团,以提升创新创业实践能力。

（十）改革创新创业教学制度

自主创业大学生可享受各高校建立的自主创业大学生创新创业学分累计与转换制度;还可将开展创新实验、发表论文、获得专利和自主创业等情况折算为学分,将参与的课题研究、项目实验等活动认定为课堂学习的新探索。同时为有意愿有潜质的学生制定创新创业能力培养计划,以及创新创业档案和成绩单等系列客观记录并量化评价开展创新创业活动情况的教学实践活动。优先支持参与创业的学生转入相关专业学习。

（十一）完善学籍管理规定

有自主创业意愿的大学生,可享受高校实施的弹性学制,放宽学生修业年限,允许调整学业进程、保留学籍休学创新创业。

（十二）大学生创新创业指导服务

自主创业大学生可享受各地各高校对自主创业学生实行的持续帮扶、全程指导、一站式服务,以及地方、高校两级信息服务平台为学生实时提供的国家政策、市场动向等信息和创业项目对接、知识产权交易等服务。可享受各地在充分发挥各类创业孵化基地作用的基础上,因地制宜建设的大学生创业孵化基地和相关培训、指导服务等扶持政策。

2018年9月,教育部办公厅印发的《关于做好2018年深化创新创业教育改革示范高校建设工作的通知》强调,重点推进建设创新创业教育优质课程,提升教师创新创业能力教育,开展"青年红色筑梦之旅"活动。2018年12月,教育部在《关于做好2019届全国普通高等学校毕业生就业创业工作的通知》中强调,各高校要按照要求,进一步落实创新创业学分相关政策,加大创新创业场地和资金扶持力度;大力改革相关课程制度,提供各种专业课程和深度咨询,鼓励引入校外导师,建立新的指导教师考核机制,并给予一定奖励。2020年11月,教育部在《关于做好2021届全国普通高校毕业生就业创业工作的通知》中强调持续推进创业带动就业。加大"双创"支持力度,会同有关部门落实大学生创业优惠政策。继续举办大学生创新创业大赛。组织开展高校毕业生创业服务专项活动,发挥创业孵化基地作用,推动各类创新创业大赛获奖项目成长发展、落地见效,带动更多毕业生实现就业。

2018年3月,财政部、人力资源社会保障部、中国人民银行发布的《关于进一步做好创业担保贷款财政贴息工作的通知》针对符合条件的创业者(如大学生群体),强调要优化办理程序,包括健全服务机制、简化流程、一次性办结、完善担保机制、合格者取消反担保;加强监督管理、完善配套制度、强化部门协作、加强绩效评价,组织专项检查、推进信息公开;特别强调要加大宣传力度,使重点群体了解相关政策,并树立典型,形成示范案例。2018年9月,国务院《关于推动创新创业高质量发展打造"双创"升级版的意见》中,要求着力促进创新创业环境升级,包括简政放权以释放创新创业活力、放管结合营造公平市场环境、优化服务为创新创业提供便利等。

典型案例 3-1

铁血网创始人蒋磊

蒋磊,典型的大学生创业者。2000年,16岁的蒋磊被保送进入清华大学材料系,后被保送直接攻读博士学位;2001年创办铁血军事网站,任站长;2004年4月,筹建北京铁血科技有限责任公司,任CEO。虽然忙着办网站,蒋磊的学习也没落下。因成绩优秀,2004年,蒋磊被保送直接攻读清华大学博士学位。

大学期间,蒋磊都在不断尝试为自己网站的用户提供更好的浏览体验。面对公司不乐观的经营局面,蒋磊决定休学,全身心投入创业,随着网站的扩大发展、用户的增长,2004年,蒋磊决定成立公司进行运营。

在运营中,蒋磊尝试了多种方式,包括创办电子杂志、开设网络社区、开发网络游戏、发布网站广告等,虽然这些尝试有成功有失败,但网站的注册用户呈直线上升,也为其攒下了一批非常忠实的用户。

经过12年的努力,蒋磊的公司拥有员工200余人,他创办的网站已成为能够提供社区服务、电子商务、在线阅读、游戏等产品的综合平台。截至2012年12月,网站已有1000万注册会员,月度覆盖超3300万用户,正处于稳步且高速的增长中。

知识经济时代要求年轻大学生担负起创业的历史重任。随着就业压力的增大,越来越多的大学生走上了创新创业之路。由于创新创业教育薄弱,创新创业资金紧张,创新创业知识不足,创新创业经验缺乏,大学生创新创业并非易事。在新形势下,我国越来越重视对大学生创新创业能力的培养,国务院及各有关部委相继出台了一系列促进大学生创新创业的政策文件。编者梳理了近几年来国家层面的大学生创业政策,如表3-1所示。

表 3-1　国家相关部门针对大学生创新创业政策文件一览表

序号	文件名称	文号	发文时间
1	人力资源社会保障部关于做好 2015 年全国高校毕业生就业创业工作的通知	人社部函〔2015〕21 号	2015 年 2 月 9 日
2	国务院关于进一步做好新形势下就业创业工作的意见	国发〔2015〕23 号	2015 年 4 月 27 日
3	国务院办公厅关于深化高等学校创新创业教育改革的实施意见	国办发〔2015〕36 号	2015 年 5 月 4 日
4	教育部关于做好 2016 届全国普通高等学校毕业生就业创业工作的通知	教学〔2015〕12 号	2015 年 11 月 27 日
5	人力资源社会保障部关于做好 2016 年全国高校毕业生就业创业工作的通知	人社部〔2016〕18 号	2016 年 2 月 2 日
6	国务院办公厅关于建设大众创业万众创新示范基地的实施意见	国办发〔2016〕35 号	2016 年 5 月 8 日
7	教育部办公厅关于进一步做好高校毕业生就业创业工作的通知	教学厅〔2016〕5 号	2016 年 5 月 27 日
8	工商总局关于发挥职能作用进一步做好高校毕业生就业创业工作的通知	工商个字〔2016〕112 号	2016 年 6 月 17 日
9	人力资源社会保障部、教育部关于实施高校毕业生就业创业促进计划的通知	人社部发〔2016〕100 号	2016 年 10 月 26 日
10	教育部关于做好 2017 届全国普通高等学校毕业生就业创业工作的通知	教学〔2016〕11 号	2016 年 11 月 25 日
11	人力资源社会保障部关于做好 2017 年全国高校毕业生就业创业工作的通知	人社部函〔2017〕20 号	2017 年 2 月 6 日
12	国务院关于做好当前和今后一段时期就业创业工作的意见	国发〔2017〕28 号	2017 年 4 月 13 日
13	国务院关于强化实施创新驱动发展战略进一步推进大众创业万众创新深入发展的意见	国发〔2017〕37 号	2017 年 7 月 21 日
14	教育部关于做好 2018 届全国普通高等学校毕业生就业创业工作的通知	教学〔2017〕11 号	2017 年 12 月 1 日
15	教育部办公厅关于做好 2018 年深化创新创业教育改革示范高校建设工作的通知	教高厅函〔2018〕20 号	2018 年 3 月 27 日
16	教育部关于做好 2019 届全国普通高等学校毕业生就业创业工作的通知	教学〔2018〕8 号	2018 年 11 月 27 日
17	关于进一步支持和促进重点群体创业就业有关税收政策的通知	财税〔2019〕22 号	2019 年 2 月 2 日
18	关于进一步做好创业担保贷款财政贴息工作的通知	财金〔2018〕22 号	2018 年 3 月 27 日
19	国务院关于推动创新创业高质量发展打造"双创"升级版的意见	国发〔2018〕32 号	2018 年 9 月 18 日
20	教育部办公厅关于做好深化创新创业教育改革示范高校 2019 年度建设工作的通知	教高厅〔2019〕22 号	2019 年 3 月 26 日
21	教育部关于应对新冠肺炎疫情做好 2020 届全国普通高等学校毕业生就业创业工作的通知	教学〔2020〕2 号	2020 年 3 月 4 日
22	教育部关于做好 2021 届全国普通高校毕业生就业创业工作的通知	教学〔2020〕5 号	2020 年 11 月 20 日

第二节　江苏省对大学生创新创业的扶持政策

江苏省大学生创业的数量与质量均高于全国平均水平,这在一定程度上得益于江苏省对大学生创新创业工作的高度重视。自 20 世纪 90 年代中后期,江苏省省级层面陆续出台了一系列旨在促进大学生创新创业的政策措施,特别是近几年来出台的政策文件在发布的密集程度上、内容的完备程度上、实际的有效程度上都大大高于以往。从出台文件的内容上看,有的是对国家层面政策的转发,有的是对国家层面政策具体化、本土化,有的是江苏地方的创新创业扶持政策。江苏省大学生创新创业的扶持政策主要内容如下。

一、资金补贴

(一)创新创业培训补贴

对具有创新创业意愿和培训愿望并具备一定创业条件的城乡各类劳动者(含毕业前 2 年的在校大学生),参加经人社、财政部门认定的培训项目并取得合格证书的,按规定给予创新创业培训补贴。具体补贴对象和标准由市县确定。

(二)一次性创新创业补贴

对首次成功创新创业并带动其他劳动者就业,正常经营 6 个月以上,依法申报纳税的普通高等学校学生(在校及毕业 2 年内)和复员转业退役军人、从事非农产业创新创业的农民、登记失业人员和就业困难人员所创办主体的,按规定给予一次性创新创业补贴。

(三)创新创业场地租金补贴

对初次创新创业租用各类创业孵化基地的普通高等学校学生(在校及毕业 2 年内)和复员转业退役军人、从事非农产业创业的农民、登记失业人员和就业困难人员,按规定给予创新创业场地租金补贴。补贴标准由市县根据当地实际情况确定,创新创业主体享受创业租金补贴期限不超过 3 年。

(四)创新创业带动就业补贴

对普通高等学校学生(在校及毕业 2 年内)和复员转业退役军人、从事非农产业的农民、登记失业和就业困难人员初次创办经营主体,初创主体吸纳其他劳动者就业并与之签订一年以上期限劳动合同,并按规定为其他劳动者缴纳社会保险费的,按规定给予创新创业带动就业补贴。

(五)创新创业基地运营补贴

对依法成立达到相应建设服务标准并在人社部门备案,为初次创新创业经营主体提供服务的城乡各类创新创业孵化基地、创新创业培训(实训)基地以及利用自有住房初次创新创业、生产或服务运营正常的创新创业者,按规定给予创新创业基地运营补贴。创新创业基地被评为省级创新创业示范基地的,给予每家不超过 100 万元的一次性补助。

(六)创新创业孵化补贴

补贴对象为市县认定的各类创新创业孵化基地。补贴标准由市县根据创业孵化基地实际孵化成功(基地内注册登记并孵化成功搬离基地后继续经营 6 个月以上)户数等因素确定。

（七）创新创业项目补贴

补贴对象为科技含量高、具有潜在经济社会效益的大学生优秀创新创业项目。被评为省级大学生优秀创新创业项目的项目，给予每个 10 万元的一次性补助。

（八）社会保险补贴

在工商部门首次注册登记起，3 年内创业失败，企业注销后登记失业并以个人身份缴纳社会保险费 6 个月以上的人员，按实际纳税总额的 50%，最高不超过 1 万元的标准给予一次性补贴。

二、金融信贷

（一）创新创业担保贷款

贷款对象包括个人创业者和小微企业。鼓励各地将个人贷款最高额度从 10 万元调整为不低于 30 万元；合伙经营或创办企业的，可适当提高贷款额度；小微企业创业担保贷款额度由经办银行根据企业实际招用符合条件的人数合理确定，最高不超过 200 万元。

（二）小微创业贷

省市共同出资设立江苏小微企业创业创新发展融资基金，为工商银行江苏省分行推出的小微创业贷提供增信和风险补偿，支持小微企业获得低成本、高效率贷款。

单户融资额度，原则上以法人名义申请的最高不超过 500 万元，以个人名义申请的最高不超过 300 万元。贷款期限原则上控制在 1 年以内，最长不超过 2 年。

（三）科技贷款资金池

科技贷款资金池主要用于引导银行业金融机构向江苏省境内注册并具有独立法人地位、具备较强创新性和较高技术水平、拥有良好市场前景和经济社会效益的科技型中小企业发放贷款。

（四）扶贫小额贷款

扶贫小额贷款适用于苏北地区纳入"十三五"全省新一轮扶贫建档立卡范围且有劳动能力、增收项目、贷款意愿和一定还贷能力的低收入农户；黄桥茅山革命老区以当地扶贫标准确定并建档立卡的低收入农户。农户贷款应主要用于发展种、养和流通等生产性、服务性增收项目。单户贷款额度不超过 2 万元。贷款期限最长为 1 年。农户在规定贷款期限内归还贷款的享受 50% 贴息。

三、税收优惠

（一）自主创业税收优惠

优惠对象：在人社部门公共就业服务机构登记失业半年以上的人员；零就业家庭、享受城市居民最低生活保障家庭劳动年龄内的登记失业人员；毕业年度内高校毕业生；自主就业退役士兵。

扣减额度：在 3 年内按每户每年 9600 元为限额依次扣减其当年实际应缴纳的增值税、城市维护建设税、教育费附加、地方教育附加和个人所得税。

（二）企业吸纳税收优惠

优惠对象：商贸企业、服务型企业、劳动就业服务企业中的加工型企业和街道社区具有加工性质的小型企业实体。

扣减额度：在3年内按实际招用人数予以每人每年5200元定额依次扣减增值税、城市维护建设税、教育费附加、地方教育附加和企业所得税。新招用自主就业退役士兵的，定额标准为每人每年6000元。

编者对江苏省近几年来出台的大学生创新创业扶持政策进行了梳理，政策的内容涉及支持大学生创新创业中的教育教学培训政策、税收减免政策、创新创业启动基金政策等，具体如表3-2所示。

表3-2 江苏省相关部门出台的大学生创新创业扶持政策文件一览表

序号	文件名称	文号	发文时间
1	省人力资源社会保障厅关于进一步创新机制推进创业促进就业的指导意见	苏人社发〔2014〕430号	2015年5月
2	江苏省人力资源和社会保障厅关于开展"全省高校毕业生就业政策宣传月"和"全省高校毕业生就业促进月"活动的通知	苏人社函〔2015〕131号	2015年4月
3	省委办公厅 省政府办公厅关于印发《发展众创空间推进大众创新创业实施方案（2015—2020年）》的通知	苏办发〔2015〕34号	2015年5月
4	江苏省人民政府关于进一步做好新形势下就业创业工作的实施意见	苏政发〔2015〕90号	2015年7月
5	省政府办公厅关于印发江苏省深化高等学校创新创业教育改革实施方案的通知	苏政办发〔2015〕137号	2015年12月
6	江苏省人力资源和社会保障厅关于做好2016年全省高校毕业生就业创业工作的通知	苏人社发〔2016〕76号	2016年3月
7	江苏省人力资源和社会保障厅关于开展2016年全省高校毕业生就业创业政策集中宣传活动的通知	苏人社发〔2016〕133号	2016年5月
8	江苏省人力资源社会保障厅转发人力资源社会保障部关于学习贯彻李克强总理重要讲话精神进一步做好就业创业工作的通知	苏人社发〔2016〕154号	2016年5月
9	省人力资源和社会保障厅、江苏省教育厅关于组织实施高校毕业生就业创业促进计划的通知	苏人社发〔2016〕464号	2016年12月
10	转发人力资源社会保障部关于做好2017年高校毕业生就业创业工作的通知	苏人社函〔2017〕87号	2017年3月
11	省人力资源和社会保障厅关于开展2017年"全省高校毕业生就业政策宣传月和就业促进月"活动的通知	苏人社函〔2017〕147号	2017年4月
12	省人力资源和社会保障厅省财政厅关于进一步做好2017年就业创业重点工作的通知	苏人社发〔2017〕128号	2017年4月
13	江苏省教育厅关于印发《江苏省大学生创新创业示范基地认定及管理办法（2017—2020年）》的通知	苏教学〔2017〕3号	2017年4月
14	省政府关于做好当前和今后一段时期就业创业工作的实施意见	苏政发〔2017〕131号	2017年10月

续表

序号	文件名称	文号	发文时间
15	省人力资源和社会保障厅关于做好2018年高校毕业生就业创业工作的通知	苏人社函〔2018〕138号	2018年3月
16	省政府关于做好当前和今后一个时期促进就业工作的实施意见	苏政发〔2018〕149号	2018年12月
17	省人力资源社会保障厅关于开展2019年江苏省高校毕业生就业服务行动的通知	苏人社函〔2019〕325号	2019年8月
18	省政府办公厅印发了《关于促进2020年高校毕业生就业创业若干措施的通知》	苏政办〔2020〕44号	2020年6月
19	省政府关于落实就业优先政策进一步做好稳就业工作的实施意见	苏政发〔2020〕53号	2020年6月
20	省人力资源社会保障厅、省财政厅关于做好政府购买基层岗位吸纳高校毕业生就业工作的通知	苏人社发〔2020〕91号	2020年8月
21	省人力资源社会保障厅 省财政厅 关于公布2020年度江苏省大学生优秀创业项目和省级创业示范基地备案名单的通知	苏人社函〔2020〕253号	2020年9月
22	省人力资源社会保障厅办公室关于上线"江苏省高校毕业生就业服务平台"的通知	苏人社办函〔2020〕85号	2020年9月
23	省人力资源社会保障厅 关于印发就业创业服务攻坚季行动方案的通知	苏人社函〔2020〕288号	2020年10月
24	省人力资源社会保障厅转发人力资源社会保障部办公厅关于举办2020年全国人力资源市场高校毕业生就业服务周活动的通知	苏人社函〔2020〕294号	2020年11月

典型案例 3-2

粒子超人——全球首创多脏器肿瘤粒子介入机器人

该项目获第六届中国国际"互联网+"大学生创新创业大赛总决赛金奖、全国第七名。

项目成员：徐易、蒋扬、鲍珂盈、秦小桅、陈嵘、林晓锋、毛宜芃、苏俊杰、江玲、姜晟浩、张弘毅

指导老师：陆建、王澄、滕皋军、谢波

项目简介：公司核心产品为多脏器肿瘤粒子介入机器人，是全球首创、国际领先的高新产品。

该产品在多模态的影像导航下，将通过人工智能机器人技术和安全防范机制，解决粒子填装和精准穿刺的难题，减少或避免术者放射辐射；通过研发先进可靠的放射治疗计划系统，有望突破介入内放疗的剂量学瓶颈。上述产品将为实现放射粒子植入技术的创新、助力我国介入放疗技术引领国际前沿、推进我国原创性技术和产品占领国际市场发挥重要的作用。该产品具有极其广阔的市场前景。

第三节　常州市对大学生创新创业的扶持政策

常州市人民政府高度重视大学生创新创业工作，认真贯彻落实国家和江苏省政府关于做好高校毕业生就业工作的决策部署，深入实施"创新强市、创业富民"战略，推进新时代常州市大学生创业工作继续走在前列，根据《江苏省政府关于深入推进大众创业万众创新发展的实施意见》（苏政发〔2018〕112号）和常州市委市政府《关于促进富民增收培植常州幸福树的实施意见》（常发〔2017〕23号）等文件精神，出台了旨在鼓励和扶持更多青年大学生创新创业的《常州市"龙城青年大学生创业"三年行动计划（2019—2021年）》，力争在3年内建设一批大学生创业园，完成创业意识培训30000人、创业培训6000人，扶持大学生创业3000人，其中创办企业的不低于1000人，带动就业10000人。从出台文件的内容上看相关部门更加注重实效，为大学生创新创业创造了良好的环境。

一、实施《常州市"龙城青年大学生创业"三年行动计划（2019—2021年）》的目的和意义

近几年来，常州市认真贯彻落实国家和本省关于实施大学生创业引领计划的总体部署，紧扣新时代"大众创业、万众创新"的主旋律，先后实施两轮常州市"龙城青年大学生创业"三年行动计划（以下简称三年行动计划），通过创业教育、创业培训、创业政策、创业载体、创业服务"五轮驱动"，推进常州市大学生创业工作走在前列。截至2018年12月底，第二轮三年行动计划即将期满，为保持大学生创业扶持政策的连贯性，更大力度推动大学生创业工作向纵深发展，必须制定第三轮三年行动计划，进一步完善扶持政策和服务机制，打造大学生创业带动就业政策的"升级版"，全面激发创新创业活力，为种好幸福树、建好明星城创造更加有利的条件。

二、实施《常州市"龙城青年大学生创业"三年行动计划（2019—2021年）》的依据

2017年，国务院印发《国务院关于强化实施创新驱动发展战略进一步推进大众创业万众创新深入发展的意见》（国发〔2017〕37号）；2018年，江苏省也出台了《江苏省政府关于深入推进大众创业万众创新发展的实施意见》（苏政发〔2018〕112号），常州市也先后出台了《关于促进富民增收培植常州幸福树的实施意见》（常发〔2017〕23号）、《常州市政府办公室关于做好当前和今后一段时期就业创业工作的实施意见》（常政办发〔2018〕26号）。这些政策文件均明确提出要进一步大力支持大学生创业。

三、《常州市"龙城青年大学生创业"三年行动计划（2019—2021年）》主要政策举措

《常州市"龙城青年大学生创业"三年行动计划（2019—2021年）》分指导思想、目标任务、扶持政策、主要举措、工作要求和其他六个部分。扶持政策主要包括13项内容，分别是创业培训补贴、开业补贴、大学生创业者社保补贴、创业租金补贴、创业带动就业奖励、创业项目资助、创业失败补贴、创业担保贷款贴息、工商登记优惠、税收优惠、创业载体创建补贴、创业项目孵化补贴、创业基地服务补贴。为充分保障上述扶持政策的落实，新三年行动计划提出了加强创业教育、拓展创业培训、完善创业载体、优化创业服务和培育创业文化五大方面举措。

四、《常州市"龙城青年大学生创业"三年行动计划(2019—2021年)》的有效期限

《常州市"龙城青年大学生创业"三年行动计划(2019—2021年)》的有效期为三年,自2019年1月1日至2021年12月31日。

五、创业培训补贴的主要内容及变化

对参加《常州市职业技能培训补贴目录及补贴标准》(以下简称《补贴目录》)中明确的创业意识培训、创业能力培训、创业能力提升培训、创业模拟实训、网络创业培训等,并取得合格证书的大学生,按《补贴目录》标准的100%给予补贴。《补贴目录》由市人社局、市财政局根据产业发展规划、人力资源市场需求、人才紧缺程度和培训成本制定并适时调整。

具体内容与上一轮政策基本相同,将创业意识培训补贴标准由100元提高至120元。

六、开业补贴的主要内容及变化

大学生在常州创业,领取营业执照或民办非企业单位登记证书,从注册之日起3年内可申请享受不超过8000元的开业补贴。其中,大学生创办企业或民办非企业单位(法人),并在自办实体名下依法缴纳社会保险费满3个月的,可申请享受2000元的开业补贴;大学生创办个体工商户或民办非企业单位(个体),并在自办实体名下依法缴纳社会保险费满3个月的,可申请享受1000元的开业补贴。创业实体同时吸纳1人及以上就业,并为其依法缴纳社会保险费满6个月的,可申请剩余的开业补贴。此外,在校大学生创业并吸纳1人及以上就业(不含正在享受小微企业吸纳高校毕业生和企业吸纳就业困难人员社保补贴的人员),并为其依法缴纳社会保险费满6个月的,可一次性申请享受8000元的开业补贴。

和上一轮政策相比,主要有四点变化:一是取消了必须参加创业培训并取得合格证书的前置条件,降低了门槛;二是开业补贴最高标准由6000元提高至8000元,扶持力度加大;三是申领扶持政策的对象(在校生除外)必须在其创办实体名下缴纳社会保险费;四是根据创业实体实际情况分段拨付资金。

七、大学生创业者社保补贴的主要内容及变化

大学生在常州创业,领取营业执照或民办非企业单位登记证书,从注册之日起3年内,可申请享受大学生创业者社保补贴。其中,大学生在自办实体名下依法缴纳社会保险费的,可申请享受不超过2年的大学生创业者社保补贴(与离校未就业高校毕业生灵活就业社保补贴不重复享受),补贴标准根据当年市人社局公布的月最低缴费基数执行,按养老、医疗、失业、工伤、生育五项社会保险合计单位缴费比例计算;享受期满后,同时带动1人及以上就业,并为其依法缴纳社会保险费的,可延长申请享受不超过1年的大学生创业者社保补贴。

与上一轮政策相比,新政将原来3年社保补贴调整为"2+1"模式,前2年享受政策的条件与原政策基本一致,延长享受1年期间增加了"同时带动1人及以上就业,并为其依法缴纳社会保险费"的要求。

八、创业租金补贴的主要内容及变化

大学生入驻经认定的市级及以上创业孵化基地、大学生创业载体进行创业,领取营业执照或民办非企

业单位登记证书,且在自办实体名下依法缴纳社会保险费的(在校大学生除外),从注册之日起 3 年内,可据实申请享受创业租金补贴。其中,在校大学生入驻创业孵化基地、大学生创业载体创业,或租赁经营场所为工位式的,补贴标准最高不超过 200 元/月;大学生在其自办实体名下依法缴纳社会保险费的,补贴标准最高不超过 600 元/月;同时带动 1 人及以上就业,并依法缴纳社会保险费的,补贴标准最高不超过 1000 元/月。

与上一轮政策相比,有两点变化:一是调整租金补贴对象,由补载体改为主要补个人。二是调整租金补贴方式及标准。不再与创业场地面积直接挂钩,明确必须在自办实体名下参加社会保险,按创业对象类别、参保情况、带动就业情况分别给予不同标准的租金补贴。

九、创业带动就业补贴的主要内容及变化

大学生在常州创业(不包括设立劳务派遣企业),在其自办实体名下依法缴纳社会保险费的(在校大学生除外),从注册之日起 3 年内吸纳本市登记失业人员或毕业 5 年内的大学生就业,且为其依法缴纳 1 年及以上社会保险费的,可按每带动 1 人 5000 元的标准(不含正在享受小微企业吸纳高校毕业生和企业吸纳就业困难人员社保补贴的人员),申请享受一次性创业带动就业补贴,累计补贴最高不超过 10 万元。与上一轮政策相比,补贴标准由每人 3000 元提高至每人 5000 元。

十、创业项目资助的主要内容及变化

对符合常州市经济特点和产业结构、具有商业价值和市场前景的市级大学生优秀创业项目,给予 3000 元/项的一次性资助;对被认定为省级大学生优秀创业项目以及参加省级及以上大学生创业大赛并获奖的,按每个项目不超过 10 万元的标准给予一次性资助。与上一轮政策相比,加了省级及以上大学生创业大赛获奖配套奖励。

十一、创业失败补贴的主要内容

新政贯彻省、市富民文件精神,增加了创业失败补贴。明确大学生在常州创业,领取营业执照或民办非企业单位登记证书,从注册之日起 3 年内,其本人名下企业注销后登记失业并以个人身份缴纳社会保险费 6 个月(不含领取失业保险金时间)及以上的,可按照其纳税总额的 50%、最高不超过 1 万元的标准申请享受创业失败补贴。

十二、创业担保贷款贴息的主要内容

依照江苏省财政厅、人社厅等联合下发的富民创业担保贷款文件精神,大学生创业符合条件的可申请最高额度 50 万元的富民创业担保贷款,由财政部门按规定据实贴息,贴息期限最长为 3 年。大学生创办的符合条件的劳动密集型小企业和科技型小微企业吸纳就业贴息贷款最高额度为 300 万元,并由财政部门按照贷款基准利率的 50%给予贴息,贴息期限最长不超过 2 年。

十三、工商登记优惠的主要内容

大力推进"互联网+工商登记",提升登记注册便利性,创新优化服务方式,落实企业名称登记制度改革、"三个工作日开办企业"全程网上办,实行"证照分离""多证合一"等改革措施,推行电子营业执照和全程电子化登记管理。加强商事制度改革和相关政策的宣传,为大学生办理注册登记开辟绿色通道,提供优质高效服务。

十四、税收优惠的主要内容

对毕业年度内高校毕业生从事个体经营的(持就业创业证且注明"毕业年度内自主创业税收政策"),在3年内按每户每年9600元为限额依次扣减其当年实际应缴纳的增值税、城市维护建设税、教育费附加、地方教育附加和个人所得税。对月销售额不超过3万元的小微企业,暂免征收增值税,符合小型微利企业条件的,可享受小型微利企业所得税优惠政策;对直接从事种植业、养殖业、林业、牧业、水产业生产的企业,其销售自产的初级农产品免征增值税;对企业从事农业、林业、牧业、渔业项目的所得,可免征或减征企业所得税;对创办的软件企业,可按规定享受软件企业相关税收优惠政策。

十五、创业载体创建补贴的主要内容及变化

对经认定的市级大学生创业园、微型创业园、创业苗圃分别给予20万元、15万元、10万元的一次性创建补贴。与上一轮政策相比,新政调低了市级大学生创业园一次性创建补贴的标准,从30万元改为20万元,体现了创业载体建设的工作重心从重创建向重运营服务转变。

十六、创业项目孵化补贴的主要内容及变化

经认定的市级及以上创业孵化基地、大学生创业载体,为入驻的大学生创业项目提供1年及以上的创业经营场所和创业孵化服务,项目孵化成功(在基地或载体内注册登记,搬离基地或载体后继续经营满6个月)的,按每户5000元的标准给予基地或载体创业孵化补贴。

与上一轮政策相比,新政增加了优秀创业项目孵化补贴,加大了对载体孵化优秀项目的扶持力度。对于基地或载体内在孵项目或创业者,获评省、市大学生优秀创业项目或在国家、省、市大学生创业大赛中获奖的,按照每个项目1000～6000元的标准给予基地或载体一次性孵化补贴。

十七、创业基地服务补贴的主要内容

与上一轮政策相比,新政增加了创业基地服务补贴,明确建立市级创业孵化基地、大学生创业载体绩效评价动态管理机制,根据年度绩效评价结果,自认定次年起,适度给予创业基地服务补贴。通过给予创业基地服务补贴这一政策,进一步加大了对创业载体的扶持,引导创业载体更加注重服务质量,提升服务效能。

编者对常州市近几年来出台的大学生创业政策进行了梳理,具体如表3-3所示。

表3-3 常州市相关部门出台的大学生创新创业扶持政策文件一览表

序号	文件名称	文号	发文时间
1	关于印发《常州市区高校毕业生灵活就业社会保险补贴实施办法》的通知	常人社发〔2014〕203号	2014年10月
2	关于印发《2015年度常州市创业培训"进校园、进社区、进乡村"活动实施方案》的通知	常人社发〔2015〕124号	2015年6月
3	市政府关于进一步做好新形势下就业创业工作的实施意见	常政发〔2015〕186号	2015年12月
4	转发省人力资源和社会保障厅《关于开展2015年高校毕业生就业服务月活动及做好实名制登记就业创业服务工作的通知》的通知	常人社发〔2015〕210号	2015年9月

续表

序号	文件名称	文号	发文时间
5	关于印发《常州市区创业扶持资金申领办法》的通知	常人社发〔2016〕164号	2016年7月
6	关于转发《省人力资源和社会保障厅 教育厅关于组织实施高校毕业生就业创业促进计划的通知》的通知	常人社发〔2017〕14号	2017年1月
7	中国人民银行常州市中心支行、常州市财政局、常州市人力资源和社会保障局、共青团常州市委员会、常州市妇女联合会关于印发《常州市创业担保贷款管理暂行办法》的通知	常银发〔2017〕47号	2017年6月
8	关于举办"创响江苏"大学生创业大赛常州选拔活动的通知	常人社发〔2017〕176号	2017年7月
9	关于印发《常州市离校未就业高校毕业生技能就业行动实施方案》的通知	常人社发〔2017〕341号	2017年12月
10	市政府办公室关于做好当前和今后一段时期就业创业工作的实施意见	常政办发〔2018〕26号	2018年2月
11	关于转发《省人力资源和社会保障厅关于做好2018年高校毕业生就业创业工作的通知》的通知	常人社发〔2018〕66号	2018年4月
12	转发省人力资源和社会保障厅《关于转发人力资源社会保障部办公厅关于集中开展高校毕业生就业指导活动的通知》	常人社发〔2018〕122号	2018年6月
13	市人民政府办公室关于印发《常州市"龙城青年大学生创业"三年行动计划(2019—2021年)》的通知	常政办发〔2019〕10号	2019年1月
14	关于做好小微企业吸纳高校毕业生社保补贴业务涉及的小微企业认定工作的通知	常人社发〔2019〕71号	2019年12月
15	市政府办公室关于促进高校毕业生在常就业创业若干措施的通知	常政办发〔2020〕53号	2020年6月
16	关于做好近阶段高校毕业生就业工作的通知	常人社发〔2020〕120号	2020年9月
17	关于转发《江苏省人力资源和社会保障厅 江苏省财政厅关于做好政府购买基层岗位吸纳高校毕业生就业工作的通知》的通知	常人社发〔2020〕112号	2020年8月
18	关于公布2020年度常州市大学生优秀创业项目的通知	常人社办〔2020〕61号	2020年9月
19	关于转发《省人力资源社会保障厅关于开展高校毕业生就业创业推进行动的通知》的通知	常人社办〔2020〕70号	2020年10月

典型案例 3-3

陈钢与常州小飞猪网络科技有限公司

陈钢,常州小飞猪网络科技有限公司董事会主席兼首席执行官、常州市主流平台电子商务协会会长、常州市电子商务协会副会长、电商精英联盟会长、大学生创业导师。

陈钢,1990年出生于江苏省常州市武进区,从小热爱交友和读书。2009年陈钢在大学一年级的时候开始接触到电子商务,当时他就认为这是他的终生事业了。2010年陈钢成立小飞猪工作室。大学毕业后,陈钢延续电商行业的创业信念,收起大学时代的锋芒,开始潜心学习各种电商行业知识,丰富自己的履历与经验。2015年,陈钢带着前期积累下来的创业资金,创立常州小飞猪网络科技有限公司。他先后被授予2015年常州市电子商务行业风云人物、2015年常州市电子商务十大杰出经理人、2016年苏商精英十大年度人物、2016年度常州科教城"十佳大创之星"、2016年度常州科教城首届大创之星、2016年武进区大学生创业明星等多个荣誉称号,被国家级、省市级媒体专题访问的报道更是数不胜数。创业路上的陈钢,风雨兼程,初心不改;公益路上的陈钢,担当大爱,手擎火种。发展路上的小飞猪,真正参与了历史,缔造了历史,成就了传奇。

第四节 解读扶持政策,提高大学生创业成功率

我国积极实施创新驱动战略和"大众创业、万众创新"计划,出台多项激励大学生创新创业活动的扶持政策。大学生作为掌握先进科技知识、拥有较强冒险和挑战精神的群体,是国家实施创新创业战略的新时代接班人。政府对大学生的创新创业扶持政策是我国创新创业政策体系的重要部分,指导新时代大学生的创新创业活动。在当前就业形势严峻的情况下,该如何解读大学生创新创业扶持政策?虽然在执行过程中存在政策缺乏稳定性和连续性、操作性较弱和监督评估不足等问题,事实上,政府为大学生创新创业提供了良好的环境,获得了一定的成果,在社会中产生了强烈反响。为了提高大学生创新创业成功率,政府将持续改进大学生创新创业扶持政策体系,不断扩大政策受益面,切实为大学生创新创业搭建双创平台,帮助大学生深刻认识到新时代条件下的机遇与挑战,以利于大学生更好地抓住创新创业机会,创造新的社会价值。

一、大学生创新创业扶持政策体系内容

党的十九届五中全会强调,强化就业优先政策,千方百计稳定和扩大就业,完善重点群体就业支持体系。促进高校毕业生就业是就业工作的重中之重。2021年受经济下行压力和突发新冠肺炎疫情的双重影响,2021届高校毕业生就业形势复杂严峻,就业工作任务艰巨。国家出台许多政策措施,激励毕业生以创业促就业。国务院及各级地方政府纷纷出台关于高校毕业生创业教育、创业服务和金融支持等方面的激励政策,主要包括大学生创新创业活动的优惠政策和推动大学生创业教育的措施。

大学生创新创业活动的优惠政策通常与一般创新创业政策相呼应,面向大学毕业生创业者提供税务、资金、场地以及人员培训等方面的优惠。具体而言,大学生创新创业扶持政策分为常规性政策和专项政策两种类型。常规性政策是国务院办公厅关于做好高校毕业生工作的年度通知以及各部委的实施意见,各省市地方政策落实的具体执行细则,如《国务院办公厅关于深化高等学校创新创业教育改革的实施意见》等。专项政策通常是由共青团中央、人力资源社会保障部等共同制定,如"中国青年创业活动""大学生创业引领计划"等,其中"大学生创业引领计划"影响较大。此外,各地人民政府根据本地区的具体情况,针对大学毕业生创业者制定的地域性优惠政策,也属专项政策,包括行政事业性收费减免、放宽行业准入、发放创业补贴等。

大学生创新创业教育是大学生创新创业扶持政策的重要内容。大学生创新创业教育的主体是高校,相关政策措施落实主要由高校执行。具体包括以项目形式支持高校建立创新创业教育课程、建设创新创业实习或孵化基地;以创新创业资金的形式支持大学生创新创业实践,参加各类大学生创新创业技能大赛。此外教育部和省市教育主管部门还设立年度大学生创新创业项目基金,为大学生创新创业搭建平台,设立中国"互联网+"大学生创新创业大赛等,指导和引领大学生创新创业,培育大学生创新创业能力,提高大学生创业的成功率。

二、大学生创新创业扶持政策产生的实效

经过多年探索与实践,政府对大学生创新创业扶持政策逐步完善,初步形成了以大学生创新创业教育、创新创业平台、创新创业金融、创新创业服务为内容的扶持政策体系,并取得了良好的社会效益。

首先,营造有利于创新创业的良好发展环境,激发大学生创新创业激情,有效引导大学生创新创业,使创新创业促进就业的社会氛围初步形成。2019年调查结果显示,中国创新创业活动指数比上年增长7.8%,延续较快增长态势。国家统计局社科文司统计师李胤指出,2019年中国创新环境明显优化,创新投入稳步提高,创新产出大幅提升,创新成效进一步显现,创新发展新动能不断增强。考察近年我国创业政策的变化,应与大学生创业扶持政策密不可分。创业环境的优化,激发了大学生的创新创业热情,创业人数不断增多,其中2010年本科毕业生创业比例为0.9%,2017年大学生自主创业比例上升到2.9%,2020年大学生自主创业比例上升到4.0%,自主创业成为许多大学生认同的职业选择。

其次,减缓社会就业压力,推动地方经济发展,促进社会和谐稳定。政府发布的创新创业扶持政策给大学生创新创业活动带来诸多机会。以大学生创新创业为主的地方小微企业的出现使就业岗位增加,缓解了当地政府的社会就业压力。同时,在政府创新创业扶持政策支撑下,以创业者为主体的创业环境逐步形成,扶持政策显现实效,借助各类创新创业平台,地方人才聚集和产业集群效应正在形成。

此外,政府对大学生的创新创业扶持政策推动了高校进一步完善大学生创新创业教育体系建设,高校紧紧围绕提升大学生的创新创业能力,积极推进创新创业教育教学改革,提升大学的综合能力素养。

三、持续改进创新创业扶持政策体系

近年来,我国大学生创新创业虽取得了良好的成绩,但大学生创新创业人数占比仍然偏少,创业成功率也不高。据统计,近五年我国大学生创业成功率不到5%。造成这一问题的原因很多,其中政府对大学生创新创业扶持政策是重要因素之一。

首先,政府对大学生创新创业政策的稳定性和连续性较弱。国家各部委及各级政府出台了许多创新创业扶持政策,但侧重点不同、标准不一,缺乏扶持政策的长期稳定性,同时政府对大学生创新创业扶持政策延伸性不够、连续性不足。大学阶段才开始培养创新创业精神为时已晚。

其次,政府对大学生创新创业的扶持配套措施跟进不够。国家出台的大学生创新创业政策法规和优惠政策,以及地方政府发布的相应实施措施和制度,最终要落实到具体的创新创业环节才能带来实效。但是在实际的创新创业活动中,扶持配套措施跟进不够,使得针对大学生创新创业的扶持政策往往不能落地生根。以大学生创新创业的创业贷款为例,按照国家的专项措施,支持毕业两年内大学生申请创业或者再创业贷款。但在实际申请过程中因户籍、担保等原因,并不能如愿。在政策中缺乏贷款第三方风险承担机制,使得大学生的创新创业贷款面临诸多困难。

再次,创新创业政策宣传和跟踪服务工作缺失。大学生创新创业扶持政策涉及工商、金融、税收、社保、环保、消防等多方面,这些,大学生都应知晓。但是对于高校大学生而言,扶持政策宣传力度不够。高校的创新创业教育虽然提升了学生的创新创业能力,但是在创新创业政策的应知应会方面相对缺失。此外,创新创业政策跟踪服务工作缺失,有限的创新创业资金难以发挥应有的作用,许多毕业生拿到创新创业资金以后,挥霍浪费或者盲目投资,而相关的部门又缺少必要的监管。

最后,创新创业教育仍需加强。创新创业教育与创新创业活动相伴而生,大学生创新创业教育是创新创业政策体系的重要组成部分。大学生创新创业教育缺乏相应的课程资源和专任教师。此外,许多高校在人才培养过程中仍沿用传统学科专业教育模式,只注重创新创业知识教育和创新创业能力培养,而忽视了相关的政策解读的引导与普及。

四、提高大学生创新创业成功率的对策

(一)强化创新创业意识,培养自学创新能力,提高自身综合素质

现在高校学生大多是"95后",21世纪出生的青少年也走进高校校园。他们通常朝气蓬勃、好学上进、视野宽广、开放自信、思维敏捷、富有才华,但是也存在意志薄弱、抵抗挫折的能力差、缺乏适应能力和自立能力等缺点。这些都不是与生俱来的,需要后天的打造。对于高校而言,应积极开设创新创业教育课程和实践教育,强化"95后"大学生的创新创业理念,提高综合素质。"95后"大学生应做好创新创业的知识准备,尽早确立目标,宜尽早做好创新创业规划并抓紧有限的在校学习时间和假期实践时间,为自己的创新创业做好知识储备和实践能力锻炼。大学生既要掌握坚实的专业基础知识,又要重视培养和训练实践能力,如认知技能、交往技能、管理技能、创新创业技能等能力。在思想上树立竞争意识和创新理念,对创新创业有一个全面的了解和认识,为实现自己的创新创业理想努力奋斗。积极参加社会实践活动,提升社会服务能力,早日接触社会,积累创新创业经验,提高心理素质,培养坚定的意志。创业大学生必须掌握一定的专业知识,如投资管理知识、财务税收知识、人力资源知识以及市场销售知识等。大学生要有一定的耐心与恒心。在自学的同时,积极参加社会实践活动,将自己所学的专业知识与社会实践结合起来,提高解决问题的能力,提高自身综合素质。

创新创业团队成员应相互理解,在碰到问题的过程中,共同商量探讨、出谋划策,寻求最佳解决方式。拥有团结合作精神才能更好地提高创业成功的概率。

(二)家庭支持,提高大学生创新创业积极性和成功率

对于"95后"大学生而言,如果选择创新创业,应先与父母商量,争取获得家长的支持,在不影响家庭基本生活的前提下,获得创新创业启动资金。即使创新创业失败了,仍然需要家长关心和支持,减少他们的后顾之忧。家长拥有丰富的人生阅历和社会经验,在创新创业项目上给予子女适当的指导,帮助他们认识市场行情,如创新创业项目是否贴合市场、哪个地方开展创新创业项目更合适、如何经营等。在创新创业过程中,家长的人脉关系可以带来一定的帮助。大学生创业者与家长经常沟通和交流,可以得到一定的社会经验和教诲,少走一些弯路。一旦遇到困难,也可以找家长商量。家庭应成为大学生创业者最坚强的后盾,不仅在经济上尽量给予帮助,更应该在精神上给予强有力的支持。家庭支持不但可以提高大学生创新创业热情,更有利于提高创业成功率。

(三)完善高校创新创业教育体系,培养创新创业型人才

创新创业专业指导教师是培养创新创业型人才的师资保障,创新创业师资可分为理论型教师和实践型教师。理论型教师负责在课堂上培养大学生的创新创业理念、创新思维。实践型教师负责大学生参与社会实践和科学实验,提高他们的社会经验,增强社会阅历。高校可聘请一些校外的专家或者成功创业人士,来学校定期开课,传授相关的创新创业经验、企业管理知识、市场营销知识等。只有这样才能有效提高大学生创业的成功率。

目前高校的创新创业教育课程主要通过传统的灌输教育方法来实现,容易导致形式主义。急需构建科学的创新创业教育体系,将创新创业教育纳入高校创新创业教育体系的框架中,高校应积极开展创新创业指导讲座、优秀企业家创新创业论坛等创新创业教育课程,丰富创新创业教育方法,强化科技创新实训课程,同时应把管理学、市场销售学、投资金融等相关课程纳入创新创业教育课程,形成一套科学、完善的创新创业教学课程体系。高校应积极为大学生创新创业教育搭建双创实践平台,为有创新创业激情的同学提供双创实践锻炼的机会。高校要将政府、企业、社会上的各种资源结合起来,投入资金建立中小企业创新创业

基地、学校创新创业孵化基地等,并且设立专项创新创业基金,让每个有创新创业理念且创新创业项目优异的大学生都有机会参与创新创业计划并进行实践。

(四)完善大学生创新创业扶持政策、引入社会资金,提高大学生创业成功率

首先,政府应加强大学生创新创业扶持力度,建立帮扶机制。加强大学生创新创业宣传力度,设立专项扶持资金,提供创新创业场地,进行税收优惠,并为大学生创新创业提供专业指导。放宽注册资本条件、放宽经营范围、简化办事程序,从而降低大学生创业的门槛。

当今社会,许多人对大学生创新创业往往存在质疑,认为大学生创新创业是不务正业。所以政府应加强大学生创新创业宣传力度,努力营造一个良好的大学生创新创业环境。政府应在政策中鼓励大学生创新创业并举办大学生创新创业大赛等,让社会了解到大学生创新创业的成果,从而改变固有的质疑和看法,给予创业大学生物质或者精神上的支持。

政府应引导、鼓励民间资本参与大学生创新创业活动,减轻大学生创新创业资金压力。相对于银行贷款,民间资本投资的操作方法和审批流程相对简单,而且条件也较低,只要创业项目有一定的可行性,那么就能获得民间投资,为大学生创新创业融资提供了一种简便有效的方式,提高了大学生创业成功率。

(五)科学选择双创领域,有序推进双创工作,提高创业成功率

目前,许多大学生在进行创新创业领域选择时,偏好投资小、变现快、时间灵活、技术含量低的创业领域。调查显示,现今大学生的创新创业项目主要集中在以下三个方向。一是服务类。如家教辅导、家教中介、翻译、线上服务等。二是产品代理或销售类。以电商为主,包括做微商、开设淘宝店等。三是手工技术类。如在自媒体平台中出售自制饰品、食品等。以上行业大体上具有简单易学、贴近生活、进入壁垒低的优点。然而简单的另一面是低含金量。大学生在这类项目很难获得行业竞争力,相对于经验充分、时间充足的全职竞争对手,容易被取代。什么领域比较适合大学生创新创业?首先,大学生社会经验不足,收入来源少,所选领域应有低成本、低风险的特点,同时应能应用大学生的专业知识并发挥大学生的专业能力,且具有可创新的空间。其次,大学生正处于一个思维灵活、感情丰富的年纪,谋生压力小。低生活压力和充足的成长时间使得他们可以承受失败。因此,大学生不应过度看重短期利润和提现速度,而应以兴趣为导向,科学选择自己真正喜欢并擅长的创新创业领域,撰写合理可行的创新创业计划书,有序推进创新创业工作。

(六)把创新创业与"互联网+"有机融合,提高创业成功率

第45次《中国互联网络发展状况统计报告》显示,截至2020年3月,我国网民规模为9.04亿,互联网普及率达64.5%,庞大的网民构成了中国蓬勃发展的消费市场。大学生的互联网思维和较高的网络操作能力决定了他们更易从网络中找到机遇。然而,现在大多数大学生对网络的应用还比较表浅,并没有充分挖掘互联网的力量。

互联网为大学生创新创业者提供了一个低成本高效率的平台。电子商务无需店面、仓库与积货,让创业者的办公设备最多简化至一台联网的电脑。很多大学生已经了解网络营销的好处,但应用方式还不够新颖与高级。多数人停留在利用社交软件进行简单宣传和订单交易的程度。大学生创新创业者可努力打造自己的创新点和核心竞争力,充分利用图片、文字、视频、超链接等丰富的展现形式弥补传统线上交易难以建立信任感的短板;建立品牌社群,设置互动奖励等方式增强推广力度。

在新时代条件下要进行创新创业活动,一定要把创新创业与"互联网+"有机融合,提高创新成功率。

五、持续加大双创支持力度,构建大学生创新创业新生态

李克强总理指出,要借改革创新的东风,推动中国经济科学发展,掀起大众创业、草根创业的新浪潮,形

成万众创新、人人创新的新态势。大学生是最具创新活力和竞争优势的人才资源,政府持续加大创新创业支持力度,促进大学生创新创业,构建大学生创新创业新生态。

在大学生创新创业扶持政策体系中,各类政策之间存在相互依存、互为支撑的内在关联,每项政策的出台或者调整都会引起相关政策的变化,政策之间存在联动效应。大学生创新创业扶持政策的设计,应关注政策的系统功能和整体效果,构建政策之间的联动机制,以提升政策的稳定性和协调性。因此,政策的设计与制定,要按照政策设计的内在逻辑,综合考虑大学生创新创业扶持政策的层次、种类和时效,构建上下贯通、左右回应、前后衔接的联动机制,提高政策稳定性、协调性和连续性。地方政府是贯彻、落实大学生创业扶持政策的主体,要加强扶持政策的联动,保持不同层次政策之间的上下贯通、不同职能部门政策的左右回应和新旧政策之间的前后衔接。政府持续加大双创支持力度的同时,应持续改进实施办法,提高政策落实的实效性。

尽管中央与地方政府相继出台了多项扶持大学生创业的服务政策,但由于缺乏相应的配套措施,还难以落地生根。我国大学生自主创业的比例远远没有达到国家预期,这其中既有政策宣传不到位的原因,也有观念束缚的因素。"知为行之始",大学生创业政策如果不为人知或不能被正确知晓,将是一纸空文。与此同时,择业观念滞后会阻碍创业氛围的构建,即使有再好的扶持政策,也毫无价值。政府和高校既要加强对大学生创业政策的宣传,促进政策尽快落地,同时要注重转变大学生的观念,在高校营造"尊重创业、尊重创造、成就创业"的创业氛围,扩大扶持政策的受益面,让更多的毕业生选择自主创业,以实现"创业促进就业"的政策目标。

我国大学生创新创业扶持政策政出多门、力量分散,部门间缺乏沟通和合作,造成政策执行过程中物力、财力、人力以及信息资源的浪费,影响政策执行的有效性。因此,在相关政策的执行过程中,应注重政策执行资源的整合。国家层面制定的相关政策,对于区域性政策而言,具有方向上的引导作用。国家层面的相关部门在政策制定的执行过程中,应注重相关职能部门之间的资源整合,模范性地推动区域性相关政策的执行,使得大学生创新创业扶持在口径与行动上的一致性,避免政出多门、朝令夕改的现象,保障政策在执行过程中的权威性。地方政府在大学生创业扶持政策的管理上应统一归口,防止政出多门而形成"内耗",使政策执行成本增加。

为持续改进政府信息资源共享体系,解决政策信息的上下不对称性问题,常州大学每年举办科技创新创业宣传周,持续开展杰出科技团队榜样教育,构建浓厚的校园创新创业文化氛围,为创新创业精神和实践能力的打造厚植沃土,构建大学生创新创业新生态。

典型案例 3-4

姜方俊与江苏一号农场

姜方俊,江苏一号农场科技股份有限公司董事长兼总经理,2003年毕业于南京大学,同年去德国留学,2008年获德国维尔茨堡大学计算机硕士学位,在德国一家公司做了两年半的工程师。回国后,姜方俊曾在世界500强企业德国大陆集团任高级工程师,是省创新创业人才、龙城英才。

将IT创新技术引入农业,既能改造传统农业,又能以公益的方式带动农村的发展。2010年,恰逢线上版的"开心农场"在国内风靡,姜方俊借着这个契机,将农场搬到了线下。2011年4月,他带领团队在金坛茅山风景区,创建了占地2000亩的一号农场。自主研发了智慧农场系统和基于农业企业的ERP软件,将"管、控、营"一体化,实现农产品的生产、加工、流通、销售全产业链的智能化管理。一号农场通过联盟园区,辐射带动面积超过10000亩,为周边农民提供近百个就业机会,每个农民每年增收3万~4万元,大力推动了农民增收致富的步伐。

创业之初的姜方俊手握两张王牌:资本和品牌。没有资本支持,企业无法持续;而"一号农场"这块金字招牌，是创业之初就投入巨大人力物力全力打造的，是立足之本。

一号农场的定位是提供大平台服务，打造众创空间，它将通过不断并购产业上下游的优质企业（包括有机肥、有机农药等企业）来壮大，并与家庭农场等微型农场合作。

一号农场从成立之初就坚持采取会员制，客户以消费端为主。杭州有4000多个家庭，上海、南京也有5000多个。每年消费额在5000元以上的被尊称为"庄主"，也就是忠实的优质客户。为了提高"庄主"的活跃度，一号农场安排专职人员为他们服务。

（徐德锋　徐知遥　龚亮）

第四章　大学生创新创业教育实践

创新源于实践,实践能培养大学生的创新精神和创新能力,大学生只有在实践活动中,才能有所发现、有所发明、有所创造。新时代是创新创业的黄金时代,一系列有力的政策,给大学生搭建起一片施展才华的舞台。多数高校都为大学生创新创业搭建平台,产学研结合,校企深度合作,在创新创业指导、创业空间、项目孵化、资金扶持及财务、税务、法务等方面,使创新创业学生团队或个人可以很便捷地获得帮扶。部分大学生雄心勃勃,有着强烈的创新创业诉求,渴望运用所学,一展创新创业才华。高校及高校创新创业教育工作者,要不折不扣地贯彻落实国家关于大学生创新创业方面的精神和要求,要高度重视、统筹规划、精心组织,把大学生创新创业工作做实、做好。

第一节　大学生创新创业前期准备工作

2020年新冠肺炎疫情对大学生就业的冲击不可避免,在"后疫情时代",稳定就业是关系社会稳定和民生福祉的重要工作,而大学生就业又是就业工作中的重点群体。根据教育部数据统计,2021届高校毕业生总规模预计909万人,同比增加35万,面临的就业形势严峻复杂。一些家庭比较富裕的大学毕业生一直"啃老",工作难找成为打消他们就业积极性的主要原因。一些家庭并不富裕的大学毕业生苦于生活的压力,把创业或考研当成了除就业之外的其他道路。随着创新创业人数的增多,高校大学生创新创业的学习将为以后大学生创业打下良好的基础。大学生创新创业学习的首要条件是,大学生必须具备良好的心理、科学及人文等各方面综合素质。大学毕业生必须拥有良好的知识储备,经过系统的专业知识教育,培养创新创业意识,更新创业观念,激发创新精神,提高实践能力,能够在创新创业精神的引导下实现个人的全方位成长,提高创新创业成功率。

一、树立创新创业理念,提高创新创业能力

(一)培养创新创业意识

创新创业意识是指人对创新活动自觉的反映,也就是对创业者行为起到促进和动力作用的个人心理倾向,包含需要、动机、意志等心理成分。需要是源,动机是泉,意志是刃,支配着创新创业者的态度和行为。创业意识是创新创业活动的根本原因。大学生创新意识教育属于普及化程度的教育,旨在对学生进行商业扫盲和树立目标,培养学生的创新与创业意识。

教师的创新创业意识直接影响大学生创新创业意识的形成,如果教师观念不更新,难以适应新时代教育学生的需求。通过教师的创新创业思想引导,才能使学生建立起创新创业意识并不断发展。

学校应该充分利用各种渠道开阔学生视野,引发学生的创新创业欲望。通过加强素质教育的宣传,提升学生对创造能力的重视程度,创造良好的创新创业氛围,促使学生更好地形成创新创业意识。

(二)更新创业观念

创业观念属于思想的范畴,是对创新创业的意义、目标以及行为的理解和认识。大学生创新创业观念

教育可以帮助学生更新创业观念,避免误区,引导学生积极主动地去探索和思考毕业后前进的方向并为之做出努力。老师引导学生更新大学生是"天之骄子"的思想观念,明确创新创业的真正意义,防止创新创业时尚化,避免"守株待兔"的被动就业误区,避免守业型教育与知识经济时代对人才需求的不适应甚至背道而驰的现象。

(三)提升创新创业素质

一位国外物理学家认为,现在的问题不是获取知识,重要的是发展思维能力。素质就是即使把所学的知识全部忘光所留下来的东西。大学生要迈出创业的第一步,需要具备明显的素质特点。创新创业素质包含政治思想素质、道德素质、心理素质以及身体素质等。政治思想素质事关创业者努力的方向;道德素质对创业成败起到重要的非技术性作用;心理素质与逆商(AQ)息息相关,表现为对挫折和逆境的反应;身体素质是做好一切工作的前提和基础。

(四)激发创新精神

创新创业精神是创业者在创新创业活动中表现出来的勇于进取、不畏艰难、开拓创新、艰苦奋斗、勇担责任、团队精神等品质。传统教育模式下的大学生普遍缺乏创新和创业意识,性格比较保守,不愿意接受挑战,安于现状。美国斯坦福大学教授推孟在30年中追踪研究了800人的成长过程。发现成就最大的20%与最小的20%最明显差异就在于个性的不同。高成就者具有自信、进取心、敢为、坚韧等特征。要培养学生成为成功的创业者或潜在创业者,培养学生的开拓创新与敢为精神,教学生学会自我发展至关重要。

(五)提升创新创业能力

创新创业能力在一定程度上可以说是创新创业精神的体现,与先天的性格、气质有关,但主要靠后天的教育和实践来获得,是一种具有较强的综合性和创造性的心理机能。创新创业能力包含创新创业认知能力(认知环境、自我和把握机会的能力)、专业职业能力(经营管理,科技运用,分析、解决问题,应变能力等)、社会能力(社会交际和适应能力)等方面。大学生在校期间应通过各种渠道积极参加实践活动,如大学生创业大赛、创业计划书大赛等,提升创新创业能力。

(六)学习创新创业知识

大学生只有重视创新创业知识的学习,才能做好创新创业相关知识的准备工作。

阿基米德说:"给我一个支点,我就可以撬动地球。"知识就是创新创业的支点。没有或者只有单一的知识,单凭能力和热血,创业不可能成功。比较流行的一种创新创业知识结构为"T"复合型,横代表知识的高度和广度,竖代表知识的深度和力度。大学生应当立志做"T"复合型高素质人才,将来无论是在工作岗位还是在创业领域才能有更好的适应性和成功率。

(七)自我认识与完善自我

大学生学习创新创业的过程,是一个不断认识自己、了解世界、找到自我的合理存在的过程。创新创业是一条充满荆棘的道路,很多人会折戟沉沙,只有少数人能到达成功的彼岸。创新创业并不适合所有人,受到性格、动机、兴趣、理想、世界观、价值观、人生观等因素的影响,有些人可能并不适合创新创业,而更适合其他的职业。因此,在大学生学习创新创业的过程中,要不断地反省和探索,全面客观地评价自己。

(八)提高社会实践能力

牢固树立社会实践意识,因为实践是检验真理的唯一标准。社会实践是大学生课外学习的一个重要途径,也是大学生自我能力培养的重要方式,大学生要深入实际、亲历实践,积极投身到火热的社会实践中,认识社会、了解社会,锻炼自己,提高社会实践能力。

二、掌握创新创业知识,投身创新创业实践

创新创业知识通常包含政策法律方面的知识、创业所需的专业知识、经营管理等商业社会知识等。例如,创新创业过程中会涉及企业经营管理特点、商务谈判技巧和经济核算方法等多方面内容。

党的十九大以来,党和国家高度重视大学生就业工作,国家出台各种政策支持创业,鼓励创新。而一个个创业成功案例刺激着年轻人的神经,创业潮一浪高过一浪。但是创业不是"过家家",空有激情还不足以创造神话。多少创业型企业因为遭遇法律问题而夭折,多少创业者因为不懂法律而头破血流。虽然创业涉及的法律问题太过庞杂,但每一个怀有梦想的创业者都应当知道一些最基本的法律知识。

(一)创业应当选择怎样的企业类型?

按照出资人的出资方式和责任形式,我国目前常见的企业类型:个人独资企业、普通合伙企业、有限合伙企业、有限责任公司、股份有限公司。其中,个人独资企业和普通合伙企业的出资人需要对企业承担无限责任,有限责任公司和股份有限公司的出资人仅需以出资额为限对公司承担有限责任。有限合伙企业则介于两者之间。考虑到创业型企业的高风险,推荐创业者尽可能设立最为常见的有限责任公司。而对于一些众筹类的创业项目,推荐创业者设立有限合伙企业,避免众多投资人干涉项目的具体事务。

(二)什么是公司的"有限责任"?

有限责任制度是社会经济中的伟大发明,对于近现代公司的发展起着重要作用。这一制度有效地避免了股东因为公司破产而导致个人破产的风险,使得人们更加勇敢地将闲置资金用于投资,推动经济社会高速发展。《中华人民共和国公司法》(简称《公司法》)第三条明确规定:有限责任公司的股东以其认缴的出资额为限对公司承担责任;股份有限公司的股东以其认购的股份为限对公司承担责任。创业者出资10万元与他人合伙成立公司,即便这家公司最后债台高筑甚至破产,创业者也仅需要承担10万元的责任。不过有限责任制度也是有例外的,因此诚信经营仍应是创业者立业之本。

(三)什么是注册资本认缴制?

2014年3月经过修改的《公司法》正式实施,俗称新《公司法》。修改的《公司法》亮点多多,其中注册资本从实缴制改为认缴制尤为引人关注。以前的《公司法》中,出资人设立公司时需要按照其出资额的一定比例将资金打入拟设立公司在银行开设的临时账户中,并由会计师事务所出具验资报告。这一规定成为很多资金不足的创业者设立公司的拦路虎。而按照新《公司法》的规定,创业者在设立公司的时候仅需认缴一定数额的出资而无需将资金打入公司账户。如此一来,大大降低了开办公司的门槛。但是,认缴并不是不用缴纳,出资人在公司设立的时候需要约定出资的期限并按期缴纳出资。

(四)注册资本多少比较合适?

因为新《公司法》将注册资本从实缴改为认缴的同时取消了公司注册资本的最低限额(法律法规另有规定的除外),所以"1元公司"从理论上来说是可以成立的。但是注册资本在一定程度上体现了公司的规模和实力,因此过少的注册资本对公司的经营发展是不利的。另外一个极端情况是经济实力有限的人设立注册资本过亿甚至几十亿元的公司,由于注册资本的认缴不等于不用缴纳,因此虚高的注册资本对于股东来说也是种高风险。创业类的公司应当有着清晰的自我定位,根据投资人的实力、项目规模合理确定注册资本。

（五）注册公司需要哪些手续？

互联网大大降低了因信息不对称产生的社会成本。各地工商局网站一般都详细介绍了注册公司需要哪些材料，需要走怎样的程序。以设立有限责任公司为例：第一步，出资人填写企业名称预先核准申请书，递交区县工商局进行核名；第二步，持企业名称预先核准通知书、企业设立登记表、公司章程、股东会决议、租赁合同等去工商局进行设立登记；第三步，领取营业执照（三证合一后，不再发放税务登记证和组织机构代码证）；第四步，刻制公章、财务专用章、法人章、发票专用章；第五步，去税务局核税种，领购发票；第六步，去银行开立基本户、办理社保登记、开设公积金账户。以上流程结束后，公司在形式上就走上正轨了。当前，社会上存在着大量注册公司的代理机构，创业者也可以委托这些代理机构代办以上事项。

（六）公司股权结构如何设置？

股东会是公司最高权力机关，合理的股权结构有助于维护公司的稳定。以两名股东为例：如果各持有50%股权，那么一旦股东意见不合，公司将无法做出有效的决策，影响公司经营。因此，公司设立初期应当综合考虑股东的能力、资源，合理分配股权。股东之间签署的股东合作协议应当请专业律师进行审核，以明确股东的权利和义务。

（七）公司容易遭遇哪些劳动关系法律风险？

用人就要了解劳动法，建立企业初期规范健全机制有利于防范风险，避免不规范用人产生的高额赔偿。不论是亲戚还是朋友，只要是公司员工就一定要签订劳动合同。因为《中华人民共和国劳动合同法》规定：用人单位自用工之日起超过一个月不满一年未与劳动者订立书面劳动合同的，应当向劳动者每月支付两倍的工资。这仅仅是举个例子，创业者应当主动去学习一些劳动法律方面的知识，涉及劳动关系的法律问题应当咨询专业人士。此外，创业型公司的核心竞争力应该都属于商业秘密，因此有必要和核心员工签订保密协议。

（八）基本税法知识

企业设立后，需要税务登记和会计人员处理财务。这其中涉及税法和财务制度，不仅要了解增值税、所得税等，还需要了解开办费、固定资产怎么摊销等，最后，创业者要了解一些国家优惠的政策，这可以使创业更轻松。

（九）基本知识产权概念

再普通的传统企业也有知识产权的事务，企业名字中的著作权、商标、域名、商号、专利、技术秘密等问题都需要了解，避免自己侵权或他人侵权。

（十）建立企业规章制度

俗话说，无规矩不成方圆。一个企业，只有内部的事情管理好了，才能形成凝聚力，专心向业务发展，才能做大做强。好的企业规章制度让人遵守起来心悦诚服，坏的企业规章制度让人束手束脚，无法大展拳脚。因此设计好一份企业规章制度非常重要，企业规章制度至少应该包括日常管理、工作时间、奖惩机制、工资福利等，如果创业者想从一开始就对公司进行规范管理，可以考虑委托律师起草企业规章制度。这里有一个误区，创业者以为只要制定了一份企业规章制度，就可以一劳永逸，但实际上是不可能的，因为随着企业的发展及法律法规的改变，企业规章制度滞后是无可避免的，因此，根据实际需要以及法律规定进行适时修改也是必要的。

第二节　创业者的必备素质与创业成功者的主要特质

一、当代大学生的主要特点

经济新常态背景下,社会发展需要大量的创新创业人才作为创新驱动,这就要求创新创业教育必须面向全体学生开展,培养尽可能多的创新创业型人才,从而推动经济社会发展。所以,应准确把握当代大学生的特点,有的放矢地开展创新创业教育,增强创新与创业教育的有效性。

(一)视野开阔,思维活跃

大学生是最具创造力的群体,在创新创业大潮中扮演着重要角色。新形势下,我国越来越重视对创新创业人才资源的开发和培养,尤其对大学生等主要潜在创新创业群体给予了高度关注。据调查,理性和务实是新时代大学生创新创业的新趋势,大学生步入社会的核心竞争力就是创新,创新也是大学生创新创业教育的本质。当代大学生有着不同于其他群体的独有特征,在信息技术高速发展的互联网时代,大学生的认知处于空前活跃的状态。他们大多对事物充满好奇,有着丰富的想象力,有着敏锐的感觉,善于多层次、多角度、多元化地运用网络平台开阔视野,能以兼容并包的心态去吸收多元文化,强烈的好奇心使他们善于抓住机遇,寻找商机,并且努力发展。另外,大学生接受高等教育,有着较好的心理素质和抗压能力,在创新创业过程中善于思考,能够随机应变。

(二)学习网络化,心理趋成熟

新时期使大学生对互联网的认识和理解更加深入。网络成为当代大学生获取信息最重要的平台,为当代大学生的社会交往提供了一种简单、方便、快捷的社会化场所。大学时期是人生中完美、灿烂的黄金时期,大学生的生理发展趋于平缓并走向成熟,思维逐渐达到成熟水平,个性趋于定型,价值观和道德观逐步走向成熟和稳定。

当代大学生较早接触网络,并且能够熟练运用网络。微时代环境下,24小时"掌上移动上网"深刻地改变了大学生的思想行为,为他们的创新创业教育提供源源不断的动力。大学生的思想行为新特点表现在社会交往呈现出既重视"熟人世界",又敢于尝试"陌生人社会",学生既能使用微信朋友圈与熟人联系,又能使用开放式移动视频社交应用工具与陌生人交流。

(三)朝气蓬勃,好学上进

当代大学生朝气蓬勃、视野宽广、好学上进、开放自信,同时,他们知识体系搭建尚未完成,价值观塑造尚未完全成型,情感心理尚未成熟,需要高校加以正确引导。

当代大学生是新时代担负发展重任的中坚力量,是未来社会主义事业的重要继承者。创新创业是时代的主旋律,随着我国创新创业教育水平的提高和国家政策的扶持,大学生自主创业时可规避一些初级的创业风险,激发了大学生的创新创业热情。

(四)开拓创新,敢于竞争

近年来,随着社会快速发展,大学生学习、就业的竞争压力不断增大,大学生在学习专业知识的同时,应注重自身各种能力的培养和提高,积极参与学校组织的各项活动,提高自己的竞争力。

二、大学生创业者的必备素质

创新创业是实现人生价值和进行自我完善的有效途径,在大学生创新创业过程中,想要获得成功应具备一定的素质。素质是一个人文化水平的高低、身体的健康程度、惯性思维能力和对事物的洞察能力、管理能力、智商和情商层次高低以及与职业技能所达级别的综合体现,反映一个人的思想和社会特征。创业素质是指与创业活动有关的素质。21世纪是"创新创业时代",创新型经济具有增强自主创新能力、转变经济增长方式和稳定扩大社会就业的显著作用,鼓励创新创业已经成为许多国家的政策取向。大学生应具有创新精神,具有创业实践能力、创新能力、问题意识、质疑精神、独立思考能力、合作交流能力、承受挫折能力、抵御风险能力、专业知识与专业技能、组织领导能力、自我控制能力以及应变能力等。

(一)创业素质

创业素质是个体对创业活动表现出来的内禀特征,是在专业发展过程中具有强烈的创新求变意识,能够在工作中结合具体的工作,对专业知识与技能进行二次理解,转化成具有实用价值的实践能力。

大学生创新创业素质应包括创新精神、创新能力、实践能力和创业实践能力。创新精神是具有能运用所学的知识、信息、技能和方法,提出新方法、新观点的思维能力,以及进行发明创造的意志、信心和智慧等;创新能力是在技术和实践活动领域中提供具有经济、社会和生态价值的新理论、新方法和新发明的能力;实践能力是实际动手能力或者是将理论应用于实际生活的能力,创业实践能力是指与创业活动有关的相关能力。

(二)思维方式素质

思维方式素质包括思想道德水平良好,有正确的世界观、价值观和人生观;遵纪守法,吃苦耐劳,并且工作认真谨慎、脚踏实地;礼貌待人,对工作负责,有探索求知的恒心和毅力。大学生创新创业需有问题意识、质疑精神、独立思考的思维方式素质。

(三)身心素质

身心素质是指接受各种挑战并能镇定应对专业发展中遇到的各种挫折,并具备较强的自律能力。身心素质包括合作能力、沟通交流能力、承受挫折能力、自我管理控制能力。合作能力是指工作、事业中所需要的协调、协作能力;沟通交流能力是指个体在事实、情感、价值取向和意见观点等方面采用有效且适当的方法与对方进行沟通和交流的能力;承受挫折能力是指个体遇到挫折时,能承受打击和压力,能摆脱困境并避免心理与行为失常的一种耐受能力;自我管理控制能力是指对自己的目标、心理和行为等表现进行管理的能力,自我组织、管理、约束、激励,最终实现奋斗目标。

(四)应用能力素质

应用能力素质是指在工作中善于与同伴协作沟通,能寻根究底,对于人际关系问题,能提出解决办法。应用能力是指能将专业知识和技能应用于社会实践的专门能力,包括组织领导能力、应变能力。①组织领导能力是一种激励员工跟随领导的能力,根据工作任务分配资源,并控制、激励和协调群体活动,从而实现组织目标。②应变能力是指在外界事物发生改变时,所做出的本能反应或经过大量思考后做出的决策。有良好的应变能力,能审时度势,随机应变。

三、成功创业者的个人特征

对于毫无经验的大学生来说,创业之路非常艰难。在国家双创政策的引导下,在全民创业的大潮中,创业者失败的理由千千万,然而创业者成功的秘诀却从未有什么不同。一个成功的创业者应具备以下特征。

(一) 强烈的创业欲望

一个人对创业有强烈欲望时,成功的可能性更大,也就是说,当充满热情与激情去做一件事情时,一定能够收获很多,所以对一件想做的事情充满希望、充满激情,就已经成功了一半。

大学生创业者必须怀揣着巨大梦想,有强烈渴望成功的壮志。"互联网+"、共享经济理念下诞生的明确富有远见的企业都取得了巨大成功。有梦想的人才能鼓舞其他人,创业项目才会更吸引人,才能笼络一流人才,组建一流团队,从而走向成功。

(二) 开阔的眼界

对于大学生创业者来说,只有具有广博的见识、开阔的眼界,才能有效地缩短自己与成功的距离,使创业活动少走弯路。大学生创业者可通过多阅读、多观察、多思考来开阔眼界。马云告诫广大创业者:唯有不断学习,多观察,多思考,才能立于不败之地。

(三) 敏锐的商业嗅觉

创业者的敏感,是对外界变化的敏感,尤其是对商业机会的快速反应。Facebook 创始人马克·扎克伯格、聚美优品 CEO 陈欧等商界名人都是因为敏锐的商业嗅觉成就了自己。

(四) 优秀的领导力

作为大学生创业者,需要有自我完善的能力,这个能力对于领导一家初创公司至关重要。优秀的领导力与年龄和经验无关,那些拘泥于传统解决方案的人,无论年龄多大,经验多么丰富都不可能成为一名伟大的领导者。具有伟大领导力的创业者需要拥有典型的个人特征、坚定的工作原则以及追逐成功的动力。

(五) 敢想敢做,行动果断

如果想成功首先就要动脑去想,想到了就去做,而不是左右彷徨。当然我们想到的东西要切合实际,在自己的能力范围内。我们在想的时候还要根据市场的需求,分析调研市场的行情,分析调研市场的目的就是为了了解当地需求等情况,而不能盲目创业,当发现有价值就要勇敢地去做。成功的创业者认准了一件事情,就马上去做。对创业者而言,机会很重要,尤其是新兴行业,一错过机会就再不会有。比如因创业而大学中途辍学的比尔·盖茨,如果他优柔寡断,等拿到毕业证再创业就不会有之后的微软帝国。创业者都是行动果断的人,拖泥带水、优柔寡断的人是很难获得成功的。想到了就去做,能越快把想法变成行动的人,创业成功的可能性也越大。

(六) 建立创业人脉

在当今这个社会中,成功最重要的因素就是人脉,俗话说人的成功要具备天时、地利、人和这三点。在这三者中,人和就是人脉,如果没有人脉,产品销售和进货都会有很大限制,如果没有人脉就很难获得成功。

李嘉诚先生的一句名言流传甚广:建立个人和企业的良好信誉,这是资产负债表之中见不到但却是价值无限的资产。不懂技术,却创造了世界级电子商务集团的马云有着强大的社交能力,他通过"网商大会""西湖论剑""世界互联网大会"等平台广结人缘,企业越做越火。

(七) 公关扩展

大学生刚创业时,会因人脉少而感到困惑,如果想将企业做大做强,将产品销售更多,那就需要更多的人脉。我们可以采取公关扩展的方式,通过自己网媒、纸媒、电视行业的朋友,对企业以及产品进行宣传,这样就会带来需求这个产品的人脉。另外就是多参加朋友之间的聚会,通过朋友与朋友之间的关系得到人脉,这时手中的名片很重要。

(八)坚持不懈

创业者需要内心的笃定和长期的坚持,才能获得成功。吃得苦中苦,方为人上人。大学生在创业及管理自己的企业过程中会遇到很多麻烦,甚至会遇到致命的打击,这就要求大学生创业者有坚持不懈、坚忍顽强的性格及百折不挠的精神。遇到困难毫不退缩,以积极的心态应对,想方设法去解决困难。一个成功的创业者必须经受得住市场动荡的考验,忍受世人的冷嘲热讽。如果遇到困难就特别悲伤沮丧、受不了一点打击的人最好不要去创业。

(九)思维活跃,善于创新

创业成功者普遍有活跃的思维,能很快接受新鲜事物,看待问题喜欢从多方面思考,找出多种不同的解决方案。对于极为平常的问题,他们会有不同的看法,甚至会发现蕴含在里面的商机。他们勤动脑,经常有新奇的点子,会自己动手做小制作。很多成功的创业者曾经是从事技术工作,甚至做出重大发明的人,比如百度总裁李彦宏。他创业获得成功很重要的一点就是对于项目的选择,发现并选择新奇、实用、见效快的项目需要创业者有独到的眼光与创新能力。从某种意义上讲,创新能力越强,创业成功的可能性就越大。

(十)知人善用

人才永远是企业最重要和最宝贵的资源,是企业长盛不衰的重要法宝。创业成功者善于扬长避短,知人善用,把合适的人放在合适的岗位上。人才与岗位相匹配才能成就一番事业。

四、大学生创业者应具备的能力

创业者作为创业工作的领头羊,需要付出很多的心血,承担很大的压力和风险,既要有敏锐的市场嗅觉,又要有超高的管理能力,统筹全局。当然,高风险的背后必然是高回报。创新能力和创业能力,往往具有紧密的联系,二者相辅相成。

一般来说,创业者的黄金时期为25岁到30岁。在这个年龄段,从普遍意义上来说,人的身体健壮,拥有强大的精力、充沛的脑力,是创业激情的高峰期。早于这个年龄段,太过稚嫩,没有资本、技术、人脉,更没有经验;晚于这个年龄段,又到了追求稳定的时期,时间上显得急促。

大学生只有具备充足的创新创业能力,才能够在千变万化的社会和市场环境下,找到适合自己的创业之路。培养创新创业能力,一要重视创新思维,二要重视创业素养,三要重视实践精神。三管齐下,才能使得当代大学生面对创业难题时,有所突破和进展。大学生创新创业者应当具备如下能力。

(一)组织指挥能力

大学生创业者必须具备一定的感召力和号召力,能够得到大家的认可和信任,从而产生一定的服从性。这样就可以有效组织起一支愿意跟随创业者,愿意听创业者指挥,愿意为大家共同的目标而奋斗的队伍了。所以,作为创业者而言一定首先要打造好自身的人格魅力,使自身具有比较强的感召力和对大众的号召力,这样才能够得到大家的信任和拥护,才能够更好地将大家组织起来,共谋大业。另外我们还要注意,一定要将对象人物进行精准的分类,使之能够处于合适的位置上,这样有助于互相的协同配合,实现高效的组织运营效率,并且提高事业经营效益。

(二）谋略决策能力

谋略决策能力是指通过各种渠道认真听取与分析各方面意见，不失时机地作出科学合理的决策。决策时应考虑以下几个方面的问题：①方案是否能实现企业决策的目标。再一次分析选择的方案是否能实现目标，以免前功尽弃。②方案是否有利于社会目标的实现。虽然公司经济目标高于一切，但经济目标受社会目标的制约。③方案是否掺杂个人目标。如果方案掺杂了个人的目标，出现假公济私（如考虑亲戚的安排、出政绩、得回扣、树立个人形象等）必然会损坏公司利益，应否定。④合理确定评价标准。针对决策问题，选择恰当的决策标准。先定标准，再找方案。⑤合理确定决策方法。

（三）创新创造能力

大学生创业者要有强烈的时代责任感，敢于开拓进取，不断创新，并保持思维的活跃。不断吸取新的知识和信息，开发新产品，创造新方法，使自己的事业充满活力。

创造力的高低直接决定了自主创新能力的高低。创造力是时代发展的产物，创造力的高低主要体现在学生对新知识掌握的深度和广度上，以及学生在解决问题过程中应用知识的能力，由此可见，自主创新能力的一个重要特征就是创造力。以往的调查结果显示，大学生的学习意识和行为严重不符，一方面，追求自主创新，主要表现为对自主创新学习有积极的精神状态，但是另一方面，没有落实在行动上，只停留在表面，不肯付出实际行动，表现为实践能力和勇气缺乏。在校园内营造活跃的创新气氛不仅能为学生创新创业提供环境支持，还能使大学生自身产生创新灵感和思维。一方面，在校园里大学生可积极配合高校以组建自己的创新团体，如社团文化、班级文化及宿舍文化等。另一方面，大学生可把身边可利用的各种环境资源充分利用起来，如物理实验室、图书馆等，这些地方往往有助于学生创新意识和灵感的培养和激发。与此同时，大学生不应该只限于大学校园内，应多出去走走，参加一些实践活动，如市场调研，通过实践与理论知识的结合来激发创新灵感，在实践的过程中，发现和思考问题、并把问题解决。

（四）选人用人能力

选人用人能力是指能够知人善任，善于发现、使用、培养人才，充分调动他们的主观能动性。第一是团队成员要有共同的价值观，认可共同的文化，这样在出现问题时，容易解决问题并达成一致，不至于出现撂挑子不干的情况。第二是对创业方向及困难有共同的认识，众人的力气一定要往同一个方向使。第三是团队成员要互补，不能限于专业知识领域，还要懂得市场、财务及融资等方面的知识，有人善于规划，有人长于执行，而且，在性格方面，最好也是互补的。大学生创业者可基于这几个原则选择核心团队。

（五）沟通协调能力

沟通协调能力是指善于妥善安置、处理与协调各种人际关系，建立起和谐的内外部环境。沟通能力，是第一重要的能力。身为创业者，必须整合各种资源，团结各种人才达成目标。这需要创业者具有极强的沟通能力。沟通能力有两种：一对一的沟通能力和一对多的讲演能力，其中更重要的是一对多的讲演能力。因为绝大部分人害怕公众讲演，具有公众讲演能力会形成巨大的竞争优势，会在众人面前留下深刻的印象。

（六）社交活动能力

创业者在从事经济活动过程中，通过各种社会交往活动，扩大企业影响，提高企业的经济效益。社交活动能力是指学会认识人际关系，正确理解人际关系，培养良好人际关系的能力。创业的过程就是不断熟悉社会，同时让社会熟悉自己、接纳自己的过程。为此，创业者一定要敢于面向社会，闯入社会，把社会看成是自己获得支持、能量、信息与材料的源泉，在社会实践中逐步提高创业意识，从而获取创业能力。同时，必须把社会需要、社会利益、社会价值标准与评价原则作为自己行动的参照系，把自己所从事的事业与集体的、社会的事业连接起来以提高自己的社交能力,扩大交往,与人合作,取信于他人,取信于社会,为自己创造一个开放的创业环境。

（七）语言文字能力

语言能力主要是指口头表达能力,表现为创业者在演讲、对话、讨论、答辩、谈判、介绍等各方面展现的技巧与艺术的运用。文字能力主要是指书面文字的表达能力,对创业者来讲主要是指对企业发展规划、战略报告、总结执行等的写作能力。

第三节　优秀创新创业团队的建设

创新创业团队是指由有着共同目标的两个或两个以上的个体形成的,一起从事创新创业活动的团队,是在创业初期(包括企业成立前和成立早期),由一群才能互补、责任共担,愿为共同的创新创业目标而奋斗的人所组成的特殊群体。

当代大学生思维活跃、想象力丰富、行事果断、具有强烈的创新意识,这是创新创业者获得成功的重要条件。当代大学生具有较强的专业基础知识,从事本专业或与专业相关的创新创业活动,成功的概率相对大一些。大学生创业可解决部分学生就业问题,还可获得企业经营管理等经验,提高解决创业过程中出现的各种问题和困难的能力。即使创业失败,吸取创业经验教训会使大学生创业者学会更好地应对失败。对大学生个人来说尽管创业会有上述的优势,但由于专业知识、经验、时间、精力、资金等方面的限制,大学生很难以个人的力量去进行创业,直至获得创业的成功。如何更好地组建大学生创业团队,如何对大学生创业团队进行良性的建设和管理值得思考。

一、组建优秀创业团队

将在校大学生创业团队纳入真正意义上的创业中来,为将来走向社会打下创业基础,是目前高校创新创业教育中面对的重要问题。高校教师应正确引领大学生组建优秀的创业团队,做到理论和实践相统一。

（一）聚焦奋斗目标,凝聚发展力量

统一发展共识,凝聚发展力量,聚焦奋斗目标。有一个共同的目标,是团队拥有战斗力的核心。有了共同目标,大家才知道自己为什么干,如何干才能实现目标。只有努力的目标一致,大家才容易凝聚力量,增进团结,形成同呼吸、共命运的共同体,才能心往一处想,劲往一处使。才能形成团结协作的战斗集体,同心同德,攻坚克难,取得事业上的成功。

（二）知己知彼,优势互补

大学生创业团队成员通常较少,一般是三四人,多也不过十来人。创业团队成员虽少,但都有自己的想法,有自己的观点,因此,我们对创业团队中的每个成员都不能报以轻视的态度。创业团队成员应该相互熟悉,不仅能清醒地认识自身的优劣势,还要清楚其他成员的长处和短处,避免团队成员之间因为相互不熟悉而造成的各种矛盾、纠纷。这样才能迅速提高团队的向心力和凝聚力。

大学生创业团队虽小,但是"五脏俱全"。团队成员不能全部都是技术成员,也不能全部都是终端销售人员,优秀的创业团队成员应各有各的长处,大家结合在一起,相互补充,相得益彰。

团队战斗力最终由团队成员的工作表现和系统业绩来体现。要发挥团队的战斗力,团队人员的配备至关重要。组织机构要发挥有效的功能,一方面要保证人才结构的合理性,这是保证各项功能充分发挥的前

提。任何一个层面缺少专业人才,都难以实现好的组织效果。另一方面,每个层面的人员数量要合理。少了,不够用,不行;多了,人浮于事效率低下,也不行。在组建团队之前要根据组织体系的要求,认真分析岗位特点,合理确定人员配备。

(三)建立健全组织管理体系

组织管理体系如同一个健康机体的脉络,结构合理才能保持各部分功能正常运行,实现整体的协调运转。如果组织体系不健全就会使局部功能发挥不完全,整体协调出现困难,组织统领全局的作用就难以实现;如果组织庞杂,就会使局部协调交叉重叠,造成资源的浪费。只有设立的组织体系平行层面设置全面,纵向层次清楚,形成一个科学合理的组织系统,加上有效的管理才能体现组织的整体功能,有效发挥团队战斗力。

(四)明确责权范围

组织的协调配合是检验团队战斗力的重要指标。要使团队有一个好的表现,部门间职责、权限以及各自的规章制度必须具体明确。既不能出现无人管理的空缺地带,也不要出现职责权限重叠。只有职责权限界定清楚、制度健全科学合理,各部门才能协调统一,运作有力,实现团队作战的功效,发挥团队整体效能。

(五)有效的计划组织

团队的功能作用究竟如何,要通过完成一定的工作任务来体现。这需要对组织赋予一定的工作任务,以实现团队的正常运转。因此,一方面要合理制订工作任务,另一方面要通过科学的调度指挥、组织制度,来保证工作按时、保质、保量完成。所以团队的正常运转是要靠计划组织指挥的科学合理实现的。

(六)优秀的团队领导者

创业团队中必须有可以胜任的领导者,而这种领导者,并不是单单靠资金、技术、专利来决定的,也不是谁出了好点子谁领导的。团队负责人应是团队成员在多年同窗、共事过程中发自内心认可的。许多创业团队在很短的时间内就消亡了,很重要的原因在于创业团队的领导者其实根本不是一个合格的领导者。优秀的创业团队,独独不可缺少优秀的领导者。

二、建设完善创业团队管理体系

风险投资者在评估是否投资时,不仅要考察项目、市场等前景,也要考察创业团队的潜力。因此,大学生创业者需要提出一套能够凝聚人心的经营理念,形成具有共同目标、语言、文化、互信的创业团队。

通常团队创业成功的概率要远高于个人独自创业。一个由研发、技术、市场、融资等各方面组成优势互补的创业团队,是创业成功的法宝。

团队负责人需要合理组建团队、明确共同目标、提升领导能力。在创业团队的创建和发展过程中,团队可持续发展的动力源泉就是建立和完善团队管理,建立团队文化。大学生创业团队更应建设完善创业团队管理体系。

(一)加强社会主义核心价值观的教育和培养

新形势下必须坚持践行社会主义核心价值观。新时代大学生,其思想受多元文化的影响,在创新创业团队中,必须加强社会主义核心价值观思想政治教育,在创新创业过程中不被金钱和利益所左右。社会责任感是人们对自己在社会中责任的情感体验,在创新创业团队中,只有具备了较强的社会责任感,才会关心集体、社会和国家的前途,关心环境、关爱他人,而这恰恰是创新创业的深层内涵和目标。培养创新创业团队中各成员的社会责任感,一方面可以使创业团队内部形成凝聚力,对外也是对创业团队形象的良好塑造,这是创业团队走上良性循环发展道路的基础。

(二)加强创新意识和创新精神的教育和培养

创业团队成员要有创新意识,并逐步升华为创业精神,创新强调一种创造性思维,凭借知识、智慧和胆识去开创能发挥个人所长的事业。创业团队成员应全面理解创新创业的深刻含义,形成创新创业的共识。同时,创业不是普通的比赛,而是要求各成员结合专业特长,根据市场前景和社会需要开发出独特的具有创新性的成果,这样才是真正的创新。

(三)努力提升创新创业实践能力

想要提升大学生的创新创业实践能力,培养具有高素质的复合型人才,应注重在实践中强化大学生创新创业意识。具体来讲,创新创业实践能力包括对创业团队中的人、财、物及技术的配置能力,对市场及环境信息的配置能力,对社会关系的配置能力,对组织及制度的配置能力,对个人行为的配置能力。因此,对团队成员进行行之有效的创新创业技能教育和培养是必须的,在团队成员协同能力的培养上也需要用合理的方法进行引导,从而实现创新创业团队的协同协作的效果。

(四)加强创新创业知识体系的教育和培养

以理工科大学生创新创业成员应具备的基本素质为例,建立创新创业教育教学理论与创新创业实践相结合的大学生创新创业能力培育体系,以大工程观、产品性能、技术性质、环境保护、安全生产、生产工艺、市场、管理、财务、税收、企业设立知识等为主线,以多层次、立体化的大学生创新创业实践活动为载体和核心,为锻炼和提高大学生创新创业能力提供实践机会和施展平台;以学生创新创业成果和用人单位认可为效果体现,为培养大学生创新创业能力发挥示范作用。创新创业教育并不独立于正规的学科教育之外,而应内化在学科教学之中,是高校学科人才培养的本质要求。

(五)明确创新创业目标

创业团队的总目标就是要通过完成创新创业阶段的技术、市场、规划、组织、管理等各项工作实现企业从无到有、从起步到成熟。总目标确定之后,为了推动团队最终实现创业目标,再将总目标加以分解,设定为若干可行的、阶段性的子目标。

(六)制订创新创业计划

在确定了创新创业目标之后,紧接着就要研究如何实现目标,这就需要制订周密的创新创业计划。创新创业计划是在对创新创业目标进行具体分解的基础上,以团队为整体来考虑的计划,创新创业计划确定了在不同的创业阶段需要完成的阶段性任务,通过逐步实现这些阶段性任务来最终实现创新创业目标。

(七)构建创业团队制度体系

创业团队制度体系体现了团队对成员的控制和激励能力,主要包括团队的各种约束制度和各种激励制度。一方面,团队通过各种约束制度(主要包括纪律条例、组织条例、财务条例等)指导其成员避免做出不利于团队发展的行为,对成员的行为进行有效的约束,保证团队的稳定。另一方面,创业团队要实现高效运作要有有效的激励机制(如利益分配方案、奖惩制度、考核标准、激励措施等),使团队成员看到随着创新创业目标的实现,其自身利益将会得到怎样的改变,从而达到充分调动成员积极性、最大限度发挥团队成员作用的目的。要实现有效的激励首先成员的收益模式应清楚,尤其是关于股权、奖惩等与团队成员利益密切相关的事宜。需要注意的是,创业团队的制度体系应以规范化的书面形式确定下来,以免带来不必要的混乱。

（八）团队的调整融合

完美组合的创业团队并非创业一开始就建立起来的，很多时候是在企业创立一定时间后，随着企业的发展逐步形成的。随着团队的运作，团队组建时在人员匹配、制度设计、职权划分等方面的不合理之处会逐渐暴露出来，这时就需要对团队进行调整融合。由于问题的暴露需要一个过程，因此团队调整融合也应是一个动态持续的过程。在完成前面的工作步骤之后，团队调整融合工作专门针对运行中出现的问题不断地对前面的步骤进行调整直至满足实践需要为止。

三、优秀创业团队的特征

创业团队成员都应将团队利益置于个人利益之上，要充分认识到个人利益是建立在团队利益基础之上的，团队中不能存在个人英雄主义，每一位成员的价值都体现为对团队整体价值的贡献。优秀创业团队成员应不计较短期获取的薪资、福利、津贴等，愿意牺牲短期利益来换取长期的创业成果。

（一）出色的团队领导人

团队领导人是创业团队的灵魂和核心。俗话说"火车跑得快，全靠车头带。"知名企业家柳传志说："领军人物好比是阿拉伯数字中的1，有了这个1，带上一个0，它就是10，两个0就是100，三个0是1000。"创业成功的事实证明：团队领导人是成功创业的关键。优秀的团队领导人应有高远的志向、过人的胆识和智慧，有魄力，有凝聚力和组织管理能力，有博大的胸怀，有敢于拼搏的英雄气概，不怕困难，敢于创新，不计个人得失，一往无前。许多创业团队在很短的时间内就消亡了，很重要的原因在于创业团队的领导人其实根本不是一个合格的领导者。

（二）与企业共命运，同舟共济谋发展

一个创业团队是否有战斗力，是创业能否成功的重要标志。创业团队应关系融洽，凝聚力强，意见一致，团结合作。团队成员必须对企业的长期经营发展充满信心，付出辛苦和汗水，不能因一时利益或困难退出团队，要清醒地认识到创业将会面临的挑战和遇到的困难。这样，团队成员为了成功，才不至于有观望、徘徊的思想，遇到困难才能破釜沉舟，付出百分之百的努力，才能全身心地投入工作中，才能凝聚力量，同心同德，将事业推向成功。当然，要想形成利益共同体，不能只有语言上的承诺，还要有一定的运作制度，特别是利益上的约束。

（三）团队核心价值观保持一致

一个团队在成长过程中会逐步建立自己的团队核心价值观，并成为所有成员共同认可和遵守的价值体系。团队核心价值观可强调团队目标和团队成员个人目标的一致性，强调群体成员的信念、价值观的趋同，强调团队成员之间的吸引力和团队对成员的向心力。全心致力于创造团队价值，认为创造团队价值才是创业活动的主要目标，并认识到唯有企业不断增值，所有参与者才有可能分享到创业的成果和利益。

（四）目标清晰，职责明确，奖罚分明

创业团队要根据发展规划制定科学的发展目标。在目标设置时，要统筹兼顾，做到近期目标、中期目标、长期目标科学合理、准确对接。团队成员也应熟知自己的工作目标。当然，制定的目标要切实可行，过高或过低都可能会挫伤团队成员的积极性。

必要时在团队目标的前提下，明确细分团队成员的具体目标。让成员清楚自己应该努力的方向和了解工作进度。在此基础上，通过建立健全的制度和科学的运行机制，明确目标责任，严格考核成员履行职责的

情况,实行有效的奖惩办法,确保目标任务落到实处。

(五) 股权分配合理且富有弹性

大学生创业之初的股权分配和创业中团队成员对企业的贡献值可能不一样,那么,一个好的团队需要一套公平、弹性的利益分配机制以弥补这一不足。例如,可以用股权和奖金作为奖赏,来鼓励贡献突出者。

平均主义和大锅饭是懒惰的温床。股权分配上的平均主义也许并非合理,团队成员的股权分配不一定要均等,但必须要遵循大家认可的规则进行分配,尽量做到合理、透明与公平。要按照贡献与报酬相符的原则,防止发生某些具有显著贡献的团队成员股权数较低、贡献与报酬不一致的不公平现象。通常创始人与主要贡献者会拥有比较多的股权,一般来说,只要能与团队成员所创造价值、贡献相配套,就是一种合理的股权分配。另外,也可以留有一定比例的股权,用来奖赏以后有显著贡献的创业成员,在利益分配上应留有余地,富有弹性。

(六) 能力互补,相得益彰

创业团队成员的能力优势要互补,这种互补有利于团队成员之间的高效合作,为团队发展和业绩贡献出更大的价值。

创始人在早期,一定要注意团队发展搭配的问题,因为创业团队是未来企业高层管理团队的基础与雏形,影响团队的稳定和发展。

优秀创业团队成员的能力都是很强的,每个人都是某个方面的专才。有的人创新意识非常强,对企业发展战略和新产品或新服务项目开发有着至关重要的作用;有的人策划能力极其强,能够全面考虑企业面临的机遇与风险,分析成本、投资、收益的来源及预期收益,甚至还包括公司管理规范章程、长远规划设计等;有的人执行能力较强,具体负责生产经营和销售,他们在联系客户、接触终端消费者、拓展市场等方面,都有较强的执行力;有的人技术水平很高,生产经营技术是其专长;等等。只有将各个层面不同类型的人才组成人才团队,在创业实践中才能形成"八仙过海各显神通"的局面,才能实现成员能力的互补,强化团队成员的合作,充分发挥团队的整体功能,做到相互补充,相得益彰。当然,建立优秀的创业团队并非一蹴而就。在创业的过程中,创业成员也可能因为不同的原因而调整、优化,逐渐形成完美组合的创业团队。

(七) 和谐相处,团结互助

优秀的创业团队的所有成员间非常熟悉,他们了解彼此的兴趣爱好、性格特点,也非常清楚各自的优劣势,能够清醒地认识到团队合作的重要性。只有和谐团结的团队,才有向心力、凝聚力和战斗力。团队成员要对集体忠诚,彼此以诚相待、和谐相处。在发生冲突的情况下,能够分清是非,以大局为重,主动沟通与协调,及时消除误解,避免大的裂痕产生。有意见分歧是正常的,因为在工作中,明辨是非是负责任的表现。要重视建立和维护创业团队成员的相互信任,特别是团队的主要成员,一旦出现信任危机,将会带来严重后果。因此,在创业前,要特别注重对合作成员人品的了解,观察其是否诚信、是否有很强的私心等,将风险排除在创业之前。

(八) 持久创业激情是财富

创业之所以能够成功,最大的原因是拥有创造成功的激情。激情是创业起步、发展的强大推动力、凝聚力,要想让创业理想实现,创业者绝不可以让激情缺席。

保持持久的创业激情,就会拥有昂扬的斗志,这对于保持创业团队的战斗力非常重要。团队成员能够随时提出可行性建设性意见,及时发现存在的问题及隐患,对于创业过程将大有裨益。这是团队成员关心事业发展、尽职尽责的表现。在创业的过程中,创业团队要注意吸收对创业项目有热情的人员加入,要让所有成员如企业初创时期那样,时刻保持旺盛的精力和创业热情。让大家清楚认识到:任何人无论专业水平多么高,如果对事业的信心不足,将无法适应创业的需求,消极因素对创业团队所有成员产生的负面影响可能是致命的。

四、优秀创业团队的人才构成

很多创业团队刚开始创业的时候只有1~2个人,但是随着事业的发展,创业团队显得越来越重要,而要形成强有力的创业团队,人才结构就必须科学合理,一般认为团队成员应由以下人员组成。

(一)领军人物

统帅三军的将领是团队的核心和灵魂。一个优秀的领军人物关系是创业取得成功的关键。战略定位、战略决策、政令统一、令行禁止都需要一个有胆识、有魄力、有智慧的领军人物。在领军人物的带领下,大家才能"事业有奔头,工作有干头",能"心往一处想,劲往一处使",才能凝心聚力,团结一致,冲锋陷阵,攻坚克难,取得创业的成功。否则,缺少核心的领军人物,就很难形成有力的战斗团队,队伍就如一盘散沙,缺乏灵魂与核心,很难凝聚共识,也就没有任何的竞争力,自然也就很难取得好的业绩。

(二)行业专家

团队里有一些经验丰富的行业专家是非常重要的,他们经历了行业发展的潮起潮落,目睹了行业企业生产经营的兴衰,对行业发展有独特的视角和独到的认识,有着丰富的从业经验,团队能够吸收这样的人才为企业"把脉",肯定能够趋利避险,扬帆顺航。

(三)生产经营技术人才

技术是行业发展的核心要素,不仅关系到生产经营的成本、质量、劳动生产率,对企业的生产规模和管理等诸方面都有着重要影响。因此,技术人才对于企业发展而言,在一定程度上起着决定性作用。没有优秀的技术人才就没有优秀的产品质量和优质的服务,当然就没有竞争力,被市场淘汰自然也是正常现象。对于科技发展日新月异的今天更是如此。

(四)生产经营管理人才

生产经营管理人才是企业日常工作的组织者,他们不仅关系质量成本控制,而且还要调动一切积极因素,实现企业高效运转,提高执行力。一件事做好并不难,难的是做好每一件事。日常工作是再平常不过的事情,让大家在短时间内保持好的工作状态非常容易,但要让每一个工作人员长期保持高昂的斗志,良好的工作状态并不容易。要做到这一点,科学的管理机制固然重要,生产经营管理的执行者更为重要。没有生产经营管理人才有效发挥管理作用,生产经营就会陷入无序的状态,就没有企业的正常运转,就谈不上企业竞争力和企业发展。

(五)营销业务人才

创业成功的关键在于企业产品或服务能够为消费者所接受,使产品或服务顺利进入消费领域,这一过程需要营销人员做出必要的努力。因此,营销业务人才在团队建设中有着举足轻重的作用。企业的经济效益最终都要通过营销团队的努力实现。现代企业产品和服务通常都是买方市场,营销团队需要开发新客户、巩固老客户。当今社会,对营销人才的要求也逐渐提高,不仅要懂产品、懂技术,还要懂客户、懂市场以及市场开发的技巧。充分发挥营销专家在营销队伍中的引领作用,才能造就一支敢打硬仗、德才兼备的营销人才团队。

(六)理财专家

企业的发展离不开财务管理。一方面要遵守国家的法律规定,另一方面要建立一整套规范的财务制度,保证资金的合理利用和使用效果。因此,理财专家是团队建设中的重要组成部分。现代企业对财务人员有着更高的素质要求,不仅要精通业务,还要具备协调关系等方面的能力。只有这样,才能精打细算,提高资金利用效果,为企业发展保驾护航。

当然,创业团队根据发展的需要,不同时期有不同的人才要求。如随着生产经营规模的扩大,也可能在团队中设立人力资源管理人员、公关人员等。

(徐德锋　胡航)

第五章 大学生创新创业项目的选择

国家对高校大学生创新创业教育抱有很高的期待,相继出台了众多大学生创新创业扶持政策。在创新创业扶持政策的指导下,教育部组织举办了中国国际"互联网+"大学生创新创业大赛等赛事活动,进一步激发了大学生的创新创业热情,同时,大赛也为大学生的创新创业项目与社会投资之间搭建了对接的桥梁,吸引更多的学生加入创新创业行列。许多学生很迷茫,不知道该选什么样的创新创业项目。许多因素影响大学生创新创业项目的选择。大学生可依据以下原则、步骤对创新创业项目进行筛选,就比较容易筛选和确定适合自己的创新创业项目了。

第一节 项目选择的影响因素和原则

一、大学生创新创业项目选择的影响因素

性格会影响大学生创新创业的行为,性格不同的人在选择创新创业项目时存在差异。

性格外向型学生通常思维敏捷、活泼好动、热情大方、善于交往、适应力强;但缺乏耐心和毅力、稳定性差、见异思迁、遇事容易冲动、深入思考不足。性格外向型学生最好选择经常与人打交道的项目,如教育培训、销售推广、公关策划等创新创业项目。

性格内向型学生通常思维活动倾向于内在,感情比较深沉,喜欢单独工作,遇事喜欢思考,有充分的耐心,具有创业者所需的持之以恒的精神,忍耐力和承受力较好;但容易钻牛角尖,优柔寡断,人际交往和接受新事物能力较差,对新环境的适应能力不够。性格内向型学生最好选择较少与人打交道的创新创业项目,如偏生产型创新创业项目。

复合型性格的学生集中了外向型和内向型性格两方面的优势,可在不同时期或不同场合表现出不同特征,最适合创新创业。这类学生通常办事认真,周到稳妥,决策果断,善于应变,具有较高的人格魅力,善于维护和扩展人脉资源,不惧挫折和困难,具有较强的战略眼光;但因其自身优点较多,容易自大,缺少亲和力,所以这类性格的学生喜欢在一些发展前景较好、处于高速成长期的行业选择创新创业项目。

当选择一个处于高速成长期行业的创新创业项目时,一旦认准方向,就要坚定不移地走下去,不要频繁地转变创新创业方向。专业和专长是学生选择创新创业项目的主要影响因素之一。学生选择与自己专业相关的创新创业项目,可充分发挥专业优势,提高创新创业成功率。大多数学生倾向于选择与自己专业和专长相关的创新创业项目,或会根据家长的工作社会关系和家庭经济状况来综合考虑。

对学生而言,影响和改变外部环境不太可能,因此,学生在选择创新创业时必须对创新创业环境进行综合分析。创新创业环境会对所选择项目的市场需求产生影响,因此选择项目时,尽量选择符合当地创新创业文化产业的项目。政策环境对学生选择创新创业项目的影响也非常显著,政府政策给予扶持或税收减免的行业是学生创新创业项目的首选,如环保行业、高科技行业等。学生在选择创新创业项目时,不可避免会受到外部经济环境的影响,如国家的宏微观经济形势、创新创业所在地区的经济状况、消费者的可支配收入等因素。除此之外,还有技术环境、行业环境、竞争环境等。

二、大学生创新创业项目选择的原则

在"互联网+"背景下大学生创新创业面临许多机遇,这些机遇是否可以提供适合的创新创业项目?需对创新创业项目认真评估后进行选择。一定要选创新性好、国家政策支持、有市场前景和市场潜力的项目。学生应依据自身能力选择具有自身优势的创新创业项目,下面总结了大学生创新创业项目十大选择原则,供大学生选择创新创业项目时参考。

(一)国家政策支持原则

国家政策支持原则是指选择的大学生创新创业项目必须符合国家产业政策和投资方向,符合地方计划发展规划政策,不选择国家明令淘汰和禁止投资建设的项目。近年来,为支持大学生创新创业,国家和各级政府出台了许多优惠政策,涉及融资、开业、税收、创业培训、创业指导等诸多方面。如果选择的大学生创新创业项目处在国家出台政策的"风口"里,就有机会获得国家政策的大力支持,就有可能借力国家政策发展自己的创新创业项目。例如,国家和产业政策都提到要扶持5G技术研究和产业的发展,该项目符合国家政策支持原则;如果选择与固体光气生产相关的项目,因国家已经出台大气污染治理政策,该项目和国家政策方向相违背,不太适宜去做。

为了鼓励大学生创业,各级政府和行政主管部门都出台了一系列的优惠政策:如大学生创业新办咨询业、信息业、技术服务业的企业,可免征企业所得税;两年创业新办从事交通运输、邮电通信的企业,第一年免征企业所得税,第二年减半征收企业所得税;创业新办从事公用事业、商业、物资业、对外贸易业、旅游业、物流业、仓储业、居民服务业、饮食业、教育文化事业、卫生事业的企业,可免征企业所得税一年。学生可根据自身实际情况选择适合自己的创新创业项目。

(二)知己知彼原则

大学生选择创新创业项目,是创造一个进入社会的切入口,要找到一个自身与社会结合的契合点。所以要在创新创业项目的选择上下功夫,充分调查和论证,做到"知己知彼"。知己,就是要清醒地审视自己的优势与劣势、兴趣所在、知识经验、性格与心理特征、社会资源情况等。知彼,是对社会未来发展趋势的判断及潜在需要的认识。

大学生选择创新创业项目要在最熟悉的领域做最擅长的事,做社会资源最多和技术优势最明显的项目。清楚了解自己在专业能力、管理能力、社交能力、服务意识、社会资源、行业经验等方面的情况。比如从专业能力优势角度去分析,学人工智能专业的学生,选择人工智能或者神经网络项目比较适合;学生物医药专业的学生,选择生物医药或基因检测类创业项目比较适合。大学生创业时要结合自身兴趣,扬长避短,才能在竞争中脱颖而出。选择有优势的项目,做起来才有激情、有成就感,容易取得成功。创业道路上存在诸多让人妥协、分心乃至屈从的事,应适当学会取舍,遵从内心最真实的渴望。百度创始人李彦宏说过:"做自己喜欢的事,做自己擅长的事。"

(三)项目特色原则

特色是创新创业项目生命的内在根基,是企业生存的条件、落脚的基石。没有特色,任何创业都会是无根的浮萍。项目特色是存在项目之中的优秀基因,使项目在市场争夺具有竞争优势。别人没有的、先于人发现的、与别人不同的、比别人强的项目都可以归类为有特色的项目。特色项目除了可以避免陷入与同类型的竞争者同质化的困境,还可以提升产品的辨识度和认知度,拥有更高的定价空间。立志于自主创业的大学生,应该对市场的动态变化保持敏锐的触觉,时刻了解市场需求变化的方向,发现市场空白,建立独具特色的创业项目。

(四)社会资源原则

常言道:"一个好汉三个帮,一个篱笆三个桩。"要想做成大事,必定要有做成大事的人脉及其支持系统。不论行业,人人应会使用人脉资源。人脉资源是重要的社会资源,某种程度上比金钱更值钱。人脉资源对于大学生创业者来说是很重要的,因为大学生本身没有经济优势,如果有强大的人脉资源,可以借助人脉资源来完成一些目标。大学生创业时最好把握自己的人脉资源,将人脉转变成财富。

大学生本人如拥有自己可直接控制的资源,如专有技术、管理能力、个人社会关系、私有物质资产等,相对于其他非自有资源,自有资源的取得和使用成本往往较低,同时这些资源在利用过程中也容易使项目获得优势,在今后的市场竞争中占据主动地位。

(五)市场需求原则

目前有市场前景的创新创业项目主要有人工智能、电子信息、新材料、新能源、机电一体化、环保节能、生物医药等,这些项目技术含量高,发展前景也较好,符合国家产业政策。大学生选择创新创业项目时,要看有没有市场需求、是不是刚性需求、是不是消费者的"痛点"、是否有持续性的消费需求。如我国大气污染比较严重,经常出现雾霾和沙尘暴天气,防范雾霾和沙尘暴的雾霾口罩和空气净化器等项目就一定存在庞大的市场需求,这个需求一定是紧迫和刚性的;随着我国老龄化的不断加剧,老年人群体越来越大,对于养老和健康的服务需求也越来越多;随着人工智能技术的快速进步和发展,会出现智能驾驶和智能机器人的市场需求,这里面也存在很多的创业商机。

(六)效率优先原则

大学生所选择的创新创业项目一定要有社会效益和经济效益,项目产品与服务创造的附加值越高,产品销售后净利润和毛利润越高。比如做一个少儿英语教育培训项目,年收益可达 50 万元,而做另一个为高层次人才管理培训的项目年收益可达到 80 万元,很明显,第二个项目在同等时间内获得的收益比第一个项目多,从获取的收益来说,自然应该选择第二个项目。再比如做一个快递项目,利润率只有 10%,而另一个游学培训项目利润率可以达到 20%,很明显游学培训项目比快递项目利润率高,附加值高,从价值原则的角度去考虑,自然是选择游学培训项目会更赚钱。由于先天条件不足,大学生在刚开始创业时普遍缺乏资金、客户等资源,因此为尽快脱离创业"初始危险期",使项目的开展进入良性轨道,在同等条件下,应优先考虑"短平快"项目。这样一方面可迅速收回投资,降低投资风险;另一方面,即便项目后期成长性不好,创业者也可以选择维持经营或后期主动退出,利用挖掘到的"第一桶金"另寻出路。

(七)市场竞争原则

大学生最好选择市场上竞争对手数量不太多、实力不太强的创新创业项目,这样才能赢得更大的市场份额。如果选择竞争对手林立且很强的创新创业项目,因市场竞争早就已经很残酷、很激烈,很难在市场中占有一席之地,大学生创业者会做得很吃力、很费劲;如果选择竞争者很少且不强的创新创业项目,就有机会迅速抢占市场,把项目做大做强,让项目快速成长起来。比如,少儿艺术培训项目,家长最希望孩子接受的是乐器、舞蹈、美术类培训,现在市场上类似的培训机构很多,这是一个竞争非常激烈的项目,如果培训费用、培训课程、培训教师和培训服务没有特色和优势,很难与现在的竞争者进行竞争,大学生创业者将做得很累。再比如,开设脑波反馈训练班,通过脑波培训使孩子控制脑波活动,提高大脑功能。这种脑波反馈训练项目就很有特色,可达到寓教于乐的效果,孩子在脑波理论培训和控制能力训练中,不仅可以达到学习科学知识的目的,还可以获得科学实践的效果。

(八)可投资原则

大学生创业时获取创业资金也有限,因此,大学生开始创业时,应尽量选择投资规模小、投资周期短、投资回报率高、投资回收期短、投资风险小的项目。投资规模小意味着项目容易启动,投资周期短意味着项目上马时间短,投资回报率高意味着项目投资收益比较理想,投资回收期短意味着可以尽快收回项目投资,投资风险小意味着容易把控项目的风险。比如,亲子互动剪纸培训项目,投资10万元就可启动项目,每期培训大概可招生60人,每期培训班可盈利1.2万元,1年就可以收回投资。再比如,智能送餐机器人项目,计划启动资金200万元,研发出成熟产品需2年,产品年销售额和利润额都不确定,几年能收回投资也不确定,这种项目的投资风险就较大,投资风险也不可控,不如亲子互动剪纸培训项目。

(九) 风险可控原则

创新创业是一种风险投资,大学生必须遵从量力而行、风险可控的原则。大学生创业者必须规避风险较大的创新创业项目,把为数不多的资金投资到风险较小、规模较小的创业项目当中,积少成多,滚动发展。很多大学生创业者都没有考虑所选项目的风险是否能与自己能力、财力相匹配,如果不匹配的话很可能会陷入创业陷阱。

(十) 技术性适当原则

因为高科技行业需投入大量研发成本,这对于大学生创业者是一项很重的负担,所以大学生创业者应先选择技术性相对较低的行业,积累了一定资本后再考虑转入高科技行业。注意刚创业时,千万不要选研发投入高的行业,这类项目风险太大。大学生创业者尽量选择技术先进适用、经济合理、实施可行、风险可控的项目。

总之,大学生作为一个特殊的创新创业群体,具有自身独有的特点,在选择创业项目时,对创新创业项目的特点和自身特点了解得越清楚,创业成功的可能性就越大。在深入了解影响创业项目选择的因素后做出创业项目的选择可以增加创业成功的可能性。

第二节 大学生选择创新创业项目的策略

"大众创业、万众创新"新热潮遍及全国,虽然越来越多的大学生融入创新创业大军,但我国大学生的创业成功率仍然不足5%。我国大学生创新创业还处于起步阶段,真正实现大学生从入学到毕业、从毕业到创业,仍需要全方位、多角度、系统化的理念和实践支撑,需要更多的社会力量去思考、探索。大学生要想创业成功,不仅需要迎难而上的勇气,还需要选择优质的创新创业项目。大学生需要认真调研,了解市场需求、弄清自己竞争优势之后,从众多项目中找出可行的适合自己的创新创业项目。下面总结了大学生选择创新创业项目的十个步骤,供大家参考。

一、市场需求和市场痛点

首先分析市场需求和市场痛点问题。分析市场需求时,需要考虑是刚性需求还是一般需求,属于紧迫需求还是潜在需求。如果需求为刚性的和紧迫的,那就有占领市场的机会,可能就是创新创业项目的机会;如果是潜在需求,需要培育一段时间,该项目需多关注一段时间,不要急于马上启动。

比如:国内快递市场项目,很多家快递公司早就提供了同城快递业务,通常需要1天时间才能到,也就是当天寄次日达,个别快的上午寄下午能到,中间也需要至少好几个小时,但是很多公司和个人都遇到过这样的情况,有合同、证件等重要且紧急的物品需要在1~2个小时内快速送到,但目前的同城快递并不能准时送达,自己送的时间成本很高,找人送的话一时也找不到合适的人。同城快递极速达就是用户痛点,并且是大多数公司和个人都有的痛点,也就是同城快递市场的痛点。如果在创业者发现这个用户痛点和市场痛点时,市场上并没有企业或个人通过良好的产品和服务来解决这个痛点,那么,如果创业者能拿出解决方案,就是个很好的市场机会,当然,这个市场痛点已经被解决了,那就是同城1小时速递品牌——闪送,2018年8月28日,闪送对外宣布,已完成6000万美元的D1轮融资,进一步巩固了行业地位。

比如,我国高血压患者人数接近2亿,那么针对高血压患者的治疗药物和饮食保健方法,就有刚性且紧迫的市场需求;再比如,我国已经进入老龄化社会,老年人越来越多,健康养老已经成为刚性、紧迫性和潜在的市场需求,如何为老年人提供健康与养老的服务可能是创业项目的一个切入口。项目选择必须以市场为导向。

二、市场发展空间和前景

市场发展空间和前景通过市场需求量来测算,产品的社会需求量大,企业成长空间就大。社会需求量小,产品的社会需求量小,企业成长的空间就不够大。一般来说,选择产品社会需求量大的创业项目,创业初期的成活率相对会高一些;而选择产品社会需求量小的创业项目,由于适用人群少,销量自然就少,创业初期的成活率可能会低一些。

大学生创业者要了解选择的创新创业项目社会需求量、市场发展空间和前景如何,不仅要分析本地市场,还要分析国内外市场。互联网让世界变成了"鸡犬之声相闻"的地球村,对于互联网的项目,一定要用全球化的视野去考虑。如果一个互联网项目市场需求量达不到10亿元以上,该项目市场前景发展空间不大,要慎重选择这样的项目。例如选择一个市场需求量只有1亿元的项目,有10家公司同做该项目,每家平均分配的市场份额只有1000万元,即使算年利润率达到20%也只有200万元利润,该项目市场前景发展空间不大。选择一个市场需求量预估有100亿元的项目,有10家公司同做该项目,平均分配市场份额就是每家100亿元,按照年收入20%的利润计算,就有2亿元利润,该项目的发展空间就非常大,也容易做大公司的估值,便于后期的项目融资。

三、项目技术分析

项目技术分析的内容包括:大学生选择的创新创业项目的知识产权情况介绍,关键技术及创新点的论述,项目产品的技术性能水平与国内外先进水平的比较,技术依托单位或合作单位的基本情况和支撑能力。是否经过技术成果鉴定,技术成熟性如何,项目产品的技术检测、分析化验情况;该项目小批量、小规模试生产的情况,包括产品质量的稳定性、成品率;该项目产品在实际使用条件下可靠性、耐久性、安全性的考核情况等。需要说明该项目的整体环境氛围以及项目的评价度、认可度、支撑度及项目相关权威人士评价的结论性意见。新立项项目需要进行环境评价的一定要进行环境评价。与市场上竞争对手的技术水平相比优势在哪里?能否进一步推进技术升级,提炼技术创新点,突出技术优势。

四、创业团队建设

大学生选择的创新创业项目能否顺利开展和实施,能否在激烈的市场竞争中取得优势,团队建设很重要。优良团队能使创业运营良性循环。一个最具核心竞争力的创业团队一定是作风正派、团结共进、协作互助的团队。一个高效的大学生创新创业团队成员必须是互补的,包括在性格、专业、能力、经历、文化等方面。建设一个性格互补、专业、目标一致的创业团队是大学生创业成功的基础。

创业团队创建后还需要进行有效的团队管理,在推进创新创业项目过程中,加强技术研发、生产、财务、市场及人才等管理,健全团队管理体系,为有效推进项目实施提供保障。

五、国家扶持政策

大学生创业者最好选择有国家政策扶持的创新创业项目，如果选择的项目在国家政策、产业政策和地方政策的"风口"上，与国家重点扶持方向一致，符合产业发展政策，符合地方重点发展规划，可借国家政策之力来发展项目。大学生创业者应避免选择不符合国家产业发展政策、不属于地方发展的重点工作的项目。

六、项目运营及投融资情况

大学生创业是一个很艰辛的过程。大学生创业项目产品能否销售出去，销售运营非常重要，大学生创业者刚创业时可实施线上和线下的销售模式。大学生创业者需要建立强有力的销售团队，如果刚组建团队时销售运营薄弱，可借助外力，通过其他平台实现销售，解决项目市场销售中的瓶颈问题。

大学生创业者刚创业时一般资本不多，经营资金不足。要想把有限的创新创业资金用到刀刃上，需要科学合理的投融资。投融资的资金用于产品研发、生产、物流、市场营销、公司宣传、房屋水电、人员工资等方面。如果创业资金比较雄厚，还能源源不断地融到资金，可以支持项目的研发、生产与正常运营，该项目投融资情况良好，值得推广该项目；反之，应慎重考虑启动该项目。

七、经济效益

大学生创业者最好选择经济效益好的项目进行创新创业，判断项目能否挣钱，需对项目进行经济效益评价。列出所有可能支出的科目，包括研发费、原材料费、人工工资、房租、办公费、市场营销费、各种税费及其他费用等，计算出拟支出总和，还需要核算项目产品的年销售额、年净利润额、年利润率等主要财务指标，核算出项目的经济效益情况。项目产品年利润率达到25%以上，经济效益良好；项目产品年利润率达到50%以上甚至100%以上，该项目经济效益非常好，为高附加值创新创业项目。

八、投资回报

大学生创业者应对创新创业项目进行投资回报率核算，如果投资少、回收快、附加值高，该项目具有良好的投资性。有代表性的财务指标如项目投资额、投资回收期、投资收益率、内部收益率等。核算出的投资回收期在三年内，最好在两年内比较理想。投资收益率能够在30%甚至50%以上最好。投资回报除了评估财务指标外，还需要从项目风险的角度去评估。大学生创业面临许多风险，如政策风险、技术风险、市场风险、资金风险、管理风险、人才风险等，能正确分析项目存在的风险，提出应对风险的措施和预案，就可以综合评估该项目是否值得投资了。

九、市场竞争力

市场竞争力是指项目产品在市场销售时所占领市场的能力，反映的是该项目与其他生产同类产品或替代产品的项目所表现出来的竞争力。

市场竞争力强的项目有两个好处：一有利于销售，提高产品市场占有率。二有利于提高产品销售价格。当产品在市场上处于完全竞争状态时，会形成一个平均销售价格，同时也会形成一个平均生产成本，两者之间的差额就是平均利润，一般来说完全竞争状态下的平均利润是很低的；而产品处于垄断状态时，就掌握着产品的定价权,其销售定价比平均价格高,高出部分的价格差就是垄断利润。这就是说,当产品处于垄断状态时,不仅可以获得平均利润,还可以获得垄断利润。

创新创业项目是否有市场竞争力,需要了解目前市场竞争对手的数量、竞品情况、竞争对手的实力等。如果市场竞争不激烈、竞争对手不多、竞争实力不强,就有机会抢夺市场;反之,市场竞争对手多,实力强,就要谨慎了。

十、产品生命周期

影响产品生命周期的因素主要有两个。一是新技术的出现,产品更新换代,老产品因技术落后而被淘汰。二是具有同样或类似功能且价格低廉的替代产品的出现。产品的生命周期是创业者选择项目时必须考虑的重要因素,如果产品的生命周期短,也许还没有收回投资,就已经走向衰落了,这对大学生创业者来说,无疑是难以承受的。对创新创业项目进行产品生命周期的评价,对大学生创新创业实践指导具有参考意义。

第三节 大学生挖掘创新创业项目的方法与途径

大学生创新创业已成为新时代鲜明的特征。大学生创业者在挖掘创新创业项目时对项目认识得越透彻,创新创业的成功率就越大。大学生创业者在选择创新创业项目时要遵循十个基本原则,选择合适的方式进行创业。考虑到大学生创业者情况,轻资产、贴近市场需求、与互联网相结合的项目是较好的选择,也可增加成功的概率。大学生创业者应学会挖掘创新创业项目的方法与途径,慎重对待,才能最终取得成功。

一、社会环境变化找机会

从社会变化环境中挖掘创新创业项目。政治思想、科学技术、自然生态、社会经济、传统文化等社会环境因素的变化,产生了创造新事物的潜力,并且给新企业的诞生提供了良好机会。社会环境变化能促进消费结构升级,推动产业结构调整,促进思想观念转变等。瞬息万变的环境发展趋势,使各行各业发展机遇与挑战并存。大学生创业者可通过社会环境变化进行分析,抓住热点,挖掘出大好商机,获得创新创业成功。

二、社会问题找商机

从解决社会问题挖掘创新创业项目。在生活中,我们会遇到很多难题,其实每个难题都是一个绝佳的隐藏的商机。对于大学生创业者来说,如何在难题中发现创业机会就很重要。例如,互联网发展初期由于无法播放音频和视频,布·格拉泽(Rob Glaser)开发出RealPlayer软件,创建了Real Net works公司。

三、市场缝隙找商机

市场缝隙是市场中的统治者及有绝对优势的企业忽略的某些细分市场或者小众市场。一旦大学生创业者从市场缝隙中找到合适的市场空白点,就意味着抓住了创建一家能够盈利的创新创业项目。例如,学心理学的大学生小蕾毕业后找不到工作,在家待业,邻居王阿姨忽然来找她,说她儿媳妇怀孕在家,由于自己和儿媳妇没共同语言,想找小蕾过去陪伴儿媳妇。小蕾去了才发现,王阿姨儿媳妇状态非常差,心情忧郁,对生小孩非常恐惧,担心生小孩影响自己以后的工作。小蕾站在朋友的视角,和她聊了整整一下午。没想到的是,晚上王阿姨居然给小蕾发来 1000 元的红包,说和小蕾聊过之后,儿媳心情大好,状态改善不少。随后,小蕾发现孕妇的情绪直接关系到一家人的幸福感,于是在网上挂出陪孕妇聊天服务,结果真的有很多孕妇打电话找她去聊天。就这样,小蕾慢慢把陪孕妇聊天做成了长期职业,后来甚至还找人合伙开了一间工作室。

四、技术升级找机会

对现有市场产品类型进行技术升级,使产品体验更人性化成为创新创业项目。加藤信三曾是日本狮王牙膏公司的一名普通员工,刷牙时牙龈出血,就想改变现有的牙刷。他把牙刷放到放大镜下观察,发现刷毛顶端是四方形的,所以他建议公司把刷毛顶端改成圆弧形。新产品投入市场后,销量极好,占到全国同类产品的 40% 左右。

五、兴趣爱好找商机

在互联网时代,在兴趣爱好中找创业机会是一个比较好的选择。在现代社会,想真正将事业做出水平、做出规模、做到极致,前提是创业者要喜欢做这件事情。从另一个角度来说,在人类历史上,因为自己喜欢的事情而创业并且最终通过创业走上成功之路的发明家、创业者、企业家屡见不鲜。人生如白驹过隙,将工作时间用在自己喜欢的事情上,并作为一生的事业是一件很美好的事情。

六、复配新品找机会

将市场产品进行多元复配生产新产品。如芜湖铁画,以铁代笔,以锤代墨,将绘画与锻铁技艺相结合;蔬菜手工面,将手工面条和各种蔬菜汁结合制成卡通又营养的蔬菜手工面。史玉柱凭借多年的市场经验和丰富的专业营销知识,在激烈的市场竞争环境中敏锐地嗅到了市场的变化。史玉柱调查分析了中国保健品市场,有一部分产品有助于人们改善睡眠,还有一部分产品有助于人们调节消化功能,但是没有一种保健品可以同时满足这两种需要。他把两者结合起来,做了许多实验,最终推出保健品脑白金,填补了中国当时此类保健品的空白。

七、工作经验找商机

从工作经验中可挖掘新的商机。松下创始人松下幸之助,曾做过电器插座生产线上的学徒。开心网的创始人程炳皓曾经参与新浪网的策划、运营以及上市。1994 年,大三学生江南春和几个合作伙伴成立了永怡广告公司,2001 年江南春发现广告代理公司的利润很低,重新思考方向,最后他把新目标放在商业楼宇的电梯上,弥补了市场空白,成立了分众传媒。大学生创业者可以从自己的相关工作经验或者自己的优势入手选择创业项目。

八、学科专业找商机

大学生可以依靠自己所学的学科专业知识,寻找创新创业机会。美国工程师在做雷达起振实验时兜里巧克力融化,于是发现了新的加热方法并创造了微波炉。大二学生比尔·休利特与戴维·帕卡德通过撰写论文《制造和评价一个可变频振荡器》发现了新技术,申请了专利,租了公寓和车库,成立了惠普公司。黑龙江大学的王郑涵从自己的专业出发,在大三期间就在黑龙江大学创业园组建创业团队,2009 年创立哈尔滨金泰科技开发有限公司。

九、扩散思维找商机

扩散思维找商机是指根据一个新生事物充分发挥想象,挖掘机会。1987年,美国弗吉尼亚州的两个邮递员汤姆·科尔曼和比尔·施洛特对一个小孩手里的荧光棒展开了联想,将棒棒糖放在荧光棒的顶端,于是他们申请了专利,并卖给了美国开普糖果公司。后来他们又对棒棒糖展开联想,让棒棒糖自动旋转,他们的这个想法使2.99美元的棒棒糖在6年间卖出6000万个。开普糖果公司的领导人约翰·奥舍在离开开普糖果公司后,这种自动旋转技术使奥舍和合伙人联想到电动牙刷,运用这种技术制造的电动牙刷售价是宝洁公司的电动牙刷售价的十分之一,2000年奥舍团队共卖出1000万支电动牙刷,2001年宝洁决定收购这家公司,奥舍和合伙人一共赚取四百多亿美元。

十、传统传媒找商机

通过报纸、杂志、广播、电视、展览会等发现创新创业项目。1997年斯鲁特兄弟参加芝加哥举行的展销会时,在一个几乎没人注意的小展台前,看到一个碗里的小球吸光了所有倒进来的水。斯鲁特兄弟发现这种由硅砂做成的神奇的小球具有很强的吸收功能,是做小猫褥垫合适的材料。于是,他们同中国的一家硅胶企业签订了生产合同。这样,这种小球走上了生产线。后来,美国的杂货店和大卖场里被称为"水晶珍珠"的完全透明的小球褥垫卖得很好。

十一、市场调研找商机

通过调查没有得到满足的市场需求,确定创业项目。日本松下电器公司的创始人松下幸之助经常收集消费者的各方面信息,有一次无意中听到几位买东西的家庭主妇边走边议论,说家用电器插头是单用的,很不方便,如果有一个多用的就好了,他以敏锐的嗅觉捕捉到消费者的这一需求,回到公司后当即召集科研人员,下达研制任务。不久,"三通"电源应运而生,给松下电器公司带来了新的发展机会。海尔公司的张瑞敏经常在市场调研中发掘新的市场机会,一次偶然的情况使他了解到当时的洗衣机特别费水、费电,他立刻赶回公司召开科研会议来解决这一问题,从研发到新产品投放市场仅用13天,推出新型洗衣机"小小神童"。在巴基斯坦,由于天气比较热,当地居民经常一次要洗十二件大袍子,所以海尔公司研发了一次可以洗十二件大袍子的超容量洗衣机。

十二、加盟连锁提高创业成功率

大学生创业时大多是摸着石头过河。商业模式和最开始的试错往往相当重要。创业在很大程度上是对商业模式进行验证的一个过程。大学生创业者必须明白两个道理:第一,对于别人验证过的模式,我们再去追随的时候,我们面临的风险比较小;第二,如果加盟不当,如我们参与的是一个已经饱和或者过度竞争的项目时,我们面临的风险是极大的。加盟企业时,需要重点考虑以下几个因素:加盟的企业的商业模式成熟度;加盟品牌是否有帮助;加盟企业能否提供完整操作手册;选择加盟的企业是否靠谱。对于刚开始尝试创业的大学生来说,防止上当受骗是最重要的一点。如有不慎,有可能会毁掉大学生创业者长时间的积累或者打击大学生创业者的信心。这是加盟最关键、最重要的一点提示。

统计数据显示,在相同的经营领域,个人创业的成功率低于20%,而加盟创业的成功率则高达80%。对创业资源有限的大学生创业者来说,借助连锁加盟的品牌、技术、营销、设备优势,可以以较少的投资、较低的门槛实现自主创业。但连锁加盟并非零风险,在市场鱼龙混杂的现状下,大学生涉世不深,在选择加盟项目时更应注意规避风险。一般来说,资金实力较弱的大学生创业者,适合选择启动资金不多、人手配备要求不高的加盟项目,从小本经营开始为宜。此外,有条件者最好选择运营时间在5年以上、拥有10家以上加盟店的成熟品牌。

十三、参与创新创业教育打磨创业项目

大学生可以充分发挥学校平台的优势,通过自主学习、专题讨论、小组学习、小组辩论等方式完善自身的创业知识结构;另外,大学生应将创业理论与实践课程相结合,通过模拟创业、与有创业经历的导师交流、模拟竞赛、创建创业基地等方式,提高自身作为创业者的素质和创业能力。大学生创业者通过接受创业教育,可提高甄别创业项目的能力。可在创业教育体系中拟定创业项目,就创业理论、小组讨论和模拟创业进行充分研讨,集众人的力量发现拟定创业项目中存在的问题,通过发现问题、解决问题这一过程,不断重复,完善创业项目。如果在研讨过程中发现拟定创业项目有不可克服的困难,要毫不犹豫地放弃。保留创业教育体系内脱颖而出的拟定创业项目,进行下一步的筛选。

十四、参与大学生创新创业大赛,提高创新创业实践能力

参加全国大学生创新创业大赛是选择创新创业项目的一种成功模式。参赛大学生就某一项有市场前景的新产品或服务撰写创业可行性报告,并由学术界和企业名流评定,选出优胜者。参与创业计划大赛的大学生可以通过大赛提供的培训和交流,全面了解创业应具备的知识和技能体系。拟定创业项目后可由低到高参与各级别的创业计划大赛,在创业计划大赛中让更多的人尤其是权威的专业人士对拟定创业项目进行评估。权威的专业人士大多为成功创业者或成功投资创业者,熟悉整个创业过程,具有丰富的创业经验,可以给创业项目提出中肯的意见和建议。通过参加大学生创新创业大赛,得到专人人士认可的创业项目更有前景,实施后成功的可能性更高。通过比赛这一平台,可以向风险投资家展现自己项目的巨大市场前景,赢得创业资金,还可以结识商界和法律界人士,为创业建立良好的环境。

十五、对接企业,促进项目落地

企业直接面向市场,对市场信息非常敏感,因此与企业对接交流,通常可以为拟定的创业项目提供更直观的评价、更直接的指导。例如,软银中国选择资助的创业项目关注点如下:第一,创业项目的前瞻性,要看得远,不能只看两三年后会怎么样,而要看到三五年后怎么样。第二,创业项目要有壁垒,比如有许可证壁垒、技术壁垒等。第三,创业项目有可复制性,可以复制到任何地方,能够做大。软银中国选择风投创业项目的标准对广大大学生创业者有着重要的指导意义。企业认可的创业项目不仅能够得到企业在资金上的资助,有些大学生创业者还可能获得与企业深度合作的机会,进入企业,跟随专业的管理人员学习。企业能帮助创业者撰写创业计划书,提供人力资源等方面的支持,提高大学生创业者创业的成功率。

十六、找准市场痛点,提高创业成功率

生活中的痛点问题就是那些大家觉得不方便、不简洁、不实在、不便宜或者说根本无从下手的难点问题。从这些难点问题出发,有可能就会找到一个新的创业的点。纵观人类的发展历史,我们一直都在不断地解决并改善自己生活中的难点、痛点、疑点问题,一步一步发展的。冬季觉得冷,于是有了暖和的衣服;生

食不好吃，于是有了各种熟制菜肴；工作不方便，于是有了各种工具。蒸汽机的出现带来了第一次工业革命，再后来，人类发明了计算机、互联网。人类发展历程就是一个不断发现问题、解决问题的过程。从创业上来讲，找到生活的难点、痛点问题，激发创业的灵感，恰恰是我们低起点创业的重要出发点。这个出发点一经找到，通过创业我们就会走上一条顺畅的道路。从另一个角度说，如果大学生想要创业，首先需要做一个有心人，找到那些能够突破的问题，然后一步一步地去规划、筹谋，这可能是走上创业道路的一个很有效的方法。

十七、搭车创业

最早去美洲淘金的人很多都客死异乡，淘到金子的人是极少的。有一个人却在稳定地发财，因为他为淘金者提供地图、工具、服装。他自己虽然没有成为一个淘金者，却成为基于淘金者的稳定的致富者。这种方式我们称为搭车创业。创业的时候自己赶路很辛苦，搭上车就不一样了。在大学生创业者选择创业机会的时候，不妨思考一下：我们正处在怎样的机会点上？我们是不是有车可搭？因为搭上某一个潮流的大车，才有机会让我们站在一个潮流的焦点上。

十八、联合创业

联合创业就是把过去世界上不相干的事情组合起来，把它重新联合成一个新的事物，这时候就有了新的创业机会。很多的创业项目特别是发明类的创业项目，都会用到这种方法。例如，摩托罗拉公司最早把音乐应用在汽车上，于是，人们可以边驾车边听音乐。谁能想到曾经的通信业巨头，最早就是从这样的项目开始的。其实在人类发展的过程中，有非常多的项目，新的创业的想法都是源自我们把不同的东西组合在一起。很多时候不妨做这样的训练：把两个词联系在一起，然后看看能不能组合成一个新的东西。著名的企业家孙正义上学时每天从字典中翻出几个词，然后做5对组合。比如，翻到"空调"和"油画"这两个词，就把这两个词联合在一起，看看能不能组合出一个新的产品。孙正义每天去尝试做5对组合，如果有新的想法，就把它记录下来。半年后，他积累了几十条创新的想法，并且把其中一条卖给了后来的夏普公司，赢得了他人生的第一桶金。这种方法是生活中巨大创意灵感的来源，我们不妨用这样的训练来提升自己的能力。

十九、资源整合找机会

资源整合就是把不同资源进行有机融合，从而找到新的创业机会。比如加油站整合了超市；电影院整合了卖爆米花、卖汽水、卖各种饮料甚至卖小玩具的新型超市等。资源整合法是把不同的事物整合在一起，最终形成新的创业项目。如果学生想进行创新创业，不妨尝试资源整合，挖掘周围可以被整合的资源，发现创业机会，为社会提供全新的服务。

二十、加入产业链找机会

任何一个产业都会形成一个漫长的产业链，在这个产业链里，找到一个小段，然后切入，使这一小段竞争成为一个极其有竞争力的模板，从而对上下游的产业链产生影响，这种通过加入产业链进行创业的方式，称为切入创业。加入产业链创业的案例很多，主要来源于社会化的分工。因为大多数产品都需要经过多人的协作才能完成。所有现代化工业的产品都是经过大规模的整合和产业链合作产出的成品。对大学生创业者而言,一开始要想完整地去做成一个大生意的可能性很小,没法将产、供、销、运输等方面都整合到一起,但是,可以在一个成熟的产业中找到一个小小的不那么完善的链条切入进去,做好产业链条中的一部分。把这一部分做到极致,同样有巨大的创业商机。

第四节 大学生创新创业的风险与规避

很多大学生创业者没有认清创新创业的风险,导致创业失败。因此大学生必须正确识别创新创业风险,避免创业失败。

一、大学生创新创业的风险

大学生初创业时面临许多创新创业的风险,影响较大的有技术风险、市场风险、管理风险、财务风险、团队风险、环境风险、创新风险和法律风险。

(一)技术风险

一般来讲,大学生在创业投资时,大部分企业是处于种子期或者是初创期,并且这些企业大多是属于中小型的高新技术企业,科技成果还不太成熟,处于向新成品、新技术转化的过程。此外,这些新产品和新技术没有经过市场和大规模生产的检验,在实际生产中,人们无法预知这些技术的可行度有多高。因此,这方面的投资风险就比较大。技术方面的风险主要表现在两个方面。一方面,新技术在转化为产品之后,并不是完美的,往往会出现各种各样的缺陷。另一方面,配套风险。在这些高新技术企业中,如果想要将技术转化为生产,其中需要很多方面的配套,比如多种专业相关技术配套、其他资产配套等。如果在转化的过程中出现了一些不利因素,比如相关技术不成熟、原材料稀缺等,都会严重影响科研成果向产品的转换。

(二)市场风险

市场风险是指市场主体从事经济活动所面临的盈利或亏损的可能性和不确定性。大学生初创企业时往往会受到市场的影响,比如市场竞争环境、市场定位环境等,从而严重影响大学生创业投资发展。具体来讲,市场风险主要表现在以下几个方面。其一,竞争对手的数量问题。就目前我国的科技水平来看,还存在信息不充分的问题,无形中提高了竞争的风险。其二,需求分析问题。大学生在创业投资时,还需要做好目标市场定位,调查所投资的项目是否具有良好的市场需求,从而为后期的决策提供依据。如果市场需求分析不可靠,那么投资风险就会增加。

在"互联网+"大背景下,涌现了很多提供网络产品和服务的企业,但这些产品和服务本质上还是传统产品的销售。实际上,很多大学生创业者缺乏前期市场调研,只是凭自己的兴趣和想象来决定投资方向,这大大增加了其自身的市场风险。

(三)管理风险

管理风险主要是指企业管理不善、内部决策失误、信息不对称等导致的风险。大学生创业者知识单一加上经验、资金实力不足,增加了管理风险。一些大学生创业者虽然技术出类拔萃,但筹资理财、采购营销、沟通协调、经营管理等方面的能力普遍不足。大学生创业失败基本上都是管理方面出了问题,主要包括忽视创新、急功近利、意志薄弱、决策随意、急于求成、患得患失等。大学生的创业活动虽有教师的指导,但是在实际操作中,经营管理的能力不足是企业内部管理难以顺利进行的关键问题。

（四）财务风险

财务风险是指因不能及时筹集资金而导致创业失败的可能性。可以说，财务风险贯穿于大学生创业活动的整个过程。足够的资本规模可以保证企业投资的需要，合理的资本结构可以降低和规避融资风险，融资方式的妥善搭配可以降低资本成本。实际中，众多的大学生创业者初创企业时不能适应复杂多变的宏观环境，对财务风险客观性认识不足，缺乏科学的财务观，忽视财务控制，没有认真执行账实、账证和账账核对等会计核算流程，导致会计资料不真实，使得大学生创业者无法真正把握企业的资金流动，加之初创企业销售不稳定，企业无法持续盈利，而各项成本必须要支出，此时企业如果出现资金短缺，将可能会导致企业最终破产。

（五）团队风险

现在创业越来越重视团队的力量，一个优秀的创业团队能使初创企业迅速发展起来，相反，一个凝聚力不强、默契不够、没有共同愿景的团队，即使再优秀的项目也可能经营失败。一旦创业团队的核心成员在某些问题上产生分歧且不能解决时，极有可能会对企业造成强烈冲击。特别当与股权、利益相关联时，很多初创时很团结的创业团队成员都会闹得不欢而散。

大学生创业团队面临的风险主要有团队内部人员管理不善风险、沟通不当风险、成员目标不一致风险及利益分配风险等。如果能够有效处理好这些可预见的风险，就可能将风险转化为优势。

（六）环境风险

环境风险是指因所处的社会、政策、法律环境变化或由于意外灾害发生而造成创业失败的可能性。随着现代信息技术的高速发展和普及，外部环境存在较大的不确定性，一是国家政策以及经营地政策影响，二是科学技术的创新和发展，三是经营地的经营环境影响。大学生创业者应充分调研、掌握相关信息，及时发现其中的风险。国家政策法规往往是企业发展的风向标。不同创业者面对同一国家政策时的行动不尽相同，政策变动往往会给企业带来一定的影响。另外，政策法规的健全与否也会给企业带来风险。如果一个地区的法制不健全，各项商业活动得不到法律的保护，那么，要从事商业活动必然会面临巨大的风险。大学生创业者应当通过观察政策法规的变化和建设状况来识别创业风险。

（七）创新风险

创新风险指的是将技术成果商品化过程中技术创新失败的可能性。技术创新涉及将具有商业价值的新思想变成商品化、规模化的产品或服务，并产生商业利益的一整套活动。在此过程中，产品最终能否创造客户价值充满不确定性。但技术创新一旦取得成功，收益将会很高。创新风险的特点是研发周期长、投资成本高、产品性能不确定、投资回报率不确定，大致包括以下三类：一是技术自身的风险；二是相关技术不匹配的风险；三是技术环境风险。

（八）法律风险

大学生创业者初创企业由于财力有限，规模尚小，难以顾及法律规范和法律咨询。实际上这是初创企业面临的最为隐秘的风险。究其原因，主要有以下四点：第一，初创企业在确定经营领域、获取经营资格和市场准入、争取政府扶持与优惠政策等过程中与政府有着千丝万缕的联系。有的创业者轻视法律，这实际上蕴含着巨大法律风险。第二，进行技术研发、申请、购买或使用专利成果等均涉及大量知识产权问题，但创业者往往不具备专业的法律知识，易于陷入法律纠纷。第三，创业者在进行决策权行使、产权和收益分配、公司建章建制、引入天使投资或风险投资等诸多环节都涉及大量法律合同，这些合同的签订如果没有律师的专业咨询和指导，创业者难以作出科学的决策。第四，初创企业的市场风险如果与法律风险相叠加，后果会更加严重,尤其在融资过程中,初创企业往往缺乏金融和投资领域的专家,因此风险评估和议价能力有限,同时,大学生创业者对融资陷阱缺乏有效识别手段,甚至会由于无知而触犯法律。现实中,因在运营过程中陷入利益纠纷导致分崩离析的初创企业不在少数。

二、大学生创业者如何规避风险

目前,各高校的创业教育多注重讲授创业成功的事例以鼓励学生创业,没有重视对学生创新创业风险意识的教育,这就导致大学生盲目地创新创业,在创新创业过程中不能有效地发现、识别和防范创业风险。所以,不仅教师要注意用专业知识和技能帮助学生树立正确的风险意识,而且大学生创业者自身也应该注意形成创业风险意识,具备未雨绸缪的观念、有备无患的意识、实事求是的精神和持之以恒的思想。如果大学生在创新创业未发生损失之前能够识别风险发生的可能性,那么这个风险就有可能被管理和控制,所以具有风险意识是进行风险规避的基点。

(一) 选择创新创业项目要慎重

大学生必须慎重选择创新创业项目。第一,大学生选择创新创业项目时必须考虑市场需求,根据市场缺口和缺口的大小进行选择,这样可以有效避免创业者的产品或服务不符合市场需求。第二,利用政府、金融机构、相关企业等对大学生创业的倾斜政策选择创业项目。第三,综合各方面情况选择技术熟悉且精通的、有竞争力的适合自己的创新创业项目。

(二) 加强市场调研,明确细分市场

选择创新创业项目均需要进行大量的市场调研,以找到产品和服务的核心竞争力。大学生创业者在创业初期一定要做好市场调研,在了解市场的基础上创业。一般来说,大学生创业者资金实力较弱,选择从启动资金不多、人手配备要求不高的项目入手比较适宜。

(三) 注重技术创新

在企业设计向产品转化过程中,技术是影响产品转化的关键因素,技术的可行性、可靠性、完整性、适用性都会影响概念设计的实施,而技术转化出的产品更要符合市场需求,否则一切产品皆是废品。所以,大学生创业者不仅要精通专业技能,注意技术创新,开发具有独立知识产权的产品,还要注意产品是否适应市场发展需要,避免由于企业对市场方向判断失误而引起的利益受损。

(四) 规范企业管理,发挥团队决策水平

企业要想得到持续稳定的发展就要抓好各种管理工作,包括人力资源管理、财务管理、生产管理等。大学生创业者可在创业过程中通过建立规范严格的管理制度,提高企业的规范性和员工的自觉性;加强先进管理知识和管理经验的学习,培养企业家精神,提高企业竞争力;建立内部员工培训制度,提高员工的技术素养;建立系统的激励机制,调动员工的积极性,增强企业的凝聚力。

(五) 完善企业财务制度,降低财务风险

初创企业财务风险是突出问题,为解决此问题,创业者要完善财务制度,认真分析外部情况,提高企业对外部环境变化的应变能力。在进行投资决策时应充分考虑投资项目所面临的风险,通过定性与定量的方法对投资回收和盈利能力进行科学预测,才能提高收益,减少损失,加强对存货与应收账款的管理,防范存货跌价风险和坏账风险。

(六)打造优秀团队

团队是企业赢得竞争的必要条件。团队应该有动态的发展观,因为具有发展观念的团队才有可能建立一套完善的内部调节机制,从而提升团队成员的凝聚力。在创业时,用科学手段构建核心团队,可以保证企业的高效运转。同时,团队成员在核心成员的影响下勤奋工作,可以使企业保持活力。

营造良好的团队氛围,建立集体成员之间平等相容的气氛,加强团队凝聚力都是提高团队工作执行力和效率的有效途径。大学生创业团队应该具有明确的共同发展目标,实现理想目标所需的技能,以及成员之间的相互信任、相互支持。

(七)充分利用国家政策与资金支持分散创新风险

技术创新往往需要长期的、大量的资金和技术的投入,这是创业者在初期难以完成的,且此类技术研发大多由政府、科研机构和大企业来主导。在可能进入的领域,创业者也要充分了解和利用政府资助、项目扶持、政策支持以及风险投资的合作,尽可能降低创新风险,在财力有限的情况下,还可以通过技术合作来降低创新风险。就技术成果商业化过程而言,创业者还可以通过模拟工具和技术风险评估来降低技术研发风险。

(八)增强法律意识,规避法律风险

第一,创业者必须具备将企业经营法制化的观念,培养法律风险意识,养成重大决策咨询律师、合法经营的习惯。第二,创业者必须理清初创企业与政府及职能部门之间的关系,避免过度依赖政治资源。第三,创业者须建立经营管理过程中的法律风险防范机制,要有相对具体的预案,以应对外部环境的变化。第四,创业者在商业领域可以打破常规,但在法律领域要遵守法律准则。第五,创业者要坚持理性经营的长远战略,避免急功近利,牺牲企业长期目标。第六,创业者要定期进行法律风险评估,审查企业内部各环节和业务流程中的法律风险,做到防患于未然。

对于不可避免的诸多外部风险,大学生创业者首先要对自己有信心,积极参与竞争。作为大学生创业者,必须做好与风险和困难作斗争的思想准备,端正心态,克服急躁和急功近利,在创业中采取稳扎稳打、步步为营、积小胜为大胜的策略;同时注意扩大社交圈,通过社会交往活动掌握更多的市场信息,使企业产品适应市场需求,以获得更大发展。

总之,创新创业是一个机会与风险并存的过程。大学生创业首先应做好面对风险的心理准备,掌握应对不同风险的知识和技能,将理论知识融会贯通到实际创业过程中去,才能规避来自内部和外部的各种风险,找到企业的生存、发展空间,将企业做好、做大、做强。

第五节 大学生创新创业项目类型

一、大学生创新创业项目的分类

大学生创新创业项目分类很广,按照行业来分,可以分为餐饮、服务、零售等门类。从观念上来看,可分为传统创新创业项目、新兴创新创业项目;从方法上来看,可分为实业创新创业项目和网络创新创业项目;从投资上来看,可分为无本创新创业项目、小本创新创业项目及微创新创业项目;从方式上来看,可分为自主创新创业项目、加盟创新创业项目、体验式培训创新创业项目和创业方案指导创新创业项目;从经营性质及特点上看,可分为生产类创新创业项目、科技类创新创业项目、商贸类创新创业项目、服务类创新创业项

目、创意类创新创业项目和公益类创新创业项目。大学生创新创业是一种以大学生为创新创业主体的创新创业过程。大学生能通过创新创业,实现自己的理想,证明自己的价值。依据其项目特点可分为创新训练项目、创业训练项目和创业实践项目,详细说明如下。

(一)创新训练项目

(1)选题新颖、创新性强。项目选题应目标明确、思路新颖,能结合学校特色,依托学科优势,注重产学研结合,具备一定的工作基础和实施条件;项目题目应与实际问题紧密结合,具有创新性和可实现性。

(2)目标明确、内容具体。经过对国内外文献的调研分析,制定明确的研究目标、清晰的研究思路,并基本确定步骤的研究内容。

(3)方法可行、方案合理。项目应制定详细的技术路线,并进行可行性论证,且项目实施条件已具备。

(4)难度适中、预研良好。项目研究周期一般为一年,项目的难度应符合大学生现有的知识水平和研究时间,并且应具有一定的研究基础,包括知识储备、前期文献调研、指导教师科研团队成果等。

(二)创业训练项目

(1)创业计划目标实际可行。创业者应结合自身实际,对市场进行充分调查分析后,制定明确的目标,并进行可行性论证,目标正确才有可能提高创业成功的机会。

(2)创业计划路线图规划合理。由于创业计划目标不同,所以每个创业者都要制定适合自己的经营模式,规划自己的创业路线。创业规划应合理利用资源,具有清晰的战略,充分考虑各种外在因素。

(三)创业实践项目

创业者应对目标市场进行深入的分析和了解,即对潜在客户、产品前景、竞争对手、生产链条、自身特点以及相关产业做一个系统而又全面的了解,确保产品具有广阔的应用前景和市场容量,才能够在市场中稳固下来并且得到持续健康的发展。

二、科技类创新创业项目

目前我国大力开展创新型国家建设,对高科技产业有很多扶植政策。

(一)基于手机移动互联网技术的创新创业项目

我国手机用户应用微信已经十分普遍,可以围绕基于微信、微信公众号、微信服务号和微店来思考创业项目;微信应用小程序和手机 APP 的发展也很快,可以考虑这方面的创新创业项目。如:围绕掌上游戏开发设计游戏项目;围绕手机直播设计创业项目;随着人们对自身健康管理的重视,在手机上开发可以及时检测徒步数量、血压、血糖、脉搏等健康指标的健康管理类应用项目也有较大的市场需求。

(二)基于智能机器人技术的创新创业项目

随着人工智能、人脸识别、语音识别、大数据和物联网技术的不断完善、成熟和应用,以及计算机交互技术、脑神经技术的不断突破,智能机器人产业发展十分迅速,我们可以重点关注工业机器人和服务机器人这两大领域的创业项目。如:工业机械手、检测机器人、搬运机器人、分拣机器人和水下机器人等工业机器人,以及餐厅服务机器人、洗菜机器人、保姆机器人、康复机器人、翻译机器人、导游机器人等服务型机器人项目。

(三)基于物联网技术的创新创业项目

随着互联网技术的广泛应用和各类传感器技术的日益成熟,物联网的大面积应用已经展开,且涉及的领域十分广泛，学生可基于物联网技术筛选创新创业项目。如：校园监控、社区监控、火灾监控、景区监控、超市监控、医院监控等智能安防系统项目；智能室内灯光控制、智能空调控制、智能电饭煲控制、智能扫地机器人控制、智能窗帘控制、智能音乐喷泉控制、智能浇花控制等智能家居项目。

（四）基于无人机技术的创新创业项目

随着无人机技术的快速发展，无人机承重和续航能力都有显著提高，无人机蔽障和目标识别技术也相对有了很大的提高，大学生创业者可基于无人机技术筛选创新创业项目。如：地质勘探、路况侦察、灾区侦查、救援指挥、农药喷洒、海上侦查等民用无人机；高空侦察、敌情侦察、空中预警、反恐应用等军用无人机等。

（五）基于3D打印技术的创新创业项目

3D打印技术已经应用在很多领域，学生可基于3D打印技术筛选创新创业项目。如3D打印零件、3D打印模具、3D打印人像、3D打印饰物、3D打印蛋糕、3D打印巧克力、3D打印玩具等。目前，3D打印在打印尺寸、打印材料、打印效率和打印精度等方面存在一些问题，大学生创业者可从解决3D打印痛点挖掘创新创业项目。

（六）基于大数据、云计算技术的创新创业项目

大学生创业者可围绕大数据中的数据仓库建立、计算算法研究、应用程序开发、商务数据挖掘以及云服务应用挖掘创新创业项目。大学生创业者可重点关注智能选股分析、购物行为分析、阅读偏好、旅游数据分析、餐饮偏好分析、销售数据分析和广告投放分析；大学生创业者还可关注旅游人群分析、旅游国家偏好、旅游出行方式偏好、旅游景点偏好、旅游消费偏好和旅游投保偏好等进行创新创业项目筛选。

（七）基于定位技术的创新创业项目

全球位置定位技术十分成熟，百度地图、高德地图和腾讯地图是我国应用较多的定位导航技术。大学生创业者可基于定位技术进行研发，通过定位技术与即时语音技术的有机结合，来思考和规划创新创业项目。如汽车导航、渔船导航、公交导航、餐饮导航、景区导航、商场购物导航等。

（八）基于清洁能源技术的创新创业项目

太阳能、风能、核能和生物质能应用越来越多，学生可以围绕太阳能、风能、生物质能和新能源等领域进行技术开发。如：太阳能汽车、太阳能飞机、太阳能火车、太阳能照明、太阳能充电器等太阳能发电技术项目；风能汽车、风能飞机、风能火车、山顶风力发电、海岛风力发电等风能发电技术；城市和工业有机废弃物、农业废弃物、森林废弃物、动物粪便等生物质能技术；新能源客车（长途客车、旅游大巴、公交车）、新能源轿车、新能源货车、新能源矿山车辆等新能源车技术。

（九）基于新材料技术的创新创业项目

新材料领域的技术突破非常多，新材料领域存在很多商机。如米材料涂料、石墨烯电池、碳纤维服装材料、超导金属材料、高分子复合材料、隐身飞机材料等新材料在生产和生活中的具体应用，大学生从中都可以挖掘出适合自身创新创业的项目。

（十）基于生物技术与新医药的创新创业项目

大健康产业孕育着诸多商机，如：新冠病毒基因检测、基因编辑、基因干预，新冠病毒检测试剂盒，抗癌新药，干细胞美容和细胞修复，远程医疗和精准医疗，慢性病健康管理，人工智能AI＋医疗方面等，大学生从中都可能挖掘适合自身创新创业的项目。

三、文创类创新创业项目

国家出台了许多支持文化创意产业发展的政策,大学生在文创产业领域可挖掘更多的创新创业项目。

(一)影视剧类创新创业项目

微视频、微电视剧、小剧种都有很大的市场。大学生可努力结合自己所学专业知识和技能,为用户定制影视剧服务产品,挖掘影视剧类创新创业项目。

(二)动漫游戏类创新创业项目

学生可围绕动漫创作、卡通创作、涂鸦创作和游戏创作,寻找市场需求,构思创新创业项目。随着 VR 和 AR 技术的日趋成熟和应用,网游和手游的日新月异,卡通涂鸦越来越被年轻人所推崇,动漫游戏类创业项目会越来越多。

(三)设计类创新创业项目

许多高校开设了工艺设计专业,许多学生开设了自己的个人工作室,开展创新创业实践。学生可从平面设计、服装设计、工业设计、建筑设计、电路设计、结构设计和概念设计进行创新创业,这类项目创业机会较多、创业成本不高、创业风险不大。

(四)规划类创新创业项目

学生可围绕政府科技园区规划、科普基地规划、主题科技馆规划(如航天、兵器、机器人等)、旅游景区规划、特色小镇规划、主题公园设计、影视基地规划和文化产业园区规划设计创新创业项目。

(五)数字印刷类创新创业项目

可借助网络和 APP 的远程印刷、远程打印和数字出版挖掘创新创业项目,比如远程 3D 打印旅游景点的纪念品,寻找市场机会。

四、农业类创新创业项目

习近平总书记在十九大报告里提出要精准扶贫,大力实施乡村振兴战略。通过教育兴农、培训兴农、电商兴农、旅游兴农、科技兴农、医疗兴农、设计兴农、文化兴农产生许多的农业项目市场机会。

(一)农药残留物快速检测

近年来,农药残留超标的事件屡见不鲜。农药残留超标不但影响国内的农产品销售,还严重影响出口贸易。在人们日益注重身体健康的今天,便捷且性价比高的农药残留物快速检测试剂和仪器具有庞大的市场,有了便携式的、性价比高的农药残留物检测仪,人们在菜市场买蔬菜和水果等农产品时才能更放心。

(二)线上线下农产品商店

基于农业互联网技术,开展建设农业电商服务平台,加强偏远山区与外界社会的联系,销售本地区有特色的农副产品,这是具有市场机会的创业项目。创业者可搭建线上线下农产品商店,将交通不便的偏远山区的食用菌、干果、新鲜蔬菜、水果、鸡鸭鱼肉等优质食材以及苗木等销售出去,在开展电商的基础上,再把产品溯源和产品物流考虑进去,就能形成不同的创业项目。

（三）私人农场定制

农场定制存在较多商机，比如茶场定制、林场定制、渔场定制、有机蔬菜农场定制、有机水果农场定制、特色农家院定制等，从中都可以设计出一些创业项目来，如果再将种植、养殖和深加工结合起来，还可以延伸创业项目的设计和规划。

（四）可溯源跟踪农产品技术

基于农产品可溯源技术，挖掘创新创业项目。如猪、羊、牛、鸡、鸭、鹅等肉类的产品溯源，鸡蛋、鸭蛋、鹅蛋等蛋类的产品溯源，黄瓜、西红柿、油菜、菠菜等蔬菜类的产品溯源，苹果、桃、梨、香蕉、葡萄等水果类的产品溯源，大米、面粉、玉米、红薯等粮食类的产品溯源。

（五）土壤修复与利用

我国有很多土地被污染，土壤的沙漠化、荒漠化、盐碱化、重金属化使得大片的土地荒废，十分可惜。利用土壤修复技术，开展土壤修复治理，存在很多的市场机会。如何将盐碱地土壤、沙漠化土壤、重金属土壤、山坡地土壤和碎石地土壤进行修复和利用，让土壤可以种菜、种粮、种花、种苗和种树，具有可挖掘的创新创业机会。

（六）水果蔬菜保鲜技术

在仓储和物流运输过程中，大量的水果和蔬菜会烂掉，造成巨大浪费。针对水果和蔬菜的保鲜痛点，利用先进的水果蔬菜保鲜技术，实现草莓、苹果、梨、桃等水果和菠菜、油菜、生菜、黄瓜、西红柿等蔬菜的保鲜，寻找创新创业项目。

（七）食用菌种植技术

食用菌具有较高的营养价值，人们对食用菌的消费日益增多，利用食用菌种植技术来创业也是不错的方向。常食用的菌类包括平菇、猴头菇、白灵菇、杏鲍菇、茶树菇、鸡腿菇、金针菇等，可选择一种或几种蘑菇开展种植和销售。在某些县域地区，食用菌种植产业已经成为当地的经济支柱产业。

（八）林下经济

可从林下种植、林下养殖、林下旅游等方面寻找创新创业机会。在林下种果、种花、种菜、种菌、种药、种草等，在林下养鸡、养鹅、养鸭等，在林下建摄影基地、建拓展基地、建骑马场、建儿童乐园、建动物园，在林下开展花卉展、建徒步大道等，这些林下旅游项目都有市场价值。

五、金融类创新创业项目

近年来，金融科技的发展也很迅速，涌现出很多金融服务新业态。

（一）在线支付

如今大家对支付宝和微信支付已经不陌生了，利用智能手机就可以实现交通出行与购物的支付，十分方便。大学生创业者可以基于移动支付、手机钱包、超市购物车（扫码支付）、便利购物柜（地铁、图书馆、药房）等服务形式，挖掘设计一些创新创业项目。

（二）消费一卡通

消费一卡通在很多地方都在使用，如超市一卡通、校园一卡通、图书馆一卡通、医院一卡通、公园一卡通、影院一卡通、团购一卡通、社区一卡通等,围绕一卡通这种便捷消费支付活动,可设想出新的消费场景,挖掘消费一卡通创业项目。例如,有些高校周边有很大的商业区,超市、餐饮店、书吧、影院、KTV、咖啡厅、酒吧等,可围绕这个商业区做一个一卡通项目,为消费者提供一种便捷的消费服务。

(三)产品股权

众筹也是金融科技的一种新的服务模式,围绕产品众筹可以设计出不少创业项目,如在图书销售、音乐创作、影视出版、空气净化器、智能机器人、智能家居等方面开展产品或股权的众筹创业项目。

(四)互联网保险

随着互联网和移动互联网的快速发展,互联网保险也存在很多的市场机会,诸如旅游险、交通险、大病险、人寿险、意外险和教育险等,也都从线下走向了线上。大学生创业者可研究开发互联网保险项目。比如能否与保险公司联合开发一些有针对性的个性化的小险种,类似攀岩伤害险、滑翔安全险、爬山扭伤险、潜水安全险、艺术品赝品险等。

六、公益类创新创业项目

近年来,随着我国对公益事业的宣传和号召,越来越多的人做公益类项目。这类项目在建设我国精神文明和物质文明的同时,也在潜移默化地扶贫救困和绿化生态,为创建和谐社会奠定基础,做出贡献。

(一)精准扶贫

习近平总书记在十九大报告中强调要做好精准扶贫工作。精准扶贫的形式包括教育扶贫、技术扶贫、创业扶贫、文化扶贫、旅游扶贫、环保扶贫、医疗扶贫和网络扶贫等,可通过创业项目开展精准扶贫。如:教育培训扶贫中,可针对贫困地区的人做哪些教育培训,对大人培训什么,对孩子培训什么,对家庭妇女培训什么,可以提供哪些培训课程,采用哪些培训形式,线下如何培训,线上如何培训;技术扶贫中,农业种植技术、防病虫害技术、水产养殖技术、蔬菜和水果保鲜技术等哪些技术能帮助贫困地区,采用技术培训、技术指导、技术咨询、技术服务等哪种服务形式开展技术扶贫服务;旅游扶贫中,针对当地的旅游资源、文化资源和自然资源做一些设计规划,看看是否可以通过打造当地的旅游特色产品,开展特色旅游来促进贫困地区的经济发展。

(二)养老助残

很多人都愿意参与养老助残的公益服务。经常可以看到志愿者利用休息日到养老院去慰问老年人,陪他们说话,为他们唱歌跳舞,给这些老年人带去快乐。随着我国老龄化社会步伐的加快,越来越多的老年人住进了养老院和养老公寓,他们的子女由于工作忙或生活在国外等种种原因不能经常陪伴,导致他们内心都比较孤寂,十分需要社会的温暖与关怀。为了帮助老年人获得晚年的幸福和快乐,解决老年人生活中的问题与困难,大学生创业者可以深入研究细分市场,选择适合的公益项目。如针对住在养老院的老年人做什么服务,针对独居老年人做什么服务,针对社区的老年人做什么服务,针对刚退休的老年人做什么服务等。这类公益项目在实施上有很多内容和形式。现在社会上残障人士也很多,如盲人、聋哑人、手脚残疾人等,他们十分需要社会的帮助与援助,大学生创业者可以此开发公益类创新创业项目。

(三)山区助学

我国贫困山区没有好的教育环境,经常可以看到媒体报道有组织和个人捐助书本和文具给这些地区的学校和孩子。贫困山区助学是很好的公益项目,帮助这些山区里的孩子,让他们多读书、读好书,增长知识,增加才干。

（四）生态环保

保护生态环境,促进生态发展也是公益行为。围绕节能降耗、废气减排、污水治理、垃圾回收、噪声治理、土壤修复、危房改造、绿色生态建设,可以做很多公益的服务。大学生创业者结合自身的专业知识和技术优势,可以探索设计最适合落地的生态环保类公益项目。如环保专业的大学生掌握污水治理与检测的专业技术,可帮助一些地区做污水治理服务,解决当地生态环境水污染的问题。再如,学建筑设计专业的大学生掌握建筑设计的知识和技术,可设计改造一些地区的老旧房屋,改善原有房屋的抗震性和美观性,从而提高房屋居住的安全性、舒适性和便利性。

（五）动物保护

大熊猫、金丝猴、长臂猿、白鳍豚、中华鲟、猕猴、黑熊、金猫、马鹿、黄羊、天鹅、玳瑁、文昌鱼、犀牛、食蟹猴等属于我国野生保护动物,开展野生动物保护也属于公益行为。大学生创业者可以思考通过拟采用什么样的形式,注入什么样的内容,来开展野生动物保护的公益项目。例如,设计制作不同主题的系列多媒体宣传片,呼吁社会保护珍贵稀有动物;策划一台文艺晚会,发起珍贵稀有动物的募捐活动;策划、组织一个野生动物的考察探险与保护活动,来发动更多的人关注珍贵稀有动物。

七、咨询类创新创业项目

我国咨询服务的市场很大,且涉及的咨询内容也门类繁多,可以重点提供政策咨询、融资咨询、营销咨询、规划咨询、游学咨询、信息咨询、IT咨询、法律咨询等有针对性的咨询服务。我国每年都会出台很多新的政策,很多小微企业都有了解政策的服务需求,虽然这些政策可以在网上查到,但是这些小微企业对于国家政策的解读还是不够全面和深刻,如果大学生创业者对政策研究得比较深入,就可以为小微企业提供政策解读,开展政策咨询服务;企业在发展中经常会遇到资金短缺的问题,这时候就需要进行企业融资,但是由于很多企业不懂融资,这时候就需要融资咨询服务,如果大学生创业者了解天使投资的运作模式,拥有项目融资渠道,并且懂得创业计划书的编写,对项目路演的技巧也十分熟悉,可以做融资咨询服务;我国每年在区域规划、生态规划特色小镇规划、文创园区规划、主题公园规划、景区规划等方面都存在很多的服务需求,如果大学生创业者是学规划专业的,懂得项目规划,可尝试开展规划咨询服务;我国现在游学十分火爆,不仅高中生在游学,小学生也在游学,学生家长为了孩子多长见识、开眼界,为孩子报各种形式的游学夏令营、冬令营和训练营,如果大学生创业者有好的游学渠道和有特色的游学项目,也可以做游学咨询服务;现在很多创业公司都需要开发微信公众号、定制APP和微信小程序,加强公司产品的销售与宣传,如果大学生创业者懂计算机编程,了解微信小程序和APP的研发技术,也可以考虑做信息技术咨询服务;很多公司在公司战略和企业策略的制定上会存在很多不足,如果学工商管理的大学生创业者,读的是MBA,懂企业战略与市场营销,也可以做管理咨询服务。

总之,做咨询服务项目,一定要和市场需求相结合,一定要和专业知识相结合,一定要和服务优势相结合。

（陈群　陈海群　崔永琪）

第六章 创新创业开办企业

随着商业经济和知识经济的高速发展,越来越多的大学生投身到创新创业热潮中,如何开办一家新企业,注册何种形式的企业,这些通常与大学生所选的创新创业项目相关。了解和掌握开办企业的类型和注册公司的程序,熟悉国家及地方对大学生创新创业的扶持政策,对于大学生创新创业实践有着十分重要的意义。

第一节 企业组织形式的选择

一、企业的组织形式

大学生在选择创新创业企业的组织形式时,必须了解不同企业组织形式的特点,综合考虑自身创新创业条件后作出最合适的选择,这样有利于企业组织结构的稳定和企业的长远发展。企业组织形式是指企业存在的形态和类型,主要有独资企业、合伙企业和公司制企业三种形式,其中公司的组织形式又可分为有限责任公司和股份有限公司。无论企业采用何种组织形式,都具有两种基本的经济权利,即所有权和经营权,它们是企业从事经济运作和财务运作的基础。根据不同的角度、不同的标准可将企业划分成不同的类型。

(一)按企业资产所有制性质分类

按企业资产所有制性质可将企业分成四种类型。

国有企业,也称全民所有制企业。它的全部生产资料和劳动成果归全体劳动者所有,或归代表全体劳动者利益的国家所有。在计划经济体制下,我国的国有企业全部由国家直接经营。

集体所有制企业,简称集体企业。在集体企业里,企业全部生产资料和劳动成果归一定范围内的劳动者共同所有。

私营企业,指企业的全部资产属私人所有的企业。

混合所有制企业,指具有两种或两种以上所有制经济成分的企业,如中外合资经营企业、中外合作经营企业、国内具有多种经济成分的股份制企业等。中外合资经营企业是由外国企业、个人或其他经济组织与我国企业共同投资开办、共同管理、共担风险、共负盈亏的企业。它在法律上表现为股权式企业,即合资各方的各种投资或提供的合作条件必须以货币形式进行估价,按股本多少分配企业收益和承担责任。它必须是中国法人。中外合作经营企业是由外国企业、个人或其他经济组织与我国企业或其他经济组织共同投资或提供合作条件在中国境内共同举办,以合同形式规定双方权利和义务关系的企业。它可以具备中国法人资格,也可不具备。合作各方依照合同的约定进行收益或产品的分配,承担风险和亏损,并可依合同规定收回投资。

(二)按企业制度的形态构成分类

按企业制度的形态构成可将企业分为个人独资企业、合伙制企业和公司制企业。

《中华人民共和国个人独资企业法》规定,个人独资企业是指由一个自然人投资,财产为投资人个人所有,投资人以其个人财产对企业债务承担无限责任的经营实体。

个人独资企业设立的条件:投资人为一个自然人;有合法的企业名称;有投资人申报的出资;有固定的生产经营场所和必要的生产经营条件;有必要的从业人员。

《中华人民共和国合伙企业法》规定,合伙企业是指由合伙人订立合伙协议,共同出资、合伙经营、共享收益、共担风险,并对合伙企业债务承担无限连带责任的营利性组织。合伙企业的合伙人之间是一种契约关系,不具备法人的基本条件,不是法人。但也有些国家的法典中,明确允许合伙企业采取法人的形式。根据合伙人在合伙企业中享有的权利和承担的责任不同,可将其分为普通合伙人和有限合伙人。普通合伙人拥有参与管理和控制合伙企业的全部权利,对企业债务负无限连带责任,其收益是不固定的。有限合伙人无参与企业管理和控制合伙企业的权利,对企业债务和民事侵权行为仅以出资额为限负有限责任,根据合伙契约中的规定分享企业收益。由普通合伙人组成的合伙企业为普通合伙企业,由普通合伙人与有限合伙人共同组成的企业为有限合伙企业。

公司是指在中国境内依法定条件和程序设立的以营利为目的的企业法人。我国的公司形式分为有限责任公司和股份有限公司两种。股份有限公司注册资本要求高,股东人数要求多,一般不适合初次创业者。有限责任公司是指由50人以下的股东共同出资,每个股东以其认缴的出资额为限对公司承担责任,公司以其全部资产对其债务承担责任的企业法人。

公司企业可进一步按照其股东的责任范围进行分类,将公司分为无限公司、有限责任公司、两合公司和股份有限公司。

无限公司,由两个以上的股东出资设立,股东对公司债务负无限连带责任的公司。

有限责任公司,由一定数量(我国《公司法》规定为2~50个)的股东出资设立,各股东仅以出资额为限对公司债务负清偿责任的公司。有限责任公司不能对外发行股票,股东只有一份表示股份份额的股权证书,股份的转让受严格限制。

两合公司,由一名以上的无限责任股东和一名以上的有限责任股东共同出资设立,无限责任股东对公司债务负无限连带责任,而有限责任股东仅以出资额为限承担有限责任的公司。

股份有限公司,由一定数量(我国《公司法》规定为5个)以上的股东出资设立,全部资本分为均等股份,股东以其所持股份为限对公司债务承担责任的公司。股份有限公司的财务公开,股份在法律和公司章程规定的范围内可以自由转让。

(三)按企业生产经营业务的性质分类

这种分类方法也是我国常用的企业分类方法。我国企业上级主管部门按这一分类来设置管理机构。根据这种分类方法,主要企业类型有:工业企业,从事工业品生产的企业,为社会提供工业产品和工业性服务;农业企业,从事农、林、牧、副、渔业生产的企业,为社会提供农副产品;商业企业,从事生活资料流通和流通服务的企业;物资企业,从事工业品生产资料流通或流通服务的企业;交通运输企业,为社会提供交通运输服务的企业;金融企业,专门经营货币或信用业务的企业。

除此以外,企业组织形式还有个体工商户、个人工作室等,都可供大学生创业者选择。根据《中华人民共和国民法典》规定,自然人从事工商经营,经依法登记,为个体工商户。个体工商户在法律行为能力上有一定限制,多数情况下,个体工商户是以公民个人名义进行法律活动的。严格来说,个体工商户不是法律意义上的企业。个人工作室是指有一定能力的个人承接相应的业务,然后由自己根据客户的要求独立完成,从而获得相应报酬的一种工作模式。工作室是一个新生的群体。

二、选择创新创业企业的组织形式

经验不足和资金短缺是阻碍大学生创业的最主要因素。大学生创业时要充分掌握公司制度、企业形式、财务报表、纳税申报等创业知识。大学生创业时需要考虑行业选择、确定企业规模和经营范围、需要多少创业资金、对企业掌握和控制能力、抗风险能力和融资需求等问题。注册企业时，需先到当地工商局、民政局、劳动和社会保障局等进行咨询，或者向专业人士进行咨询。

（一）行业选择

法律有明确规定的行业，按照法律要求办理；法律没有明确规定的行业，要根据通常做法以及大学生创业者的特殊要求来确定组织形式。例如，律师事务所只能采用合伙形式，银行、保险等金融机构必须采用公司制，而对于私募股权基金，法律允许采用的组织形式包括公司制、信托制和有限合伙制。

（二）经营规模和范围

企业规模与经营范围没有直接关系和因果关系。一般来说企业规模越大，经营范围越广；经营范围广了，当然规模也会大起来。规模小但经营范围广的企业也是存在的。影响企业规模的因素有收益、成本、资源、风险、经营者利益、信息化等。大学生初创企业大多规模有限，以小微企业为主，因此，大学生创业者可以从资源、预计收益和成本、风险控制、利益分配等方面确定企业的经营规模。企业经营范围是指国家允许企业生产和经营的商品类别、品种及服务项目，它反映了企业业务活动的内容和生产经营方向，是企业业务活动范围的法律界限，体现了企业民事权利能力和行为能力的核心内容。经营范围是大学生创业者在选定项目、筹集创新创业资金时必须考虑的。

（三）创业资金

初创企业刚开始比较艰难，大学生创业者在筹备阶段和运营的前几个月可能没有收入，或收入很少，不足以维持企业的日常运营。因此，大学生创业者需要准备足够的备用金，使企业在取得足够收入维持日常运转之前能生存下去。一般来说，这笔资金大概是三个月的固定成本，如租金、公共费用支出、电话费、保险、许可费、邮费、管理人员工资等。

（四）对企业的掌握和控制能力

大学生创业者开始创办企业时，对企业的掌握和控制能力决定了企业的组织形式和未来发展方向。如大学生创业者能否准确把握企业发展速度和节奏，能否正确判断增加投入和产品研发的时机，能否把控企业股东和普通员工的能力。无论是何种企业的组织形式，大学生创业者都需要处理好与合伙人、股东之间的关系，对人、环境、企业发展的把控能力，是创办企业是否成功的重要条件。

（五）抗风险能力

创新创业过程需要承受创业风险，包括高负债、大量资源投入、新产品新市场的引入以及对于新技术的投资。大学生创业者往往在资源高度约束的情况下开展创新创业活动，除部分大学生创业者确实因性格与所处环境的影响更倾向冒险外，大多数成功的创业者之所以成功，与其能够探索出合理规避和控制风险的办法有关。在不确定性很强的情况下，大学生创业者主要根据现有市场是否有先行者，创业团队是否有相关商业经验判断是否能够承受风险。

（六）融资需求

公司制企业可使用较多融资工具，大学生创业者融资不涉及对投资人个人财产的影响，因此有较大资金需求的企业，建议选择公司制甚至股份有限公司，以更好地实现资本市场融资。

总之，大学生创业者如果想小本经营，不想担太大风险，适合个人独资或者合伙企业的组织形式；如果规模庞大，管理水平要求高，经营风险大，适合有限责任公司的组织形式。如果资金规模不是很大，还是先成立合伙企业比较适合，等经营到一定规模后再转为有限责任公司，发展壮大后再择机发展成股份公司。

典型案例 6-1

江苏南大耐雀生物技术有限公司

江苏南大耐雀生物技术有限公司是经教育部批准由南京大学资产经营有限公司、南京大学连云港高新技术研究院、江苏耐雀生物工程技术有限公司共同出资组建，落户于连云港国家高新区科技创业园。通过强强联手更好地发挥公司的成果转化能力和产品开发能力，将现有技术与成果推至一个更大的平台去发展。

行业选择：以海洋植物资源为对象，运用生物工程、酶工程、细胞工程和发酵工程等现代生物技术手段，开发生产海洋药物、海洋食品、海洋保健品、海洋化妆品等海洋植物产品产业。

公司主营业务为天然产物活性成分的开发和应用，产品包含健康固体饮料、海洋活性成分、海洋化妆品等。

公司创业理念为立足天然与科技，求真创新，将更多高品质天然产品应用于大众的健康事业。

核心科研团队来自南京大学生命科学学院，其中硕士以上专业人员40余人，对天然活性成分的功效、机理、配方有深刻的理解，具有丰富的植物活性成分研究与产业化经验。曾承担国家、省级科技计划项目数十项，获省级科学技术奖4项，获得新药证书和批件32项，申请发明专利170余项，发表SCI论文600余篇，江苏省高新技术产品7项。

公司未来将充分利用自身的人才和技术优势，致力于生物技术领域内的新工艺、新技术的研究开发及成果产业化。积极投身到"互联网＋"的行列中来，利用信息通信技术及互联网平台，让互联网与实体经济深度融合，创造新的发展形态。

企业名称：江苏南大耐雀生物技术有限公司

类型：有限责任公司

经营范围：生物技术领域内的新工艺、新技术的研究开发及技术转让、技术咨询、技术服务；植物提取物的研发；食品添加剂、生物药品、中药饮片、预包装食品的生产与销售；化妆品、消毒剂（危险化学品除外）、卫生用品、食品的销售。（依法须经批准的项目，经相关部门批准后方可开展经营活动）

注册资本：1770万元人民币

成立日期：2016年12月12日

营业期限：2016年12月12日至2036年12月11日

第二节　企业名称的选择

企业名称与自然人名称相对，作为法人公司或企业名称，该名称属于一种法人人身权，不能转让，随法人存在而存在，随法人消亡而消亡。对初创企业而言，选择一个合适的企业名称至关重要，企业名称在很大程度上影响着企业未来的发展，关系到企业的外部形象。如果企业有一个符合行业特点、有深层次文化底蕴又叫得响亮的名称，能为打造知名品牌奠定基础。

一、企业名称构成基本要素

企业名称一般要言简意赅、高雅响亮、有节奏感、易读易记;符合企业理念、企业精神和服务宗旨,塑造企业形象;反映经营内容和特色理念;新颖、独特;地域特色和吉祥意蕴;符合法律规定。

选择新创企业的名称,首先要了解企业名称构成的基本要素:行政区划、字号、行业或经营特点、组织形式,例如:常州市+凯辉+电子商务+有限责任公司。

行政区划是指企业所在地县以上行政区划的名称。企业名称中的行政区划名称可以省略"省""市""县"等字,但省略后可能造成误认的除外。

字号是构成企业名称的核心要素,应由两个以上的汉字组成。需要注意的是,企业名称也是一种社会文化,从一个侧面反映了社会文化的健康文明程度。因此在确定企业名称字号时,应考虑符合社会精神文明的要求,反对使用带有殖民化、封建糟粕、格调低下的字词作企业字号。

行业或经营特点应当具体反映企业的业务范围、方式或特点。确定行业或经营特点字词,可以依照国家行业分类标准划分的类别使用一个具体的行业名称,也可以使用概括性字词,但不能明示或暗示有超越其经营范围的业务。

组织形式,即企业名称中反映企业组成结构、责任形式的字词,如公司、厂、中心、店、堂等。

二、企业名称选择技巧

新创企业的名称可以参考以下几条准则进行选择。

一个成功的企业名称应令人难忘且易于拼写。显而易见,需要潜在客户能够记住企业名称。同时,这样的企业名称也能够让客户轻易地从电话簿,姓名目录或者网站上找到。选择过于生僻的词所组成的企业名称就不是一个好主意,有独特性是好的,但难以认读和拼写就不利于客户记忆。

一个成功的企业名称应比较形象。一个有价值的企业名称,要让看到它的人能够从中获取到这家企业的相关信息,如这家企业是做什么的、这家企业的核心价值观是什么、这家企业名代表了该企业怎样的形象定位等。

一个成功的企业名称应有积极向上的内涵意义。许多词汇都有指示意义(字面意义)和内涵意义(情感意义)。一个词语的情感意义可以是积极的、中性的还可以是负面的,这取决于人们通常所作的情感联想。当创业者设计企业名称时,需要选择那些有积极意义的词语,并且客户能够通过词语联想到该企业的业务,同时,要确保这些词语的情感意义适合该企业的业务。例如,如果某企业经营的是卡车业务,企业名称必须传达出力量感和可信赖感。

一个成功的企业名称需要包含该企业所经营业务的信息。作为大学生创业者,在刚创立企业时需要先确保该企业的名字至少能够给客户一些关于经营业务的线索。例如许多景观设计公司通常都在名称里加上"景观设计"一词;理发店通常包含如"沙龙"或者"发型设计"等字样。

三、企业名称选择注意事项

企业(公司)名称应由以下部分依次构成:行政区划+字号+行业或经营特点+组织形式;除国务院决定设立的企业外,企业名称不得冠以"中国""中华""全国""国家""国际"等字样。如需冠以此字样,需向国家市场监督管理总局申请批准;如需冠以"浙江""广东"等字样需向各省市场监督管理局申请批准。

企业名称中的字号应当由2个以上的字组成,行政区划不得用作字号。

企业名称可以使用自然人、投资人的姓名作为字号。

企业名称应当使用符合国家规范的汉字,不得使用汉语拼音字母、阿拉伯数字、标点符号。

企业名称中不得含有其他法人的名称。企业名称不得含"帝""总统""大和"等封建、殖民、资本主义不良文化色彩的内容。

企业名称中的行业表述应当反映企业经济活动性质所属国民经济行业或者企业经营特点的用语。

企业名称中行业表述的内容应当与企业经营范围相一致。企业名称中不使用国民经济行业类别用语表述企业行业所从事行业的(如"实业""发展"等),应当符合下列条件。①企业经济活动性质分别属于国民经济行业5个以上大类。②企业注册资本(或注册资金)1亿元以上或者是企业集团的母公司;与同一工商行政管理机关标准或者登记注册的企业名称中字号不相同。

四、常用企业取名法

用地域文化特点命名。如"洛阳杜康控股有限公司""义乌小商品市场"等。

用创业者或经营者的名字命名。如"李宁体育用品有限公司"。

用典故、诗词、历史逸闻命名。如"百度在线网络技术有限公司""红豆集团有限公司"等。

从字义、汉字特点考虑命名。如"新希望集团有限公司"寓意是充满希望等。

用英语音译给企业命名,如"雅戈尔集团股份有限公司",取自英语"younger"(年轻的、青春的)的音译。

企业名称是企业品牌的重要组成部分,是通向市场的门票。"可口可乐"是该企业认真研究中国市场、传统文化和审美观点后,请汉语专家翻译的。

日本索尼公司创建时原名"东京通信工业株式会社",后改为索尼公司,并以"SONY"注册商标,"索尼"商标译名亲切,好读易记,加之产品质量上乘,很快成为世界驰名的跨国公司。"红豆"译为"爱的种子"(love seed),畅销不衰,扬名海外,借助人们早已熟悉和热爱的红豆诗,推出"红豆"商标,一下子就缩短了消费者与"红豆"制衣公司之间的距离。

第三节　企业注册登记

一、注册公司的条件要求

(一)公司股东

《中华人民共和国公司法》(以下简称《公司法》)规定,公司注册时必须有一位股东(投资者),一位股东投资成立的公司属于一人有限公司,也可以是两位或以上的股东投资注册公司。

股东,即股份制公司的出资人或投资人,股东作为出资者按出资数额(股东另有约定的除外),享有所有者的分享收益、重大决策以及选择管理者等权利。

根据《公司法》规定,股东享有知情质询权、决策表决权、选举权、收益权等相关权益。

(二)监事

按公司章程规定,公司成立时,可以设监事会(需多名监事),也可以不设监事会,但需设一名监事。一人有限公司,股东不能担任监事;两人及以上的股东,其中一名股东可以担任监事。公司注册时,需提交监事的身份证明原件。

监事,是公司中常设的监察机关的成员,又称"监察人",负责监察公司的财务情况,公司高级管理人员的职务执行情况,以及其他由公司章程规定的监察职责。

在中国,由监事组成的监督机构称为监事会,是公司必备的法定的监督机关。监事通常由股东代表和职工代表组成,且不得兼任董事或经理。

(三)公司注册资本

注册公司时,必须要有注册资本。除法律、行政法规以及国务院决定对公司注册资本最低限额另有规定的外,目前取消了有限责任公司最低注册资本3万元、一人有限责任公司最低注册资本10万元、股份有限公司最低注册资本500万元的限制;不再限制公司设立时股东(发起人)的首次出资比例;不再限制股东(发起人)的货币出资比例。

注册资本,是指合营企业在登记管理机构登记的资本总额,是合营各方已经缴纳的或合营者承诺一定要缴纳的出资额的总和。我国法律、法规规定,合营企业成立之前必须在合营企业合同、章程中明确企业的注册资本,合营各方的出资额、出资比例、利润分配和亏损分担的比例,并向登记机构登记。

(四)公司名称

注册公司时,首先要进行公司名称核准,需提交多个公司名称进行查名。注册公司查名的规则是,同行业中,公司名称不能同名也不能同音,多个字号的,需拆开来查名。

(五)公司经营范围

注册公司时,必须要明确经营范围,以后的业务范围不能超出公司经营范围。可以将要做的或以后可能要做的业务写进经营范围。经营范围字数在100个字以内,包括标点符号。

经营范围是指国家允许企业生产和经营的商品类别、品种及服务项目,反映企业业务活动的内容和生产经营方向,是企业业务活动范围的法律界限,体现企业民事权利能力和行为能力的核心内容。简单来说,经营范围是指企业可以从事的生产经营与服务项目,是进行公司注册申请时的必填项。

(六)公司注册地址

公司注册地址必须是商用的办公地址,需提供租赁协议、房产证复印件。

(七)公司章程

公司成立时,需向工商管理部门提交公司章程,公司章程确定了公司的名称、经营范围、股东及出资比例、注册资本,股东、董事、监事的权利与义务等内容。公司章程,是指公司依法制定的、规定公司名称、住所、经营范围、经营管理制度等重大事项的基本文件,也是公司必备的规定公司组织及活动基本规则的书面文件。

公司章程表明股东共同一致的意思,载明了公司组织和活动的基本准则,是公司的宪章。公司章程具有法定性、真实性、自治性和公开性的基本特征。公司章程与《公司法》一样,共同肩负调整公司活动的责任。作为公司组织与行为的基本准则,公司章程对公司的成立及运营具有十分重要的意义,它既是公司成立的基础,也是公司赖以生存的准则。

(八)董事

公司成立时,可以设董事会(设董事会至少要有三名以上董事会成员),也可以不设董事会,若不设董事会,需设一名执行董事。股东可以担任执行董事。董事需出具身份证明原件。

董事,是企业的一种职位名。董事是指由公司股东(大)会或职工民主选举产生的具有实际权力和权威的管理公司事务的人员,是公司内部治理的主要力量,对内管理公司事务,对外代表公司进行经济活动。

上市公司还会设立独立董事,独立董事指不在公司担任除董事外的其他职务,并与其所受聘的上市公司及其主要股东不存在可能妨碍其进行独立客观判断的关系的董事。

执行董事,是指参与经营的董事。作为法定意义上的执行董事,是指规模较小的有限公司在不设立董事会的情况下设立的负责公司经营管理的职务。作为上市公司意义上的执行董事,执行董事并没有明确的法规依据。

执行董事和非执行董事是相对的,所谓执行董事,是参与企业的经营,执行董事也称积极董事,指在董事会内部接受委任担当具体岗位职务,并就该职务负有专业责任的董事。执行董事是公司的职员。

(九) 财务人员

公司进行税务登记时,需提交一名财务人员的信息,包括身份证明复印件、会计上岗证复印件与照片。

(十) 公司法人代表

公司需设一名法人代表,法人代表可以是股东之一,也可以聘请。公司法定代表人需提供身份证明原件及照片。

公司法人代表一般指公司法定代表人,法定代表人指依法律或法人章程规定代表法人行使职权的负责人。我国法律实行单一法定代表人制,一般认为法人的正职行政负责人为其唯一法定代表人。

二、新创企业登记设立流程

(一) 注册公司

公司注册是开始创业的第一步。一般来说,公司注册的流程包括:企业核名→提交材料→领取执照→刻章。但是,公司想要正式开始经营,还需要办理以下事项:银行开户→税务报到→申请税控和发票→社保开户。

如今的线上办理渠道也是更加完善和便捷,2019年4月3日发布的《北京市市场监督管理局等六部门关于提高企业开办效率的通告》显示,申请人可通过"e窗通"平台办理业务,市场监管部门1天内予以核准并向企业颁发电子营业执照,其他事项24小时内并行8办理完成,企业2~3天即可具备经营条件。

(二) 注册公司的详细流程

(1) 公司名称核准。准备5个及以上的公司名称作为备用,因为各大行业的中小企业数量很多,只要重复就无法通过。准备好公司名称的下一步:去工商局拿一份企业名称预先核准申请书,填完给所有股东进行签名确认,再由工商局人员经过系统审查有无重复的名字,如果没有,则工商局会给一份企业名称预先核准通知书(3个工作日)。

(2) 选择注册地址。合法的经营场所是领取营业执照的必备条件。初创公司租用合适的场所作为办公场所或经营地点时,谨记签订租房合同,并取得纳租金用发票。大学生创办的初创公司,可以利用各地大学生创业优惠政策将大学生创业孵化园或创业园等场所作为公司注册地址。

(3) 编写公司章程,并由全体股东签署。根据股东数量,有限责任公司可分为一人有限和多人有限两种。公司只有一个自然人股东,这样的公司被称为一人有限公司。此时,营业执照上会注明"自然人独资"。但是,注册公司不能仅有一个法人代表,至少还需要另一个人担任监事。因此,成立一个公司至少需要两个人,其中一人担任股东、法定代表人、执行董事和总经理,另一个人担任监事。多人有限责任指有两个及两个以上股东,三人股东可以有更灵活的搭配方式。

(4) 银行开设临时账户。带齐法人、股东身份证原件、企业名称预先核准通知书、股东章、法人章去各大银行以公司名义开一个临时账户,股东可以将股本投入其中,由于认缴制所以无须再找事务所验资了。

(5) 办理工商营业执照(三证合一)。工商局取一套新公司设立登记的文件及表格,按要求填写,股东法人签字,将企业名称预先核准通知书、场地租赁合同、所有股东身份证原件递交给工商局的注册科,审查完没有问题会发放一份受理文件(7个工作日后领取)。

(6) 刻章。一般刻公章、财务章、法人章、发票章(连备案3个工作日)。

(7) 临时户转基本户。带齐全部办理完毕的证件、营业执照正副本,以及法人代表身份证原件、公章、法人章、财务章到开户行办理基本户(5个工作日领取)。

经过以上流程,公司的注册基本已经完成,全部证件有营业执照正副本、银行开户许可证、公章、财务章、法人章等。

(8) 税务、工商报到。新办公司基本上都会涉及税务报到的问题,报到时间为公司成立后当月,延迟报到则要缴纳罚金。报到流程如下。①先去银行开户,并签订扣税协议。②到国税报到,填写公司的基本信息。③报到后,持扣税协议找税务专管员办理网上扣税,办理后核定缴纳税种(一般是营业税和附加税)并与税务局签订网上扣税协议。④购买发票。税务报到需要提交法人身份证原件、营业执照副本原件、公章、法人章、法人及所有股东身份证复印件、网扣协议、开户许可证复印件。

(三) 公司注册的相关材料

有限责任公司设立登记,应向公司登记主管机关提交下列文件。

(1) 公司董事长或执行董事签署的公司设立登记申请书。

(2) 全体股东指定代表或者共同委托代理人的证明。

它指在股东成员中指定某个成员作为到公司登记机关申请设立登记的代表,或者全体股东共同委托股东以外的人来代理股东进行申请登记注册活动的证明文件。该文件的形式应是委托书,该委托书应由全体股东盖章或者签字。股东是法人的应加盖印章,股东是自然人的,应签署姓名。

(3) 公司章程。

公司章程是公司设立的重要文件,其内容应齐备,符合《公司法》规定的各项要求。

(4) 具有法定资格的验资机构出具的验资证明。

具有法定资格的验资机构出具的验资证明是表明公司注册资本真实、合法的证明。具有法定资格的验资机构应是经注册的会计师事务所或审计事务所。具有法定资格的验资机构出具的验资证明,应是会计师事务所或审计事务所出具的验资报告。验资报告应明确载明股东人数、出资方式、出资额及该公司在银行开设的临时账户。其中以实物、工业产权、非专利技术或者土地使用权出资的,应同时提交经注册的资产评估事务所出具的资产评估报告。

(5) 股东的法人资格证明或者自然人身份证明。

股东的法人资格证明是指具有法人资格的单位或企业能证明自己的法人资格的文件。如加盖企业登记机关印章的营业执照复印件,社团法人的社团法人登记证等。能证明自然人身份的,应当是居民身份证或其他合法的身份证明。

(6) 载明公司董事、监事、经理姓名、住所的文件以及有关委派、选举或者聘用的证明。这里应提交两种文件:一种是载明公司董事、监事、经理的姓名、住所的文件;另一种是有关委派、选举或者聘用为公司董事、监事、经理的证明文件。

公司的董事、监事、经理均是自然人,所以,能载明其姓名和住所的文件应是其居民身份证或其他合法的身份证明。因此,应提交其居民身份证等身份证明的复印件。公司的董事、监事、经理的产生方式应据公司章程而定。公司的董事、监事如果是股东委派产生,应提交经委派股东盖章的对董事、监事的委派书;如果是选举产生,则应提交股东会的决议,该决议由会议的股东盖章或签署姓名。经理由董事会聘任,因此应提交董事会决议或董事长的载明其聘任经理事项的聘任书。

(7) 公司法定代表人的任职文件和身份证明。

有限责任公司的法定代表人为公司的董事长或执行董事,其任职文件应根据公司章程的规定而定。其任职可以由股东委派产生、董事会选举产生或者指定产生。因此,有限责任公司的法定代表人的任职文件应是委任书、股东会决议或者载明国家投资部门或授权部门指定任职的文件。公司法定代表人的身份证明应提交其居民身份证复印件或其他合法的身份证明。

(8) 企业名称预先核准通知书。

设立公司,应当向公司登记机关申请公司名称的预先核准。

公司名称必须含有足以与其他民事主体相区别的标记。在同一公司登记机关辖区内,同一行业的公司不允许有相同或类似的名称,并不得使用反不正当竞争法所禁用的标记;公司名称中必须冠以公司所在地的地名;公司名称必须表明公司的法律性质,如实标记"有限责任公司"或"股份有限公司"的字样。公司名称受法律保护,任何人不得擅自使用他人的公司名称。

设立有限责任公司,应当由全体股东指定代表或者共同委托代理人的公司登记机关申请名称预先核准,对于符合规定准予使用的名称,公司登记机关发给公司企业名称预先核准通知书。预先核准的名称保留期为6个月,在保留期内,该名称不得用于经营活动,也不得转让。

(9) 公司住所证明。

公司住所是租赁用房的,需提交房主的房屋产权登记证的复印件或有关房产权的证明文件及租赁协议。

公司的住所是股东作为出资投入使用的,则提交股东的房屋产权登记证明或有关房产权证明的文件及该股东出具的证明文件。

除上述九种文件外,法律、行政法规规定设立有限责任公司必须报经审批的,还应当提交有关部门的批准文件。如设立国有独资公司的,需提交国家授权投资的机构或者国家授权的部门的证明文件及对设立公司的批准文件;设立期货经纪公司的,应提交中国证券监督管理委员会的批准文件。

三、成立公司的后续工作

(一) 公司成立后承担的费用

税费,公司自成立之日起,就需要建账并进行会计核算,还需要按时向税务机关申报纳税。如果公司没有财税专业人士,就需要聘请专业的财税代理机构为公司记账和报税。

账户管理费,新成立的公司必须开立公司银行账户。银行对公基本账户是公司资料的基本组成部分,一个企业只能开立一个与单位机构代码相对应的基本账户。通常银行对公账户,每年需缴纳360元左右的账户管理费(或称为小额管理费),当然,不同银行的手续费率是不同的,具体可以咨询各家银行。

其他费用,除税费、账户费外,公司如果需要自行开具发票,则需要购置税控设备,以常州为例,税控设备大约1200元,每年还需另附280元技术维护费。另外,如果公司已经开通社保账户,每年还需要被扣缴1200元的欠薪保证金。因此,即使公司不发生任何经营活动,上述费用都必须缴纳。如果公司开始正常运行,还必须支付房租、水电、人员工资、网站建设等费用。

(二) 公司的日常活动

不同企业的日常经营活动也有所不同。对于初创企业,创业者基本参与公司全部的日常活动,从采购原材料、生产管理、制定价格到提供服务、监督管理员工、组织办公室工作,直至做业务记录和总结。随着企业步入正轨,企业各部门分工明确,创业者必须转换成企业管理者角色,对日常事务的参与会慢慢减少,因此,合理分配工作才是企业管理之道。

附1 常州市市场监管总局等六部门关于进一步优化企业开办服务的通知

国市监注〔2020〕129号

各省、自治区、直辖市及计划单列市、新疆生产建设兵团市场监管局(厅、委)、发展改革委、公安厅(局)、人力资源社会保障厅(局)、住房和城乡建设厅(委),国家税务总局各省、自治区、直辖市、计划单列市税务局,直辖市、新疆生产建设兵团住房公积金管理中心,国家税务总局驻各地特派员办事处:

为贯彻落实党中央、国务院决策部署,深化"放管服"改革,持续打造市场化、法治化、国际化营商环境,现就进一步优化企业开办服务、做到企业开办全程网上办理有关事项通知如下:

一、切实做到企业开办全程网上办理

(一)全面推广企业开办一网通办。2020年年底前,各省(区、市)和新疆生产建设兵团全部开通企业开办一网通办平台(以下简称一网通办平台),在全国各地均可实现企业开办全程网上办理。

(二)进一步深化线上线下融合服务。依托一网通办平台,推行企业登记、公章刻制、申领发票和税控设备、员工参保登记、住房公积金企业缴存登记可在线上"一表填报"申请办理;具备条件的地方实现办齐的材料线下"一个窗口"一次领取,或者通过推行寄递、自助打印等实现"不见面"办理。

(三)不断优化一网通办服务能力。完善一网通办平台功能设计,加强部门信息共享,2020年年底前具备公章刻制网上服务在线缴费能力。推动实现相关申请人一次身份验证后,即可一网通办企业开办全部事项。鼓励具备条件的地方,实现企业在设立登记完成后仍可随时通过一网通办平台办理员工参保登记、住房公积金企业缴存登记等企业开办服务事项。

二、进一步压减企业开办时间、环节和成本

(一)进一步压缩开办时间。2020年年底前,全国实现压缩企业开办时间至4个工作日以内;鼓励具备条件的地方,在确保工作质量前提下,压缩企业开办时间至更少。

(二)进一步简化开办环节。2020年年底前,推动员工参保登记、住房公积金企业缴存登记通过一网通办平台一表填报、合并申请,填报信息实时共享,及时完成登记备案。企业通过一网通办平台申请刻制公章,不再要求企业提供营业执照复印件以及法定代表人(负责人等)的身份证明材料。

(三)进一步降低开办成本。鼓励具备条件的地方,改变税控设备"先买后抵"的领用方式,免费向新开办企业发放税务Ukey。

三、大力推进电子营业执照、电子发票、电子印章应用

(一)推广电子营业执照应用。在加强监管、保障安全的前提下,依托全国一体化政务服务平台,推广电子营业执照应用,作为企业在网上办理企业登记、公章刻制、涉税服务、社保登记、银行开户等业务的合法有效身份证明和电子签名手段。

(二)推进电子发票应用。继续推行增值税电子普通发票,积极推进增值税专用发票电子化。

(三)推动电子印章应用。鼓励具备条件的地方,出台管理规定,明确部门职责,细化管理要求,探索统筹推进电子印章应用管理,形成可复制推广的经验做法。

各地相关政府部门要在地方党委、政府领导下,进一步健全完善企业开办长效工作机制,统筹协调推进优化企业开办流程、完善一网通办服务能力、强化部门信息共享等基础工作,提升企业开办标准化、规范化水平。要结合本地实际,制定具体措施,并及时向社会公布。要加强本地区企业开办工作的监督检查,定期分析企业开办数据,查找工作短板,改进工作措施。市场监管总局等有关部门将密切跟踪工作进展,指导督促各地抓好工作落实。

市场监管总局 国家发展改革委 公安部
人力资源社会保障部 住房城乡建设部 税务总局
2020年8月4日

2020年5月常州市在全省率先打造企业开办"全链通",成为全省第一个将办理营业执照、刻制公章、开设银行账户、办理涉税事项、缴纳社保、缴存公积金等企业开办事项纳入网上全链条通办的城市。

常州市市场监督管理局行政审批服务处工作人员将"全链通"形象地比作"高速通道",即快速、便捷。

工作人员介绍:"申请人只需通过平台一次认证、一次提交。""全链通"深入融合企业开办全流程、全环节,以电子数字证书作为连接纽带与认证途径,重构跨部门、跨业务、跨系统的协同办事流程,消除企业办事往返奔波的状况,实现"零跑动、零排队"。

尤其值得关注的是,常州市企业开办"全链通"构建了数据推送、信息共享模式。也就是说,企业办理开办业务即便涉及多个部门,也只需要填写一遍数据。这些数据通过后台的"数据共享池"进行无人干预自动处理,在不同的业务部门之间全程自动流转、自动加载。

依托这一模式,常州市又加推了"秒批秒办"服务。申请人只需在线提交申请,数据同步实时推送至相关部门,系统比对信息后自动作出审批决定,企业申请自动即时生效。

目前,如果想要采用"全链通"有两种渠道:一是通过江苏政务服务网站,选择"常州"区域后,进入"创新改革"板块,再进入"全链通服务";二是通过常州市市场监督管理局网站页面上的"行政服务"板块,进入"企业全链通综合服务平台"。

四、企业名称登记管理规定

《企业名称登记管理规定》是为规范企业名称登记管理,保护企业的合法权益,维护社会经济秩序,优化营商环境制定的。2020年12月14日经国务院第118次常务会议修订通过,自2021年3月1日起施行。

(1) 建立企业名称自主申报制度,明确企业登记机关的职责,明确企业名称自主申报的具体要求。申请人可以通过企业名称申报系统或者在企业登记机关服务窗口提交有关信息和材料,对拟定的名称进行查询、比对和筛选,选取符合规定的名称。申请人应当承诺因其企业名称与他人企业名称近似侵犯他人合法权益的,依法承担法律责任。

(2) 完善企业名称的基本规范。《企业名称登记管理规定》完善了企业名称的基本要素和构成规范,细化了企业名称的禁止性要求,明确了外商投资企业、企业分支机构、企业集团名称登记规则。建立企业名称争议处理机制。企业认为其他企业名称侵犯本企业名称合法权益的,可以向人民法院起诉或者请求为涉嫌侵权企业办理登记的企业登记机关处理;企业登记机关受理申请后,可以进行调解,调解不成的,企业登记机关应当在规定时限内作出行政裁决。

(3) 强化事中事后监管。企业登记机关在办理企业登记时,发现企业名称不符合规定的,不予登记并书面说明理由;发现已经登记的企业名称不符合规定的,应当及时纠正。其他单位或者个人认为已经登记的企业名称不符合规定的,可请求企业登记机关予以纠正。利用企业名称实施不正当竞争等行为的,依照有关法律、行政法规的规定处理。人民法院或者企业登记机关依法认定企业名称应当停止使用的,企业应当在规定时限内办理变更登记,逾期未办理的,企业登记机关将其列入经营异常名录。

附2 有限责任公司章程样本

第一章 公司名称和住所

第一条 公司名称:有限公司。

第二条 公司住所:常州市 开进区。

第二章 公司经营范围

第三条 公司经营范围:(涉及专项审批的经营期限以专项审批为准)。

第三章 公司注册资本

第四条 公司注册资本:人民币 万元;公司增加或减少注册资本,必须召开股东会并由全体股东通过并做出决议。公司减少注册资本,还应当自作出决议之日起十日内通知债权人,并于三十日内在报纸上至少公告三次。公司变更注册资本应依法向登记机关办理变更登记手续。

第四章　股东的名称、出资方式、出资额
第五条　股东的姓名、出资方式及出资额如下：股东姓名 身份证号码 出资方式 出资额。

第六条　公司成立后，应向股东签发出资证明书。

第五章　股东的权利和义务
第七条　股东享有如下权利：

(1) 参加或推选代表参加股东会并根据其出资份额享有表决权；

(2) 了解公司经营状况和财务状况；

(3) 选举和被选举为执行董事或监事；

(4) 依照法律、法规和公司章程的规定获取股利并转让；

(5) 优先购买其他股东转让的出资；

(6) 优先购买公司新增的注册资本；

(7) 公司终止后，依法分得公司的剩余财产；

(8) 有权查阅股东会会议记录和公司财务报告。

第八条　股东承担以下义务：

(1) 遵守公司章程；

(2) 按期缴纳所认缴的出资；

(3) 依其所认缴的出资额承担公司的债务；

(4) 在公司办理登记注册手续后，股东不得抽回投资。

第六章　股东转让出资的条件
第九条　股东之间可以相互转让其全部或者部分出资。

第十条　股东转让出资由股东会讨论通过。股东向股东以外的人转让其出资时，必须经全体股东一致同意；不同意转让的股东应当购买该转让的出资，如果不购买该转让的出资，视为同意转让。

第十一条　股东依法转让其出资后，由公司将受让人的名称、住所以及受让的出资额记载于股东名册。

第七章　公司的机构及其产生办法、职权、议事规则
第十二条　股东会由全体股东组成，是公司的权力机构，行使下列职权：

(1) 决定公司的经营方针和投资计划；

(2) 选举和更换执行董事，决定有关执行董事的报酬事项；

(3) 选举和更换由股东代表出任的监事，决定监事的报酬事项；

(4) 审议批准执行董事的报告；

(5) 审议批准监事的报告；

(6) 审议批准公司的年度财务预算方案、决算方案；

(7) 审议批准公司的利润分配方案和弥补亏损的方案；

(8) 对公司增加或者减少注册资本作出决议；

(9) 对股东向股东以外的人转让出资作出决议；

(10) 对公司合并、分立、变更公司形式，解散和清算等事项作出决议；

(11) 修改公司章程；

(12) 聘任或解聘公司经理。

第十三条　股东会的首次会议由出资最多的股东召集和主持。

第十四条　股东会会议由股东按照出资比例行使表决权。

第十五条　股东会会议分为定期会议和临时会议，并应当于会议召开十五日以前通知全体股东。定期会议应每半年召开一次，临时会议由代表四分之一以上表决权的股东或者监事提议方可召开。股东出席股

东会议也可书面委托他人参加股东会议,行使委托书中载明的权利。

第十六条 股东会会议由执行董事召集并主持。执行董事因特殊原因不能履行职务时,由执行董事书面委托其他人召集并主持,被委托人全权履行执行董事的职权。

第十七条 会会议应对所议事项作出决议,决议应由全体股东表决通过,股东会应当对所议事项的决定进行会议记录,出席会议的股东应当在会议记录上签名。

第十八条 不设董事会,设执行董事一人,执行董事为公司法定代表人,对公司股东会负责,由股东会选举产生。执行董事任期　年,任期届满,可连选连任。执行董事在任期届满前,股东会不得无故解除其职务。

第十九条 执行董事对股东会负责,行使下列职权:
(1) 负责召集和主持股东会,检查股东会会议的落实情况,并向股东会报告工作;
(2) 执行股东会决议;
(3) 决定公司的经营计划和投资方案;
(4) 制订公司的年度财务方案、决算方案;
(5) 制订公司的利润分配方案和弥补亏损方案;
(6) 制订公司增加或者减少注册资本的方案;
(7) 拟订公司合并、分立、变更公司形式、解散的方案;
(8) 决定公司内部管理机构的设置;
(9) 提名公司经理人选,根据经理的提名,聘任或者解聘公司副经理、财务负责人,决定其报酬事项;
(10) 制定公司的基本管理制度;
(11) 代表公司签署有关文件;
(12) 在发生战争、特大自然灾害等紧急情况下,对公司事务行使特别裁决权和处置权,但这类裁决权和处置权须符合公司利益,并在事后向股东会报告。

第二十条 公司设经理1名,由股东会聘任或解聘。经理对股东会负责,行使下列职权:
(1) 主持公司的生产经营管理工作;
(2) 组织实施公司年度经营计划和投资方案;
(3) 拟定公司内部管理机构设置方案;
(4) 拟定公司的基本管理制度;
(5) 制定公司的具体规章;
(6) 提请聘任或者解聘公司副经理、财务负责人;
(7) 聘任或者解聘除应由执行董事聘任或者解聘以外的负责管理人员;经理列席股东会会议。

第二十一条 公司设监事人,由公司股东会选举产生。监事对股东会负责,监事任期每届　年,任期届满,可连选连任。

监事行使下列职权:
(1) 检查公司财务;
(2) 对执行董事、经理行使公司职务时违反法律、法规或者公司章程的行为进行监督;
(3) 当执行董事、经理的行为损害公司的利益时,要求执行董事、经理予以纠正;
(4) 提议召开临时股东会;监事列席股东会会议。

第二十二条 公司执行董事、经理、财务负责人不得兼任公司监事。

第八章 财务、会计、利润分配及劳动用工制度

第二十三条 公司应当依照法律、行政法规和国务院财政主管部门的规定建立本公司的财务、会计制度,并应在每一会计年度终了时制作财务会计报告,并应于第二年3月31日前送交各股东。

第二十四条 公司利润分配按照《公司法》及有关法律、法规,国务院财政主管部门的规定执行。

第二十五条 劳动用工制度按国家法律、法规及国务院劳动部门的有关规定执行。

第九章 公司的解散事由与清算办法

第二十六条 公司的营业期限为   年,从企业法人营业执照签发之日起计算。

第二十七条 公司有下列情形之一的,可以解散:

(1) 公司章程规定的营业期限届满或者公司章程规定的其他解散事由出现时;

(2) 股东会决议解散;

(3) 因公司合并或者分立需要解散的;

(4) 公司违反法律、行政法规被依法责令关闭的;

(5) 因不可抗力事件致使公司无法继续经营时;

(6) 宣告破产。

第二十八条 公司解散时,应依《公司法》的规定成立清算组对公司进行清算。清算结束后,清算组应当制作清算报告,报股东会或者有关主管机关确认,并报送公司登记机关,申请注销公司登记,公告公司终止。

第十章 股东认为需要规定的其他事项

第二十九条 公司根据需要或涉及公司登记事项变更的可修改公司章程,修改后的公司章程不得与法律、法规相抵触,修改公司章程应由全体股东表决通过。修改后的公司章程应送原公司登记机关备案,涉及变更登记事项的,同时应向公司登记机关做变更登记。

第三十条 公司章程的解释权属于股东会。

第三十一条 公司登记事项以公司登记机关核定的为准。

第三十二条 公司章程条款如与国家法律、法规相抵触的,以国家法律法规为准。

第三十三条 本章程经各方出资人共同订立,自公司设立之日起生效。

第三十四条 本章程一式   份,公司留存一份,并报公司登记机关备案一份。

全体股东签字(盖章):

20   年   月   日

(陈群 陈海群 崔永琪)

第七章　编制创新创业计划书

加快实施创新驱动发展战略,深化高校创新创业教育改革,促进学生全面发展,推动"政产学研用"深度融合,为促进"大众创业,万众创新"和创新型国家建设提供有力支撑。以中国"互联网+"大学生创新创业大赛、"挑战杯"全国大学生课外学术科技作品竞赛、"创青春"全国大学生创业大赛等为引领的各级各类创新创业大赛有效激励了高校创新创业教育改革,一系列政策持续助推"双创",一大批富有创新精神、敢于承担风险的青年大学生在探索、在创新、在成长。创新创业计划书已成为大学生创新创业大赛作品提交的惯用形式和第一关键要素,设计和撰写创新创业计划书是大学生参赛不可回避的工作任务;创新创业计划书是大学生创业者对于创业项目的整体规划与设计,是企业融资必不可少的工具,通过设计和撰写创新创业计划书可以重新审视企业管理体系及企业经营情况,深入了解企业的核心竞争力,评估企业的发展。当然,除了大学生创业者以外,企业发展的每个阶段同样需要编制创新创业计划书。

创新创业计划书是大学生创新创业大赛评审时最重要的材料,但许多大学生写不好这关键的评审材料,主要存在项目介绍不完整、优势不明显、亮点不突出、团队成员之间互补性差、知识产权描述不全面、商业模式不清晰、市场营销策略简单化、财务分析不真实等问题。

第一节　创新创业计划与创新创业计划书

一、创新创业计划

要了解创新创业计划,首先要明白什么是计划。计划的定义为工作或行动以前预先拟定的具体内容和步骤。一般说来,一份创新创业计划应该能够说明企业的发展目标、目标实现的时间和方式、实现目标所需要的资源,以及支撑以上设想的根据。创新创业计划所包含的内容应该是普遍认可的。计划的时限视其目的而定,但至少应该包括达到企业发展目标之前的这一阶段,可以是一年、两年、三年或者更长的时间。

创新创业计划是创新创业者为了达到创新创业目标,借助科学方法和艺术手段构思、设计、制定、策划工作方案的过程,是一项系统性工作。大学生可从市场环境、市场需求、市场竞争态势、创新创业项目筛选、技术研发、商业模式、团队建设、发展战略、市场营销、投融资计划、财务分析、风险评估、政策环境等内容进行全面的描述、分析、思考和规划。创新创业计划既是大学生创新创业项目策划,也是创新创业商业策划;既是过程计划,也是流程计划。

不管对融资有没有需求,任何一个创新创业项目都需要进行创新创业计划。大学生创业者都希望在风险最小的前提下实施创新创业的想法。创新创业计划的过程给了创业者一个机会,让他们能够在纸上预演可能出现的失误。创新创业计划的第一个草案往往不能通过进一步的审查,可能是第二个或者第三个才能达到要求。

很多银行和研究机构都对企业的成功和失败进行了研究,都试图把企业的成败与是否有创新创业计划相联系。克兰费大学20世纪初的一项研究表明,75%的企业在成立的第一年没有创新创业计划;这一商业群体的失败率为40%左右。同一项研究发现,在成立五年以上的企业中,有95%的企业有创新创业计划,而这一商业群体的失败率仅为5%。没有创新创业计划并不意味着一定会失败,但创新创业计划能够帮助企业成熟起来,并且能够增加企业继续生存的机会。

二、创新创业计划书

创新创业计划书是创新创业者的策划方案和实施路径,是创新创业者的指导思想和行动指南,是叩响投资者大门的"敲门砖"。通过创新创业计划书可检查创新创业者策划的创新创业构思的可行性,系统梳理整个项目的思路。创新创业计划书可向潜在创业合伙人和投资人描述清楚该创新创业项目未来的发展前景,邀约合伙人一起创新创业,争取获得投资人来投资。

众所周知,一份好的大学生创新创业计划书,内容很关键。那么,大学生撰写的创新创业计划书多少页合适呢?页数太多让评委或投资人感到厌烦。通常一份30页左右的创新创业计划书较合适,简明而全面。

近年来,常州大学多措并举,积极组织并指导学生参加创新创业大赛,发现很多大学生的创新创业计划书有项目描述不完整、分析不到位、创新性提炼不全面、市场调研缺乏计划性、市场营销策略与营销措施不匹配、项目风险分析不全面等问题,创新创业计划书质量普遍不高。现将从参赛的创新创业计划书中发现的主要问题列举如下。

(1) 没有提炼项目主要技术特点和创新点,亮点不亮。
(2) 对国内外市场需求现状及发展趋势、竞争状况及产品潜力的描述不清晰。
(3) 团队优势与项目核心不匹配。
(4) 创新创业公司发展规划和前景分析不到位。
(5) 市场营销策划不清楚。
(6) 不会使用分析行业竞争工具。
(7) 不会写竞品分析。
(8) 商业盈利模式没有创新点。
(9) 投资融资预算编制不专业。
(10) 项目前三年发展规划制定有问题。
(11) 创新创业项目存在的风险分析不全面。
(12) 不会写项目风险控制与应急预案措施。

三、创新创业计划书的作用

大学生创新创业前一定撰写一份创新创业计划书。创新创业计划书的质量影响大学生选择的创新创业项目能否落地,能否顺利实施计划,能否获得投资人的投资。大学生编写创新创业计划书的过程是认真梳理创新创业项目思路的过程,是审视创新创业项目的成熟性、完整性和创新性的过程,是凝练技术产品特色和竞争力优势的过程,是建立商业模式、分析创新创业风险和制定风控措施的过程。大学生创新创业计划书可让大赛评委或投资人快速了解创新创业项目的技术和产品特色,了解创新创业项目如何创造价值以及投资人能否从中获得更大利益。同时,大学生创新创业计划书的设计可以帮助大学生创业者或团队负责人梳理项目详情,从而完善对项目的认知和提高项目的执行效率。

一个成功的大学生创新创业项目,离不开一个好的创新创业策划。如果大学生想自主创业,并获得成功,就需要制定一个完美的创业创业策划方案,编写一份高质量的创新创业计划书。

第二节　创新创业计划书的主要要素

如何写好大学生创新创业计划书？是写给投资者看，还是拿去银行贷款？目的不同，计划书的重点也会有所不同。就像盖房子之前要画图一样，不管什么类型的创新创业计划书，都有一定的规范，有一定不能缺少的内容，这就是创新创业项目计划书的主要要素。

创新创业计划书是一份对企业（项目）或拟建企业进行宣传和包装的全方位的计划书，是获取风险投资的敲门砖，也是一份讲述企业发展、体现企业经营者素质和体现企业融资能力的文件。

（1）技术：想要解决什么技术问题？是否符合市场大势，是否符合客户需求？在市场竞争中项目技术及市场定位如何？

（2）产品/服务：产品或服务到底是什么，有什么特色？能带给客户带来什么利益？跟竞品有什么差异？产品或服务创新性如何？用户体验如何？是否有独特价值？是否有竞争壁垒？

（3）市场：目标市场在哪里？客户是谁？产品对客户有什么样的利益？是直销还是要找经销商？市场规模多大？市场竞争如何？怎么定价？利润有多少？

（4）团队：谁来解决问题？项目负责人、核心创始团队结构怎么样？股权如何设置？创业团队之间如何互补？职责是否界定明确？

（5）竞争：先做竞争分析。谁是主要竞争者？竞争者的业务如何？从竞争者那里能学到什么？如何做得比竞争者更好？

（6）财务：筹资/融资款项如何运用？运营周转情况如何？筹融资款对专业的获利有何贡献？对未来3年的损益表、资产负债表和现金流量表是否已进行预估？

（7）风险：存在哪些风险？如何应对风险？

（8）展望：下一步该怎样？三年后该怎样？五年以后该怎样？在规划时要能够做到深耕化、多元化和全球化。

一、项目名称简介

项目名称及简介是大赛评委或投资人对参赛团队或企业的第一印象。项目名称一定要简洁、精彩，让大赛评委或投资人能迅速建立对创业项目的认识、兴趣，让他们有继续评审或投资项目的兴趣。因此，在设计参赛项目名称及简介时，项目名称不要直接用公司名称，特别是初创或创意阶段的项目，最好用一句话描述，务必体现项目的定位和竞争力。

常州大学参赛的项目名称如下：

金色蜀姜——姜黄技术创新助力犍为产业精准扶贫；

源源不断——水电一体综合保障车；

突破常硅——节能环保光固化硅基离型剂倡导者；

通常模板为四字朗朗上口的短语＋项目内容，要考虑汉字的谐音、内涵。

二、行业背景和市场现状

大赛评委或投资人比较关心项目或产品能够为用户带来什么或能为用户解决什么问题。同时，大赛评委或投资人还会从行业背景、前景等视角来审查项目或产品，具体判断项目或产品有没有为用户解决实际问题。因此，需要对与项目直接相关的行业背景、发展趋势、市场规模、政策法规等因素进行分析。行业市场分析要具体且有针对性,与所要做的事要紧密相关,避免空泛论述,描述在目前市场背景下,发现了一个什么样的痛点、市场需求点和机会点。在分析时,如已有相关的产品或服务,多用数据或案例的形式,对竞争格局和已有的产品或服务做简要分析,表明当前项目的差异和实施该项目的最佳时机。

三、项目内容

大赛评委或投资人在评阅项目并进行判断是否有投资价值时,其主要关心的问题是该项目能给社会或投资人带来多大的利益,而决定利益的关键因素在于项目或产品本身。因此,项目的定位一定要清晰、准确,具有不可替代性。可用一两句话讲清楚准备做什么,最好能配上简单的产业链上下游图或产品功能示意图、简明工作流程图等,让大赛评委或投资人对要做的事一目了然。一个令大赛评委或投资人心动的项目设计内容通常包括市场需求量大、获得用户认可、成本优势明显、智能化规模化效应、边际效益明显和提升了行业壁垒六大要素。

四、发展现状及实施进展

简单地说,就是要说清楚怎样的解决方案或者什么样的产品,能够解决发现的痛点及市场需求,突出项目的独特价值、亮点和优势。例如,是否具备科技成果转化背景或拥有有价值的知识产权等。同时,要准确说明未来如何实现盈利,即盈利模式和商业变现。如果参赛项目还处于雏形阶段或创意阶段,则可以弱化介绍盈利模式,把重点放在产品、解决方案的介绍上,让大赛评委或投资人觉得确实有应用价值,并有机会把项目做大。选取关键维度进行产品的横向对比分析,提出项目的战略规划,包括但不限于研发、生产、市场、销售等主要环节,并说明清楚项目目前在产品、研发、生产、市场拓展、业务发展、销售等核心环节的进展,尽量用数据进行总结,突出数据变化的趋势。项目发展阶段不同,各主要环节的讲述重点也不同。

五、项目团队执行力

团队对于参赛项目而言具有十分重要的作用,一个具备创业能力的团队往往还需要高效的执行力来配合,才能促进项目可持续发展。因此,在创新创业计划书中,参赛团队要清晰地展示团队优势以获得大赛评委或投资人的青睐。一般来说,团队执行能力介绍主要可以从创始人、核心团队和团队管理模式3个方面展开,具体介绍团队的人员规模、组成、股权结构;团队主要成员的分工、背景和特长,并说明个人能力与岗位的匹配度以及团队的核心竞争优势等。

六、财务预测与融资计划

财务预测与融资计划是大赛评委或投资人最关心的内容,也是参赛团队需要花费时间和精力最多的部分。财务分析预测需要对大量数据进行统计分析,从而让投资者通过数字了解企业当前的财务状况及未来的发展情况。一般情况下,创新创业计划书要对未来1~3年项目收支状况的财务预估、未来6个月或1年的融资计划、需要多少资金、释放多少股份、用这些资金干什么、达成什么目标以及之前的融资情况进行说明。财务预测与融资计划部分会使用到项目资产负债表、损益表、现金流量表等财务报表,项目团队内配备财务专业的成员非常重要。

创新创业计划书的设计成为检验高校学生参赛水平的重要工具,众多的高校开始将其视为培养大学生创新精神、创业意识和创新创业能力的重要载体,以及深化创新创业教育改革发展的重要抓手。综上可以得出,创新创业计划书设计的核心目标是项目能讲清楚、阐述有说服力,每一个部分最好都能提炼一句核心观点,在项目的所有阶段,都应该着重把自己的产品、服务、解决方案介绍清楚。介绍清楚与否的标准就是让大赛评委、投资人、听众产生购买欲、合作冲动和投资热情。

第三节　创新创业计划书的撰写

一、创新创业计划书的设计步骤

怎么样才能制订出最佳创新创业计划？通常需要经历十个步骤,这些步骤都是必要的,而且一旦完成这些步骤,将为创业构想提供足够的支持。

(1) 创新创业计划的理由,以及准备向谁提交计划。
(2) 说明想法,以及到目前为止做得怎样。
(3) 描述目标,以及如何能够达到这一目标。
(4) 展示数字——盈利、现金流量、融资等。
(5) 阐述对市场、竞争者以及产品或服务的了解。
(6) 确定要达到的目标及所需要的资源,如人才、设备等。
(7) 对计划进行现实的考验,要使它经得起经济衰退或突发事件。
(8) 说明将如何传达计划,如何实施计划以及控制企业。
(9) 仔细检查创新创业计划,确认没有遗漏。
(10) 按照计划行动,如果环境或者时效有变化,重复这个过程。

二、撰写创新创业计划书的注意事项

现在可以开始考虑研究和撰写创新创业计划了,但在开始之前,请注意以下几个要点。

(一) 支撑材料充分

首先应该确定创新创业计划经过全面的研究,掌握支撑这个计划的所有信息。如果仅仅声称"客户购买我们新产品的数量将与购买旧产品的数量相当"会面对很多的争论。但是如果同样的陈述有市场研究的信息来支撑,不论是其他人独立的研究还是内部研究结果(如客户调查、竞争产品分析等),该论述就更有可能被接受。不要把详细的市场研究、竞争对手分析、产品说明以及财务会计预测全部放在创新创业计划书的正文里。在创新创业计划书中做些索引,把这些内容放进附录中。如果评委或投资人有需要的话,可以参考这些内容。

(二) 语言精练

在准备创新创业计划书时,必须始终牢记评委或投资人需要知道这些吗？但语言不要太过烦琐和啰嗦。比如,在准备用来募集资金的创新创业计划书时,将资产负债表预测和资金需求写进去,就比较得体。只要在创新创业计划书中告诉评委或投资人需要知道的就足够了。

(三) 内容通俗易懂

如果产品非常复杂,而且技术含量很高,应向评委或投资人解释和定义,那些难以理解的专业词汇可以放在正文里,也可以放在附录的术语表中;而不是陷入一堆企业特有的专门词汇中。即便是非常复杂的信

息,应该使用有条理的词语解释清楚。必须保证评委或投资人能够理解创新创业计划,及其所有相关的复杂信息。虽然评委或投资人可能对产业、产品及服务没有专门的背景和了解,但通过创新创业计划书能了解项目内容。

例如,在常州大学 2020 年"挑战杯"大学生创新创业竞赛全国金奖项目"江苏碧奥环保科技有限公司"的创新创业计划书中,该团队创新性地将复杂的净化知识简易描述为"水洗空气",通俗易懂,获得良好的现场效果。

(四)数据准确

评委或投资人分得清现实和编造的区别。评委或投资人通常看到过类似的项目,也清楚现实情况。创新创业计划书所规划的前景应客观,不应让它成为不可能完成的任务。所有的陈述和财务预测,都应该建立在过去的经验,或者有根据的假定的基础上。同时也不要忽视可能遇到的麻烦,应该在计划书中对它们加以强调,并给出解决方案。

(五)排版科学美观

不要让创新创业计划书的排版影响创新创业计划的价值。如果创新创业计划书看上去干净、大气,就会给评委或投资人一个好的印象,觉得该团队是聪明、专业、有组织的。可以通过文字编辑软件、电子表格、创新创业计划软件等把计划书设计得美观一些。通常创新创业计划书应该包括以下部分。

1. 封面

比如通过"XYZ 公司 2020—2021 年创新创业计划"的标题,评委或投资人无法直观地了解该计划的内容。如果参加比赛,需要写好参加赛事、参赛组别,作为对主办方的尊重,最好将其相关 Logo 也放在其中。如果该创新创业计划有特别的目标,也应该把它写清楚,如"通过贷款抵押融资 100 万元的计划"。还应该注明计划是由谁准备的,比如"×××科技有限公司"。同时,封面还应该注明准备的日期,以及保密说明以限制其使用,如"商业机密""请勿分发"。另外,还应该包括企业的徽标、获奖的符号及认证。

2. 联络方式

通常在结尾列出公司的通信地址、电话号码、传真号码、网址和注册地址。还可以列出专门的公司联络人,以供咨询。

3. 目录

创新创业计划书正文的第一页是目录,告诉评委或投资人相关内容都可以在相应的正文部分找到。目录应该列出主要的章节以及每个章节的相关页码。

4. 编排规范

主体的每一页应该使用高质量的 A4 纸张。

向审阅者提交原稿(而不是复印件);原稿应由螺旋钉装订,并覆上透明塑料薄膜来保护封面和封底,这样不仅阅读方便,同时便于保存。如果有大量的附录,就应单独装订。计划书正文的每一页都应该打印出来而不是手写。正文应留宽一点的页边距和行间距可以使评委或投资人阅读轻松一点,不至于太累。使用简明的字体,宋体是比较普遍的选择,同时采用容易阅读的字码大小,如小四号字体即可。另外,不要忘了在每页的底部加上页码。

5. 细节准确到位

在适合的地方使用短句、小段落、项目符号、标题和副标题,这样比较容易阅读。文章中应避免出现错字、病句等。同时,所用的图表数据应准确,只要有一个错误,评委或投资人就会怀疑计划书中所有图表的准确性。要不厌其烦地检查计划书,以保证排除所有的错误。可以找个没有参与准备计划书的人帮助校阅计划书,以保证计划书尽可能完美。

6. 页数适宜

一般说来,20 到 40 页对于用以融资的创新创业计划书是比较合适的,大多数用于其他目的的创新创业计划书应该更短一些。

三、创新创业计划书的精华——项目摘要

在确认创新创业目标之后,需要概括介绍怎样达到目标,这是创新创业计划书的骨架,而剩余部分则构成计划书的血肉。这个骨架就叫作项目摘要,项目摘要是创新创业计划的概括性总结。

应该在撰写创新创业计划书之前,就开始考虑项目摘要的内容(拟订计划书的核心);并且在完成计划之后,重新对它进行研读(以确定思路没有改变)。作为评委或投资人首先看到的(在内容目录之后的)东西,项目摘要是通往成功之门的钥匙。项目摘要确立了整个计划书的卖点和基调,要让评委或投资人觉得"这是我所看到最优秀的项目,我实在等不及要看看后面写了些什么。"

项目摘要一定要写得简单明了,最好不要超过 2 页。那么,怎么撰写创新创业计划书中的这个重要部分呢?项目摘要是创新创业计划的精华,是一种微型的创新创业计划书。所以它应该是有目的的,并且应该从一开始就做到百分之百正确。第一句应该告诉评委或投资人具体需求,如"×××有限公司寻求 100 万元的增股筹资,以资助公司在国内市场的扩展。作为回报,投资方将获得 20%的公司股份"接下来再开始描述计划的其他内容,其中包括以下几点。

(1) 管理团队(记住,投资往往是对人的投资)。
(2) 产品和服务,以及独特之处(这是第二个投资要素)。
(3) 客户会购买产品或服务的原因。
(4) 企业目标,同时简单介绍为达到这个目标所采用的策略。
(5) 关键财务预测摘要。
(6) 资金需求数额,使用方式及投资者(或贷款方)能够获得的回报。

在开始撰写创新创业计划正文之前,就应该先草拟项目摘要,并随着计划的进展对其不断地改进和充实。在计划准备结束时,应该重新研读项目摘要,以确定它和创新创业计划书的其他部分(特别是财务预测和资金需求部分)是一致的。项目摘要中的数据与计划书中正文的财务预测数据不符,是评委或投资人最反感的。

四、创新创业计划书具体章节

创新创业计划书正文一般包括产品/服务/技术方案描述、市场分析、商业模式、营销策略、财务分析、风险控制、团队管理几个模块。在此基础上,可增加项目概要、附录。

(一)产品/服务/技术方案描述

产品/服务/技术方案描述是大学生创新创业计划书描述的重要内容,包括产品性能、产品图片、技术参数、设计图纸、服务界面等。尽可能用多的篇幅去介绍产品,去总结产品的创新思路、功能亮点、独特价值、技术创新和竞争壁垒,让投资人或评委产生想购买、想拥有、想体验、想技术合作、想投资的冲动。在产品介绍中,可以围绕以下几个方面的内容重点描述。

1. 技术水平

一个创新创业项目的技术先进性需通过技术水平的高低来体现。如集成电路、电子信息、人工智能、大数据、新兴软件、互联网、物联网、新材料、节能环保、生物医药、电动汽车、文化创意、航空航天等诸领域都属于具有一定科技含量的科技创业项目。对于这类科技项目,技术水平的描述就显得十分重要。为了清晰地

描述项目的技术水平,可以按照处于国际领先、国际先进、国内领先、国内先进等不同的等级去陈述,如果该项技术填补了国际空白或国内空白,也请一定补充进去。

2. 自主知识产权

自主知识产权在一定程度上可视为项目保护的壁垒。知识产权的种类较多,包括发明专利、实用新型、外观设计三种专利权,还包括软件著作权、公司商标权、版权、工业品外观设计权、集成电路布图设计权、未披露过的信息(商业秘密)专有权等。创业项目中常见的知识产权有专利权、商标权和著作权等。自主知识产权是创业项目的竞争优势,也是为项目的跟进者和模仿者设置的门槛。创业项目中如果有自主发明的专利和软件著作权等知识产权,将会为创业项目的技术创新性和技术竞争力加分。如果创业项目拥有自主知识产权,一定要在创新创业计划书中加以介绍,描述清楚专利名称和专利号,对于已经授权和正在申报的专利一定要描述清楚。在大学生创新创业大赛评审时,评委对于具有发明专利的创新性项目打分会更高一些。对于大学生的创新创业项目,有些专利是属于学校和教师的科研成果专利,并不属于创业团队,为了避免知识产权纠纷,一定要请学校和教师给创业公司或创业团队专利使用授权,签订一份专利使用授权协议。

3. 产品与服务的特色

产品与服务的特色是应引起重视的关键内容,具有特色的产品和创新的特色服务,是项目盈利的关键,也是衡量创业项目质量好坏的重要评价指标。大学生创新创业大赛的评委都十分关注产品与服务特色。

在描述产品与服务时,要尽可能突出产品的特色、产品优势、核心竞争力、服务的创新盈利模式、服务特色,以及这些产品与服务特色与市场的同类产品相比有什么不同,都有哪些竞争优势等。

可以从产品的价格低廉性、使用便利性、节能环保性、安全舒适性、美观时尚性、功能多样性和科技含量等多个方面去加以描述。如产品的应用面是否足够宽,覆盖面是否足够广,适合哪些不同的领域、人群和消费环境;产品的价格较国内同类产品价格是否低廉,比国外同类产品的价格低多少;产品在使用时操作是否便利,通过产品说明书和简单的培训是否就可以学会使用;产品是否具有节能减排的特点,使用后会不会对生态环境造成污染;产品在使用时是否具有舒适性、健康性和安全性,会不会对人身造成伤害;产品的结构和外观设计是否具有时尚、美观、新颖、大方等特点;产品是否采用了一些具有特殊性能的诸如纳米、碳纤维或石墨烯等科技材料;产品的功能是否足够强大以满足不同人群和地域的需要;产品的技术含量是否较高,是否具有自动化、智能化和信息化等特点;产品是否具有技术壁垒,是否已经申请并被授予专利、软件著作权等自主知识产权。产品的服务特色要围绕创新服务模式和特色服务模式去描述,说清楚所提供的服务是什么样的,与别人提供的服务相比有什么不同,有哪些特色,创新性如何,描述清楚如何围绕产品定位、价格定位、服务定位开展服务,如何整合优质资源,如何建立渠道去开拓市场获取客户,以前传统的服务模式是怎么做的,现在借助互联网思维的模式又是怎么做的,是否采用了跨界融合的思想来提升服务能力,是否采用了分享和共享的理念来提高运营服务能力,能提供哪些增值的服务和高附加值的东西,采用什么办法来保持住客户的忠诚度和黏性。

建议团队发挥专业特长,要有技术创新内涵,不要简单追随投资热点,要专注聚焦、不追求大而全,尤其要考虑利用专业资源、发挥专业优势。

常州大学 2020 年参加第十一届"挑战杯"江苏省大学生创业计划竞赛项目评选,共获得金奖 3 项、银奖 5 项、铜奖 2 项。依托于药学院、石油化工学院、商学院、机械与轨道交通学院、材料科学与工程学院、石油工程学院和环境安全与工程学院及怀德学院等项目,如"金色蜀姜——姜黄技术创新助力犍为产业精准扶贫""江苏碧奥环保科技有限公司""匠者之心,青年使命——镜头下的文化商业助力""动态结构光三维形貌采集分析系统""源源不断——水电一体综合保障车""突破常硅——节能环保光固化硅基离型剂倡导者""电站卫士——远程智能解锁钥匙箱""云开雾散,共享清风——定制化相变式静电空气净化器""大有智慧——油井故障智能诊断专家""常新空净——您的室内空气管家""桃梨满天下,惠农千万家"10 个项目。这些都是具有鲜明专业特色的项目,能够充分利用学院资源、师资以及团队自身的专业优势。从往年的省赛、国赛获奖情况来看,也充分印证了这一点。

(二)市场分析

市场分析包含项目直接相关的行业背景、发展趋势、市场规模、政策法规等因素分析。行业市场分析要具体、有针对性,与所要做的事要紧密相关,避免空泛论述。描述在目前的市场背景下,发现了一个什么样的痛点。在分析时,如已有相关的产品或服务,请对竞争格局和已有的产品或服务做简要分析,表明当前项目的差异化机会,如果必要,说明目前是做该项目正确的时机。

对于市场和竞争这一部分,再怎么强调都不过分。没有好的市场信息,任何商业计划就丧失了起码的基础,财务预测也就变成了没有根据的想象。如果企业刚刚起步,那么情况就会更坏;没有经营历史,评委或投资人又怎么相信财务预测中的销售数据?

如果开设一家新公司或者试图进入一个新市场,第一年的预测需要合理、客观的估量。要注意,这里所说的是合理的估量,不是漫无边际的猜想或者凭空捏造,这种预测必须非常客观。

开展市场调查,搜集资料进行分析,可以采用多种办法,包括:一手资料,以调查问卷为载体,做抽样调查,可通过面谈、网络调查、电话调查等方法得到,注意样本选取量不能太少;二手资料,如行业统计年鉴、行业报告、文献等。调查结果以图、表的形式展示,说明该项目符合市场需求、解决用户痛点,预测未来市场容量,预测销售收入。还可做 SWOT 分析,列出该项目的优势、劣势、机会、威胁,为市场策略制定提供决策依据。建议该部分多用数据或案例说明,直观且有说服力。

在市场分析里,可进行以下细分。

1. 市场细分

整个世界的市场,对于一般规模的企业来说实在太大了,因此需要把目标市场缩小到一个合适的规模。这种把客户按照其共性进行分类的组织过程叫作市场细分。通过细分,就不必关注整个世界的客户,而把注意力集中到最能满足的那一小块市场。细分后的小块市场对客户需求来说是非常独特的。

2. 人口细分

人口细分是按照个人特性来进行分类的,例如年龄、性别、教育程度、家庭中的位置以及社会经济学特性等。这些特性对于他们的需求以及他们购买产品的能力都有显著的影响。

要清楚说明产品或服务针对的群体,否则就不知道产品要卖给谁,也就很难获得更多的顾客。如果是企业对企业的市场,那么这种人口细分的方式可能就不太相关。而对于这个市场,SIC(标准产业分类)的类别、员工数量、营业额规模等因素可以看作类似于人口细分的分类标准。

3. 地理细分

地理细分是根据客户群的居住和购买产品的地点进行细分。很明显,很多情况下顾客选择在当地购买。

地理条件可能会影响到产品或者服务的销售。要想解决这一问题,一个典型的方法就是互联网平台销售,可将地理区域延伸到所有可以销售的地方。

4. 利益细分

正像名称所暗示的那样,这种细分方式认识到不是所有的顾客,都能从同样的产品或服务中得到同样的利益。举一个有关牙膏的例子。有些人买牙膏的原因是让牙齿美白(化妆利益),从而增加他们对其他人的吸引力;而另一些人购买牙膏是为了防止蛀牙(医疗利益)。有些产品的定位,就是在展示标准利益的同时还包含附加利益,来扩展它们的销售,就像牙膏一样。

还有另外两种利益类型。

集合利益:客户购买的产品除了能够满足他们的初始需求之外,还包含了他们与供货商之间的关系,如售后服务、社会形象和声誉等因素都包含其中。这种情况经常可以在知名的运动汽车上看到,它们的广告、赛车比赛和品牌个人用品(包括衣服和化妆品等)都让购买者参与进来。

区别利益:必须能够说明该产品或服务与其他产品或服务的优势,否则潜在客户就不会转而使用该产品或服务。客户通常都会表示出相当的品牌忠诚,但如果能向客户说明,该产品或服务比其他同类产品或服务更便宜、更好而且更快,客户就有了转向使用该产品理由。

同时,竞争者分析也是市场分析中不可或缺的一环。

5. 竞争者分析

竞争者和你有同样的目标,如果想要成功,必须先击败他们。对竞争者的存在浑然不觉就意味着危险。和商业计划的其他方面一样,信息是最关键的。只有对竞争者有了准确的了解和估计,才能决定正确的应对行动。

竞争者分析的目的在于对竞争者做出估计。

竞争者一共有多少家?规模有多大?盈利怎么样?产品什么样?第一个阶段是搞清楚竞争者是谁。如果知道竞争者是谁,那么很好;如果不知道,可以从互联网上查询,了解竞争者有什么产品和服务、大概的销售额是多少,以及有多少员工等。下一个阶段是评估竞争者。如果潜在竞争者较少,可以进行全部详细调查。如果有十几个或更多竞争者,就应该缩小范围。选择那些最直接的竞争者进行详细调查;稍后再考虑外围的竞争者。下一个阶段就应该进行财务分析,了解竞争者有多强大。除了财务分析,还可以对竞争者的产品和服务进行分析。对产品和服务进行分析时应该注重以下几个方面。

(1) 产品或服务的质量。
(2) 保修和售后服务。
(3) 付款方式。
(4) 产品声誉。

如何查询这些信息?很简单,只需要假装有兴趣购买竞争者的产品,直接给这些公司一个电话,索要产品目录和证明人信息。还可以咨询周围的顾客和供货商的意见。这样基本上就可以知道所有希望了解的信息了。

(三) 商业模式

1. 商业模式图

商业模式图只需一页纸就可以呈现,能够让投资者一目了然地了解该产品的商业模式。帮助投资者更全面地看清公司的全貌,对各自的职责也有一个更加清晰的认识。

2. 商业模式的十大要素

(1) 价值服务:能提供哪些服务?核心业务、核心任务是什么?

(2) 价值定位:所提供的产品或服务是什么?该向客户传递什么样的价值?正在帮助客户解决哪一类难题?正在满足哪些客户需求?正在为谁创造价值?谁是最重要的客户?

(3) 核心资源:用来描绘让商业模式有效运转所必需的最重要的因素是什么?企业的价值主张需要什么样的核心资源?企业的渠道通路需要什么样的核心资源?

(4) 客户群体:找出目标用户,用来描述一个企业想要接触和服务的不同人群或组织。

(5) 客户关系:想与目标用户建立怎样的关系?客户细分群体希望与企业建立和保持何种关系?哪些关系已经建立了?这些关系成本如何?如何把它们与商业模式的其余部分进行整合?

(6) 渠道通路:通过哪些渠道可以接触客户细分群体?如何与客户细分群体接触?渠道如何整合?哪些渠道最有效?哪些渠道效益最好?

(7) 重要合作伙伴:让商业模式有效运作所需的供应商与合作伙伴的网络。谁是重要合作伙伴?谁是重要供应商?从重要合作伙伴那里能获取哪些核心资源?重要合作伙伴都执行哪些关键业务?

(8) 成本结构:有哪些成本费用支出?每项支出分别占比是多少?

(9) 收入结构:什么样的价值能让客户愿意付费?客户现在付费买什么?客户是如何支付费用的?客

户更愿意如何支付费用？

(10) 核心技术：掌握了哪些核心技术？是否拥有技术壁垒？

3. 商业模式的可行性判断

制定出完整的商业模式之后，就要进行商业模式的可行性判断。最直接有效的判定方法就是这个商业模式是否能有效解决一个市场痛点，满足了用户的什么需求。

下面以"金色蜀姜——姜黄技术创新助力犍为产业精准扶贫"项目的商业模式为例：价值服务是提供姜黄种植及高值化技术服务；关键业务包括姜黄肽片、姜黄素产品销售；核心资源是从事姜黄产业化专业人员；客户群体是亚健康人群；客户关系通过公众号文章推送、线下讲座等进行维护；渠道策略是通过朋友圈转发、超市广告进行宣传，通过线下商超等进行销售；重要合作伙伴有犍为县姜黄供销合作社、铂金娱乐、微店平台等；支出结构包括推广费用、材料费用、人工费用、场地费用等；收入结构包括产品销售收入、技术开发收入。

（四）营销策略

围绕产品定位，结合市场分析进行营销策略制定，可分阶段描述，包括产品策略、价格策略、渠道策略、促销策略四个方面。可围绕各阶段的营销目标，从以上四个方面选择性阐述。例如，导入期目标是提高知名度、吸引用户，可重点描述宣传推广怎么做；成长期目标是快速提高市场占有率，可重点描述产品或服务的推新、部分产品的低价渗透策略、销售网点的增加策略等；成熟期目标是保护已占领的市场，尽可能延长成熟期，可从产品的创新、价格策略、渠道管理、促销等展开描述如何应对激烈竞争。

通常我们建议分为以下三个阶段。

第一阶段：了解谁是目标客户（目标分析）。

哪些人是产品的真正需求者，其群体数量、地区分布、共同属性习惯如何等。每个产品或者服务都有适用群体，客户不是有需求就一定会购买该产品。好比一个女生有买包包的需求，但是只认大牌，地摊卖的包是很便宜，但人家不需要。所以应找准自己产品和服务所对应的客户群体，避免浪费时间对接无效的客户。做好用户分析，后面销售推广工作可以事半功倍，反之可能会浪费大把时间、精力和金钱在无意义的事情上。

第二阶段：如何让目标客户知道你（渠道策略）。

分析完目标客户之后，就要开始推广。如何让客户知道你，这个过程所用到的办法、策略、渠道称为营销策略，很多公司都把钱砸在销售这个环节上，所用到的策略应具体、实际，可以是对运营实践的总结，也可以是对销售方法的预制定，通过什么途径（渠道），采取什么办法（实际符合自己）。一般为一个主要的策略，外加两个辅助策略。此外，如果该策略已有成效，应配合效果截图，更能有力地证明策略行之有效。

第三阶段：客户知道你之后，如何让他们放心购买、合作（产品策略）。

第一阶段分析客户，第二阶段找到客户，第三阶段说服客户。让客户知道你还不是最终目的，让他们心甘情愿掏腰包、购买产品和服务，这才是终极目标。如何获得客户的信任，其实拼的就是产品。产品策略包括价格制定策略、品牌包装策略、相关服务策略等，是以产品为中心建立的。让客户觉得购买的产品物有所值，性价比优于别家。

（五）财务分析

通常，我们提到财务报表，都一定会说三张表，分别是资产负债表、损益表和现金流量表。

1. 资产负债表

资产负债表显示企业在某一特定时间（月末或年末）的财务状况，包括资产、负债和资本的情况。

(1) 资产通常指企业所拥有现金、应收账款、经营性财产和设备，如桌椅、咖啡机以及车辆等。

(2) 负债是指企业的应付账款、负债。

(3) 资本是指投入公司的资金,通常包括初期投资和未分配利润。

近期盈利通常计入资本项下,也因此与损益表相关。创新创业计划书会涉及资产负债预测表,或预计资产负债表,这是另一项依据实际情况所做的估算,是对未来资产、负债和资本情况的估算。借贷相等是整套资产负债表的关键所在。资产必须与负债和资产的总额相等,如果不相等,就说明借方和贷方不平,表内一定有地方出错了。

2. 损益表

无论是利润预测表,还是利润报表,都是对企业经营损益情况的记录,显示企业在某一特定时期内(月度/季度/年度)的财务表现。创新创业计划书中所使用的利润预测表格式与财会所使用的利润报表格式相同。利润表的编制是以销售额开始的,然后是与销售额相关的直接成本费用。

其中,这些费用可以是单位成本、商品销售成本,或者是提供服务的直接成本。扣除直接成本费用,得出毛利润,以金额或者百分比表示。在对比本企业的经营状况与同行业标准时,毛利润率会派上大用场,银行和财务分析师也希望能够了解企业的毛利润情况。从销售收入中扣除各种费用,包括利息和税金,就是净利润,即"损益表底线"。

在编制创新创业计划书的过程中,不可能编制出真正意义上的利润表,因为通常情况下还没有产生收入。相反地,所编制的是一份利润预测表,也称为预计利润表。利润预测表所使用的格式与真正的利润表相同,但是内容是对未来业务经营状况的预期,因此里面的数字都是基于实际经营情况所做的估算。首先应对月度的经营情况进行精确估算,再以此为基础对其他财务项目进行估算。

3. 现金流量表

现金流量表在制作实际财务报告过程中,有时给人感觉像是后期附表,但在制定创新创业计划书的过程中,现金流量表却至关重要。

如果此处出现错误,就需要做繁杂的财务复核工作,还会导致创新创业计划书的失败。

现金流量表内的信息来自利润表和资产负债表,并将这两张表联系在一起。它显示每月的资金流入与流出情况,并且对现款结存进行预测。现金流量表之所以如此重要,原因在于利润表并不能体现所有的现金流。例如:可能存在的尚未支付的销售收入,而资产负债表也无法反映所有现金流。如贷款偿还、新增贷款、新增投资、资产购置等,这些项目均无法在利润表上体现。而现金流量表则将两张表联系在一起。

(六)风险控制

企业经营风险是指企业在经营管理过程中可能发生的危险。

1. 风险的类别

以对企业目标实现产生的影响为标准可以将风险划分为以下六种。

(1) 战略风险。影响整个企业的发展方向、企业文化、信息和生存能力或企业效益的不确定因素。

(2) 财务风险。公司财务结构不合理、融资不当使公司可能丧失偿还债务能力而导致投资者预期收益下降的风险。

(3) 市场风险。未来市场价格利率、汇率、股票价格和商品价格的不确定性对企业实现其既定目标的影响。

(4) 运营风险。企业在运营过程中,由于外部环境的复杂性和变动性以及主体对环境的认知能力和适应能力的有限性,而导致的运营失败或使运营活动达不到预期目标的可能性及其损失。

(5) 法律风险。在法律实施过程中,由于企业外部的法律环境发生变化,或由于包括企业自身在内各种主体未按照法律规定或合同约定行使权利、履行义务,而对企业造成负面法律后果的可能性。

(6) 内部风险。内部风险,可从团队方面、管理方面、经济纠纷等方面考虑。经济纠纷的避免方式是在工商注册前明确股权比例,持股比例取决于项目的核心要素(技术导向/渠道导向/资本导向/客户导向),掌握核心要素的成员应占有更多股权。

在创新创业计划书中对运营风险应该格外重视,将其细化到具体项,这部分是风险控制的重点部分。

2. 分析风险的方法

在创新创业计划书中对风险的分析要把握以下三点原则:一是切实分析项目中最可能遇到的风险,越微观越好,因为宏观上分析的可控性相对较低;二是在风险识别完成后,建立投资项目主要的风险清单,将该投资项目可能遇到的所有重要风险全部列入表中,方便自己也便于投资人知道这个项目的具体情况;三是提出控制方案,控制方案注意一定要切实可行,不要"假大空"。

3. 风险控制方案可行性的判定

风险管理的基本程序包括风险识别、风险估测、风险评价、风险控制和风险管理效果评价等环节。良好的风险管理有助于降低决策错误的概率,避免损失的可能,相对提高企业本身的附加值。理清企业风险并对其进行分析之后,需要更进一步去判定风险控制方案的可行性,即风险管理效果评价。这时就需要寻求外界的帮助。判定风险控制可行性的方法一般有两种:一是询问相关人士,征求行内人的意见;二是参考同类型公司做法。

在创新创业计划书中,一项有效的风险控制体系和计划通常包括了风险本身的控制与非风险本身的控制。做创新创业计划书经常需要全面地考虑问题。"当局者迷,旁观者清",很多时候需要企业的管理者做一做旁观者,超越事物本身去看待事物,这样也许会有新的发现,更好地判断可能遭遇的风险。

(七)团队管理

"盘点"企业目前状况时必须涵盖人力资源,事实证明这对于任何成功企业来说都是重要的事情。当银行、风险投资家等投资企业时,从根本上来说,就是在赌这个管理团队会成功。当问中国著名风险投资人徐小平准备投资一个企业时最重视的因素是什么,他的答案非常简单,而且始终没有改变:

第一是人,第二是人,第三还是人,第四才是产品或者服务。

他总是在人身上投资,只有当他相信这个团队时,才会考虑他们所提供的产品或者服务。

团队的介绍主要包括人员规模和组成、团队主要成员的分工、团队的核心竞争优势、组织结构设置。鼓励跨学科跨专业组队,实现互补,凸显团队的优势(年轻、专业、激情、梦想、执行力等)。

可以有选择地加入团队人员简历,强调目前的个人责任和在本领域里获得的成功,包括个人技能、相关资格证书及部分工作经历。如果准备在商业计划正文中加上这些内容,每个人的简介不应该超过十几行。如果需要更大的篇幅,你可以将简介放在附录里,并在创新创业计划书正文部分中做最简单扼要的介绍。

当然任何团队都必须在相应的管理结构中发挥作用。

需要注意的是,科技成果转化项目需说明科技成果的专利人、发明人与团队的关系。

(八)附录

如果有项目的支撑材料,如调查问卷、合作意向书、合同、合作协议、活动照片、工商执照、成员资质证书、产品专利证书等材料复印件,在正文后设置附录。

(1)公司法人企业营业执照或机关事业单位组织机构代码(复印件盖章公司公章)。

(2)项目专利权所属及受权应用的证明材料:如专利授权资格证书(须附专利权权利要求书)、专利权审理通知单、手机软件登记书、新药证书、临床医学批文、产权年限应用授权证书、产权年限应用认同书、技术合同等。

(3)申请企业相关的证明材料:如各种各样制造行业准入条件企业资质证书、高新科技公司评定资格证书、双软认定资格证书等。

(4)项目进度的证明材料:如技术报告、检验报告、制造行业准入条件证及其客户应用汇报等;国家专卖店专控及特殊行业商品,应附有关负责人企业出示的准许证明;纳入国家、省高新科技方案的相关准许文档、知名商标资格证书、环境保护证明、奖赏证明。

(5) 申请日上一月的财务报告(可以体现年度经营情况)。申请注册未满一年的公司须申报公司注册时的汇算清缴报告和本月的公司财务会计报表。

(6) 项目或产品销售合同书及发票。

(7) 其他说明企业特性的资料:如团队具体信息、工程项目管理中心资料、重点实验室资料、公司研究中心的立项批文、出口创汇合同书和结汇证明等。

创新创业计划书附注规定各种各样需要的附注材料齐全,而且服务承诺附注材料及复印件真实可信。

第四节　创新创业计划书的诊断工具作用

一、项目自省:理清思路,正确评价

在参赛、创业融资之前,项目计划书首先应该是给参赛团队和大学生创业者自己看的。参加大赛、办企业不是"过家家",参赛团队和大学生创业者应该以认真的态度对自己所有的资源、已知的市场情况和初步的竞争策略做尽可能进行详尽的分析,并提出一个初步的行动计划,通过创新创业计划书使自己心中有数。其次,创新创业计划书还是创业资金准备和风险分析的必要手段。对初创的风险企业来说,创新创业计划书的作用尤为重要,一个酝酿中的项目往往很模糊,通过制定创新创业计划书,把正反理由都写下来,最后再逐条推敲,参赛团队、大学生创业者就能对这一项目有更加清晰的认识,了解项目的可行性。

二、寻找方向:响应政策,争当示范

是否符合国家产业扶植政策十分重要,产业政策是大赛评委重点关注的内容。因此要在创新创业计划书中认真描述所选择的创新创业项目符合国家产业政策或地方政策扶持方向。

项目实施后,是否具有示范推广效果,是否可以在高校推广,是否可以在行业内推广,是否可以在某个地区推广。在策划创新创业计划书时,一定要总结示范效应,进行科学的描述。

三、范式书写:撰写规范,亮点突出

创新创业计划书是由很多模块内容组成的,每个模块都是创新创业计划书的重要组成部分。大学生创业者可按照大学生创新创业官方网站上提供的创新创业计划书模板进行撰写,检查编写创新创业计划书的模块的完整性和规范性。

一定要注意创新创业项目的创新性,提炼出创新点,突出创新亮点。大家可在技术创新、产品创新、设计创新和应用创新上进行挖掘,尽可能详细分析和描述创新亮点。

四、集聚资源:凝聚人心,项目落地

科学的创新创业计划书可以增强参赛团队和大学生创业者的自信。创新创业计划书提供了项目或企业全部的现状和未来发展的方向,为项目或企业提供了良好的效益评价体系和管理监控指标。创新创业计划书使得大学生创业者在创业实践中有章可循,描绘新创企业的发展前景和成长潜力,使管理层和员工对企业及个人的未来充满信心。明确要从事的项目和活动,使大家了解将要充当什么角色、完成什么工作,以及自己是否能胜任这些工作。

组委会领导都希望获奖的好项目能落地,通过创业孵化后可以做大做强,成为带动其他人创新创业的典范。大学生创业者应检查创新创业计划书中是否有围绕今后项目的落地发展去规划描述的内容。

五、获得融资:对外宣传,提升竞争力

创新创业计划书作为一份全方位的项目计划,不仅是对即将开展的创业项目进行可行性分析,也是在向风险投资家、银行、客户和供应商宣传拟建的企业及其经营方式(包括企业的产品、营销、市场及人员、制度、管理等各个方面),在一定程度上也是拟建企业对外进行宣传和包装的文件。设计、撰写一份高质量的创新创业计划书还可能有机会获得政府的支持与扶持,不仅可增强参赛团队和大学生创业者的信心,也会增强风险投资家、合作伙伴、员工、供应商、分销商对创业者的信心。

(陈群　陈海群　崔永琪)

第八章　大学生创新创业项目 PPT 制作

PPT(Microsoft Office PowerPoint)是微软公司的演示文稿软件。用户不仅可以创建、演示和协作开发具有感染力的演示文稿,还可以在互联网上召开远程会议,或在网上向观众展示演示文稿。Microsoft Office PowerPoint 做出来的演示文稿格式后缀名为"ppt""pptx",也可以保存为 pdf、图片格式等,2010 版及以上版本可保存为视频格式。演示文稿中的每一页称为幻灯片。

PPT 演示文稿(以下简称 PPT)以简洁形象的表达形式,让人易于理解和接受复杂信息,加上丰富的多媒体手段,能有效抓住演示对象的眼球,提升沟通的效率和演讲的效果。所以在当代社会中,越来越多的职场人士、学生等选择在演讲等场合使用 PPT 来增强自己的演讲效果。

在大学生创新创业比赛中,除计划书、讲稿等陈述性材料外,PPT 是评委了解大学生参赛项目最重要的方式。如何在短短的几分钟内简明扼要、条理清晰、直观生动、重点突出地展示项目的框架、内容以及亮点,PPT 的内容和设计在比赛中起到了至关重要的作用。

第一节　PPT 制作设计思路

从整体结构上来说,PPT 包含封面、目录、导航、内容及结尾五个部分。其中内容作为 PPT 的核心部分,需要着重进行排版设计。封面是 PPT 的"脸",是给演讲对象的第一印象;目录能够让读者清晰地了解整个 PPT 的结构内容;导航是章节和章节的分割;内容是制作者着重要进行排版和设计的;结尾是最后一页,要起到收尾的作用。

从单页 PPT 组成元素上来说,PPT 通常是由字体、图片、图表、图示、色彩和动画六个部分构成。排版就是将这些元素很好地融合在一起。

(一)掌握 PPT 基础操作

掌握新建幻灯片、更改 PPT 版面大小、插入文本框和图表、插入形状工具、给文本和色块添加颜色、插入图片和视频、放映幻灯片、添加动画效果等基础操作。

(二)模板与素材的收集

收集与大学生创新创业项目类型相适应的模板作为参考;收集项目相关数据、表格等,多浏览相关资料。同时,可以关注与 PPT 制作相关的微博、博客、知乎话题等,得到最新的 PPT 的素材和技巧。

制作 PPT 前,应形成策划书、演讲稿等文字材料。由于在演讲过程中,PPT 是配合讲稿的重要载体,因此 PPT 的脉络框架应与演讲稿一致;同时,为了更好地突出项目重点和亮点,PPT 还起到对演讲稿的补充作用,这时,细致展现策划书中的细节亮点就尤为重要。

(三)构建 PPT

着手制作 PPT 时,首先应该梳理大学生创新创业项目内容逻辑,将文字脉络经过分析、提炼转化为可视的逻辑线索。将具体内容按照一定的逻辑展示到 PPT 上。每一页 PPT 都应有逻辑性,逻辑关系可以将多个分散的素材有效地衔接在一起,方便阅读和凸显关键内容。一般可将 PPT 划分为项目概况、技术(运营)

部分、市场营销、财务分析四个部分;公益项目PPT可划分为项目概况、公益性、实践性、创业性四个部分。根据项目自身的特色灵活构建PPT。

(四) PPT风格统一

PPT中的图形、字体、颜色、图片等元素风格应保持统一,避免出现不同风格的元素。应尽量避免混用平面图形和3D图形,颜色数量尽量不要超过三种。一般来讲,大学生创新创业公益类项目风格应明亮、活泼、有张力;创新创业类项目风格应简约、美观、大方。

(五) 字体的选择

PPT一般由文本和图片组成,选择适合的字体非常重要。Microsoft Office自带的字体虽然不少,但大多缺乏设计感和商务感,这里推荐几款商务百搭的字体:字体纤细的有微软雅黑、微软雅黑Light、方正兰亭细黑、方正正纤黑简体等;字体粗一点、适合做标题的有造字工房悦黑、方正大黑简体、方正综艺简体、汉仪力量黑等。

大学生创新创业项目合作的PPT均为展示型PPT,只是为了展示效果。需注意的是,整个PPT字体最好只使用两种,尽量不要超过三种,整个幻灯片的对应位置使用相同的字。另外,使用生僻的字体不利于在不同电脑上展示,这时需要将字体嵌入PPT或将文本转为图片格式。

(六) 图片素材的寻找

寻找适合的PPT图片素材,素材主要包括图片素材和图标素材两种,PPT素材的好坏直接决定了制作的PPT的优劣。

一般选用高清、无水印、切合主题、有意境的图片素材,不要选择与内容无关、低质、呆板的图片素材。免费的高质量图片素材网站有pixabay、Pexels、Unsplash等,付费的高质量图片素材网站有全景、摄图网、500px等。

图标素材,通常作为图示而存在。尤其是一些商业PPT,特别喜欢用图标。阿里巴巴矢量图标库里面有27万个图标,内容很广,既有关于互联网的,也有日常用的。Easyicon中收录了57万个精美PNG、ICO、ICNS免费图标,内容相当丰富,网站提供中、英文两种操作界面,使用者只需要输入关键字或点击首页,都可以免费下载,内容丰富,质量很好。

(七) 色彩的搭配

PPT中的色彩主要有四种:字体色、背景色、主色和辅助色。①字体色:通常为灰色和黑色,如果背景为黑色字体色也有可能是白色。②背景色:通常为白色和浅灰色,一些发布会上的PPT通常用黑色。③主色:通常为主题色或者LOGO色,医疗主题可用绿色,党建主题可用红色。④辅助色:考虑到主色过于单一,经常作为主色的补充。

PPT配色多采用RGB色彩模式。RGB色彩模式是工业界的一种颜色标准,通过对红、绿、蓝三种颜色通道的变化及它们的相互叠加得到各种颜色。需注意的是,PPT的页面颜色需控制在三种以内;色彩的选取不应过于跳跃。

单色搭配:利用同一种色相的暗、中、明三种色调形成层次感,效果和谐统一。

类比色搭配:相邻颜色称为类比色,类比色都拥有共通的颜色域,可以产生低对比度的和谐美感。

补色搭配:在色轮上成180°角的两种颜色称为补色,如橙色和蓝色。补色可以形成强烈的对比效果,常用于强调。

渐变填充也是重要的PPT制作技巧之一,灵活使用阴影效果,也可以使页面更美,突出重点内容和标题。

（八）PPT 动画的制作

建议大家在 PPT 中慎用动画。

首先动画的种类繁多，除了页面之间的切换动画之外，针对页面内各对象，还有四大类动画，分别是进入动画、强调动画、退出动画以及路径动画。每一个大类又包含十几个动画，很多令人满意的动画往往都是多个动画的叠加，加上细节的处理。在动画的使用上，大家要慎重，尽量选择一些过渡自然、流畅的动画，常用的动画类型有浮入、擦除、伸展等。

（九）PPT 排版

排版相当于英语中的语法，将文字、表格、图片、动画、图标等元素按照一定的原则进行组合。而这个原则就是亲密、对齐、重复、对比。具体就是元素之间要注意对齐和工整性；不同信息之间要注意分类；要突出关键的信息；不同 PPT 之间要注意重复一些元素以保证整体风格的统一。

（十）学习模仿优秀 PPT

PPT 技能的提升都是从模仿开始的。模仿不仅可以熟悉 PPT 的基础操作，而且能够迅速提高排版、构图、用色等技巧。可从 PPTstore 和演界网两个比较好的 PPT 模板网站下载优秀作品进行模仿。PPTstore 是国内高质量原创设计模板网站，里面模板的质量较高；演界网是锐普旗下的 PPT 模板交易网站，里面的作品质量也非常高。经常浏览这些网站，对审美的提高很有帮助。可观看一些精彩的发布会视频与路演视频，很多产品发布会的 PPT 制作非常精美。

第二节　PPT 制作技能及常用快捷键

一、制作技能

（一）在 PPT 演示文稿内复制幻灯片

要复制演示文稿中的幻灯片，先在普通视图的"大纲"或"幻灯片"选项中，选择要复制的幻灯片。

操作步骤：按顺序选取多张幻灯片，按 Shift 键→"插入"菜单→"幻灯片副本"；若不按顺序选取幻灯片，按 Ctrl 键→"插入"菜单→"幻灯片副本"。

（二）PPT 中的自动缩略图效果

用一张幻灯片可以实现多张图片的演示，而且单击后能实现自动放大的效果，再次单击后还原。在插入的演示文稿对象中插入一幅图片，将图片的大小改为演示文稿的大小，退出该对象的编辑状态，将它缩小到合适的大小，然后只需复制插入的演示文稿对象，更改其中的图片，并排列它们之间的位置即可。

操作步骤：新建一个演示文稿→"插入"菜单中的"对象"命令→"Microsoft PowerPoint 演示文稿"。

（三）图片裁剪

图片裁剪方法是 PPT 中比较常用的图片处理技能，可以把整张图片裁剪成不同形状，把图片裁剪一下，可以改变方正图片带来的呆板感觉。遵从最基本的居中设计，使用色块半透明和小边框修饰，是酒店或建筑类的常见排版模式。为了突出部分，可做出对角剪切效果。根据主题需要进行不同的选择，图片大小也会影响裁剪效果,可调整图片大小然后裁剪出不同效果(图8-1)。

图8-1 裁剪功能操作界面

操作步骤:选中图片→点击"格式"→选择"裁剪"→裁剪所需形状。

(四)元素的快速对齐

对齐,是平面设计中常用到的一种排版的原则。在PPT中,元素对齐能让页面看起来更为整齐。

操作步骤:选中需要对齐的元素→点击"格式"→选中"对齐"(有上下、左右、居中等不同的对齐方式)。

(五)格式刷的使用

在PPT制作过程中,需要把一个元素的效果复制到另一个元素上时,可运用PPT自带的格式刷。PPT自带的格式刷有效果格式刷、动画格式刷两类。效果格式刷的作用就是可以对效果进行复制,而动画格式刷就是对动画效果进行复制。

操作步骤:单击格式刷,进行一次效果复制;双击格式刷,可进行多次效果复制。

(六)图片的处理

图片是PPT中常用的一种元素,在PPT制作过程中,图片的巧妙使用可以大大提升PPT整体的视觉效果。设置图片格式界面如图8-2所示。

操作步骤如下。

(1)去掉背景:选中图片→点击"格式"→删除背景。

(2)改变图片的颜色:选中图片→点击"格式"→变色。

(七)批量添加LOGO

制作PPT时,有时需要为PPT的页面增加LOGO。当PPT页面较多时,在每一页PPT上添加一次LOGO就比较低效了,通常可以采用母版制作方式。

操作步骤:使用幻灯片母版,一键便可给所有的幻灯片添加LOGO。

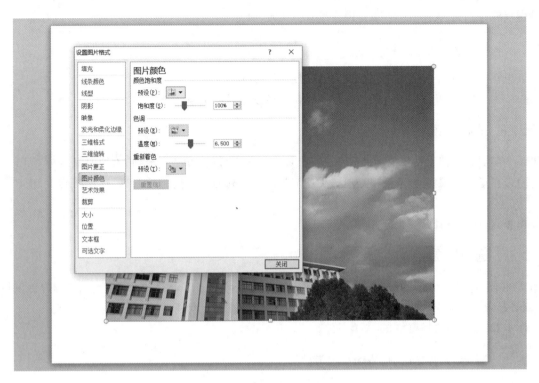

图 8-2　设置图片格式界面

（八）定时保存

制作 PPT 时，突然间出现程序卡顿、电脑故障或断电等现象，倘若未进行保存，当再次打开时，原来精心设计的 PPT 页面早已不翼而飞。通常可以设置缩短电脑自动保存的时间，确保出现意外时，降低损失。

操作步骤：文件→选项→保存→缩短自动保存时间。

（九）字体的替换

如果 PPT 中字体很多，涉及字体替换问题时，可采用批量替换。

操作步骤：开始→替换→替换字体→微软雅黑。

（十）增加撤销次数

PPT 制作过程有时会出现一些小的问题，需要将原有的操作步骤进行撤销处理。PPT 自带的撤销次数是有限的，无法满足过多步骤的撤销。为了保险起见，通常增加 PPT 的撤销次数设置为最大值 150 次。

操作步骤：文件→选项→高级。

（十一）一秒去动画

动画是 PPT 制作过程常用到的一种呈现方式，但在有些情况下 PPT 需要无动画播放。PPT 页数较少时，可以逐个删除动画，而当 PPT 页数过多时，逐个删除显得过于低效。

操作步骤：幻灯片放映→设置幻灯片放映→放映时不加动画。

（十二）快速整齐排版

做 PPT 时经常遇到多张图片排版时间长，效果不理想的难题。可以利用 PPT 自带的 SmartArt 工具，解决这个问题。

操作步骤：插入→SmartArt→选择图像形式→确定。

（十三）录制视频

如果想在 PPT 中插入一段自制视频，可以用录制视频这个功能，现录现用。

操作步骤：插入→屏幕录制→选择区域→录制→录制完后按 Win＋Shift＋Q 键结束。

（十四）录制音频

PPT 一般是配合演讲使用的辅助演示工具。如果想把做好的 PPT 发给别人，同时又希望对 PPT 文件解读的附带在里面，录制音频就能很好地解决这个问题。收到的人不仅能看 PPT，还能听到对 PPT 页面的内容解读。

操作步骤：插入→音频→录制音频。

（十五）选择图层

PPT 也有类似 PhotoShop 那样的图层，当某一页 PPT 元素过多时，底层的元素会被覆盖，导致鼠标无法选中，编辑起来非常麻烦，其实可以采用分层编辑，就能随意选中元素进行编辑。

操作步骤：排列→选择窗格。

（十六）将幻灯片发送到 Word 文档

（1）在 PowerPoint 中打开演示文稿，然后在"文件"菜单上，指向"发送"，再单击"Microsoft Word"。

（2）在"将幻灯片添加到 Microsoft Word 文档"之下，如果要将幻灯片嵌入 Word 文档，请单击"粘贴"；如果要将幻灯片链接到 Word 文档，请单击"粘贴链接"。如果链接文件，那么在 Powerpoint 中编辑这些文件时，它们也会在 Word 文档中更新。

（3）单击"确定"按钮。此时，系统将新建一个 Word 文档，并将演示文稿复制到该文档中。如果 Word 未启动，则系统会自动启动 Word。

（十七）自动播放

要让 PPT 自动播放，只需要在播放时右键点击此文稿，然后在弹出的菜单中执行"显示"命令即可，或者在打开文稿前将该文件的扩展名从"PPT"改为"PPS"后再双击即可。这样就避免了每次都要先打开这个文件才能进行播放所带来的不便和烦琐。

（十八）美化表格

在 PPT 中表格承载的信息量很大，不单纯是数字信息，还有文字、边框和颜色的综合运用，表达出并列、对比或时间进度等信息。美化表格可采用以下方式：设置表格样式，显示标题行和镶边行，并将表格标题文字字体设置为微软雅黑、方正兰亭细黑、冬青黑体简体中文等，增大字号，分行显示。创新创业类项目 PPT 通常采用轻色，明亮点的颜色，比如背景白色或灰色。当背景是图片时，需要利用蒙版弱化背景图片的亮度，避免太引人注目。如需强调表格中某一栏信息可改变色块颜色、改变字体颜色。

二、常用快捷键

不管什么软件，用好快捷键都能事半功倍。最常用的操作是记下快捷键，其次可以直接添加快速访问功能栏。

（一）平移复制（Ctrl 键）

选中对象，按住 Ctrl 键，再拖动就可以直接复制当前对象，来回拖动几次可以复制多个，同时按住 Ctrl 键还能够多选对象。

（二）等比例缩放图片（Shift 键）

调节图片时如果不能等比例进行缩放，那么就会导致图片畸形，这也是做 PPT 的禁忌之一。

（三）中心缩放图片（Ctrl＋Shift＋Alt 键）

中心缩放图片也是调节图片的一种方式，从中心对图片进行缩放，但不影响图片的比例。

（四）重复上一个步骤（F4 键）

F4 是重复上一个步骤的快捷键，经常用在多次复制对齐当中，也很方便。

（五）全选（Ctrl＋A 键）

想选内容很多的时候，可以全部选中进行编辑，比如字体大小、图片格式等。

（六）组合（Ctrl＋G 键）

同样也是用在想选内容多的时候，把内容进行组合，这样更方便对齐和移动。

取消组合快捷键为 Ctrl＋Shift＋G 键。

（七）快速保存（Ctrl＋S 键）

虽然我们已经缩短了自动保存的时间，但还是会有意外发生，这个时候就可以手动保存，直接选择存储位置，快捷键为 Ctrl＋S 键。

（八）等距复制（Ctrl＋D 键）

作为基础复制/粘贴功能的升级版，Ctrl＋D 键是非常常用的快捷键。

选中某个文本/形状/图片，向某方向拖动一小段距离，再连续按 Ctrl＋D 键就可以进行快速排版。

（九）格式复制/格式粘贴（Shift＋Ctrl＋C 键/Shift＋Ctrl＋V 键）

花很长时间辛苦编辑好一个对象的格式（比如字体的），遇到另一个同样的对象，难不成要再编辑一遍？这时候可以使用格式复制键。

选中已经编辑好格式的对象，按下 Shift＋Ctrl＋C 键，再选中未编辑格式的对象，按下 Shift＋Ctrl＋V 键，相同的格式就复制完成了。

（十）缩放编辑区（Ctrl 键＋鼠标滚轮）

很多时候要编辑一些比较细小的对象，由于编辑对象太小鼠标经常点错，或者点到其他对象上，这时候可以放大编辑区再进行操作。

在没有选中任何对象时，直接按 Ctrl 键＋滚轮是缩放整个 PPT 页面。在选中某一个对象时，会以这个对象为中心进行页面缩放。

（十一）参考线（ALT＋F9 键）

当我们难以将 PPT 上的元素对齐时，就可以使用参考线来辅助对齐，按快捷键 ALT＋F9 键，就可以把参考线调出来，之后我们就可以对照参考线来对齐。

（十二）放映 PPT（F5 键）

在放映 PPT 时，我们可以选择按 F5 键快速播放，但需要注意，无论选中哪一张页面，都会从第一页开始播放。

（十三）退出放映（ESC 键）

按 ESC 键可退出 PPT 放映。

第三节　PPT 制作高级技巧

一、幻灯片背景填充

幻灯片背景填充就是将 PPT 中的形状以幻灯片的背景来填充，属于形状填充的一种（图 8-3）。

图 8-3　幻灯片背景填充

通过形状填充，我们可以制作出很多高质量的幻灯片效果。

（一）文本组合效果

文字组合效果案例如图 8-4 所示。

图 8-4　文字组合效果案例

(1) 将幻灯片背景填充为一张图片(图 8-5)。

图 8-5　文字组合效果案例制作(1)

(2) 插入文本和形状,将矩形形状置入文本正中间(图 8-6)。

图 8-6　文字组合效果案例制作(2)

(3) 选中矩形形状,单击右键,设置形状为幻灯片背景填充(图 8-7)。

图 8-7　文字组合效果案例制作(3)

(4) 在中间输入文本,即可得到案例效果。

（二）遮挡效果

平常经常用的文字遮挡效果，用幻灯片背景填充相比布尔运算要方便很多。就像图 8-8 遮挡效果案例一样。

图 8-8　遮挡效果案例

（1）设置背景为图片填充（图 8-9）。

图 8-9　遮挡效果案例制作（1）

（2）用任意多边形工具（在插入形状里面），沿着山脉画出一个轮廓（图 8-10）。

图 8-10　遮挡效果案例制作（2）

(3) 选择形状，设置为幻灯片背景填充，就可以得到案例中的遮挡效果(图 8-11)。

图 8-11　遮挡效果案例制作(3)

(4) 输入文案，完善细节。

(三) 样机虚实对比

幻灯片背景填充，还可以制作出一些发布会中的虚实效果(图 8-12)。

图 8-12　虚实效果案例

虚实对比案例如图 8-13 所示。

(1) 插入一张图片作为背景(图 8-14)。

(2) 给图片添加一层蒙版，整体变暗，然后在上面加入一个样机(图 8-15)。

图 8-13 虚实对比案例

图 8-14 虚实对比案例制作(1)

图 8-15 虚实对比案例制作(2)

(3）沿着样机屏幕插入一个圆角矩形（图 8-16）。

图 8-16　虚实对比案例制作（3）

（4）设置圆角矩形的填充方式为幻灯片背景填充（图 8-17）。

图 8-17　虚实对比案例制作（4）

（5）输入文案。

二、布尔运算（PowerPoint 2013 及以上版本）

布尔运算为 PPT 合并形状工具，包括联合、组合、拆分、相交、剪除五种功能，这五种功能，统称为布尔运算。

图 8-18 至图 8-20 所示案例，借助布尔运算都可以实现。

（一）联合运算

联合运算是将两个及两个以上元素合并成一个形状（图 8-21）。

（二）组合运算

组合运算是将两个以上的元素，合并成一个形状，它与联合运算的区别在于，元素之间重合的部分被掏空了（图8-22）。

图 8-18 常州大学"互联网+"大学生创新创业项目——"经典呵护青春"

图 8-19 常州大学"互联网+"大学生创新创业项目——"金色蜀姜"

图 8-20 "关节的艺术"

图 8-21　联合运算

图 8-22　组合运算

（三）拆分运算

拆分运算是将两个及两个以上的元素沿着相交的部分进行拆开，变成单独的元素（图 8-23）。

图 8-23　拆分运算

拆分运算在 PPT 中的应用非常广泛，比如拆分字效果（图 8-24、图 8-25）。

图 8-24　顺丰上市案例

图 8-25　写作案例

（四）相交运算

相交运算是类似于数学中的交集，两个及两个以上元素相交，保留重合的部分（图 8-26）。

图 8-26　相交运算

（五）剪除运算

剪除运算是类似于数学中的减法，先选中一个形状 A，再选中另外一个形状 B，通过剪除运算得到新图像（图 8-27）。

图 8-27　剪除运算

三、蒙版

蒙版就是在图片和文字中间添加的一层填充层。根据填充层不同，可以将它分为纯色蒙版和渐变蒙版。两种蒙版大致相同，但使用重点略有不同。下面将具体介绍这两种蒙版的用法。

（一）纯色蒙版

纯色蒙版就是对形状进行纯色填充，并调整其透明度。它能通过颜色的不同，来改变图片给我们的感受（图 8-28）。

图 8-28　纯色蒙版

（二）渐变蒙版

1. 同色渐变蒙版

同色渐变蒙版两端的颜色是一样的，只是一段设置了透明度。同色渐变蒙版与纯色蒙版的区别是，它可以清晰地看到主图，而不是朦朦胧胧的状态。它还可以实现图片和背景的融合（图 8-29）。

图 8-29　同色渐变蒙版

同色渐变蒙版案例如图 8-30、图 8-31 所示。

图 8-30　中国青年创新创业大赛金奖项目——"金色蜀姜"

图 8-31　第五届全国"互联网+"大学生创新创业大赛金奖项目

2. 异色渐变蒙版

如果说同色渐变蒙版是为了保留图片的视觉效果，实现与背景的柔和过渡，那么异色渐变蒙版则与其不同。

异色渐变蒙版（或者双色渐变蒙版），可以让 PPT 更加绚丽多彩，更加时尚，也显得更有质感（图 8-32）。图 8-33 所示的案例是一个蓝色和淡紫色的渐变。而且渐变光圈两端都设置了 13% 的透明度。

图 8-32　异色渐变蒙版

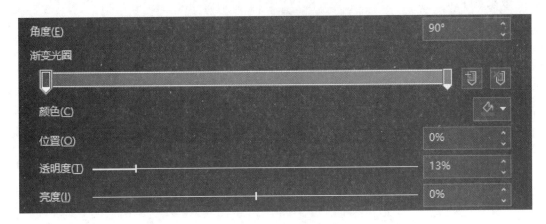

图 8-33　参数设置

四、框线元素

框线元素的作用有以下三类。

（一）规整内容

框线元素最直接的用途是规整内容。比如给各种企业 LOGO 排版时，由于图标大小不一，直接排版会显得非常混乱。而如果能在 LOGO 外侧添加统一的框线，虽然页面上每个部分的大小和内容都不相同，但从整体来看会显得和谐统一。

（二）聚焦视线

这是框线元素特别的魔力，不管是何种内容，外侧添加框线后，视线总会不自觉地聚焦到框线内。设计元素单调的时候使用框线元素十分方便，它可以缩小页面的版心，在避免单调的同时突出最主要的内容。

（三）装饰美化

第一种美化方法是最简单的，调整框线部分的配色，根据页面风格选择好看的单色或是使用渐变色。第二种美化方法是调整框线的粗细，在合理配色的基础上，粗线条的框线会更加醒目突出。第三种美化方法是调整框线的类型，可以在框线的四个顶点添加形状作为装饰。

五、色块

（一）承载信息的"容器"

色块在PPT中的第一个用法是承载信息，将文字信息装进这个色块"容器"，就会显得非常清楚。通常来说，这种方法主要是在文字和图片之间添加一层色块，既保留了图片的视觉效果，又增强了文字的识别性。

（二）将文字分组或者分栏

色块在PPT中的第二个用法就是对文字信息进行分组。虽然可以通过留白来实现文字的分组，但是用色块分组，效果更好。

（三）分割版面

色块在PPT中的第三个用法就是对版面进行分割，从而创造出不同的版式。
比如常用的左右布局版式，就是在图片上添加了一个色块。

（四）装饰页面

大的色块可以用来承载信息，小的色块可以用来修饰页面。色块在PPT中的第四个用法就是点缀页面。

（五）视觉焦点

色块在PPT中的第五个用法是吸引读者的视线，使部分文字成为视觉的焦点。

六、笔刷

在PPT制作中，运用笔刷可提升PPT视觉效果。

（一）笔刷作为文字载体，增添新意

笔刷导入到PPT中后，是矢量图形，和形状一样，我们可以任意更改颜色、调整大小。可以将笔刷作为文字的载体，放在文字的底部，修饰文字。与普通形状相比，笔刷效果也更有新意。还可以将墨迹笔刷用于标题下，凸显标题。

（二）笔刷作为填充图片，视觉效果更好

矢量笔刷，在PPT中和形状一样，不仅可以填充颜色，还可以填充图片。墨迹形状填充图片之后，可以打破传统方正图片的局限。

（三）笔刷作为背景，提升背景的质感

调整墨迹笔刷透明度后还可以用来做背景，笔刷背景看起来更有质感。

七、圆形使用

（一）内容载体

圆形在 PPT 中的第一个用法是内容载体。当直接在 PPT 上输入文案的时，文字易被背景图片干扰，这时我们可以添加一个圆形。

（二）衬托主体

圆形在 PPT 中的第二个用法是衬托主体。

在 PPT 中加入一些图片素材，这些素材需要凸显时，可以在素材底部添加一个圆形，起到加强视觉引导、提升用户注意的作用。

（三）修饰页面

圆形在 PPT 中的第三个用法是修饰页面。

在 PPT 中，如果觉得页面有些单调，可以用圆形来修饰，这里的圆形可以是渐变的圆形，也可以是半透明的圆形。

（四）制作图示和图表

圆形在 PPT 中的第四个用法是制作图示和图表。对 PPT 进行排版时，文字需要进行图形化设计，就是将文字制作成图示或图表，如并列结构的图示、总分结构的图示、中心向外辐射的图示。

（五）版面构图

圆形在 PPT 中的第五个用法是版面构图。

对 PPT 进行排版时，经常出现版面失衡的情况，这时添加几个圆形，就可以平衡版面。

常见的版面构图方法有对称构图、对角线构图、三角形构图。

八、虚化

虚化效果在 PPT 中的设置很简单，只需要选中图片，在"格式"菜单下的"艺术效果"里面就可以找到"虚化"了。

操作方法：点击图片→格式→艺术效果→虚化。

虚化效果有以下应用。

（一）局部虚化效果

有时文字直接放在图片上效果显示很差，可以将文字展示部分使用虚化效果处理一下。

这里需要将图片进行裁切，在将裁切后的位置进行虚化的处理，PPT 无法在整个图片上做局部虚化处理。

（二）制作质感的背景

一个优质的幻灯片背景很重要，如果使用纯色作为背景，难免会显得有些单调。

这时可以通过虚化图片来作为背景。把图片进行虚化，将抠图的主体放在虚化后的背景上，效果非常不错，既突出了主体，又保留了氛围。

（三）虚化文字

除了图片的虚化，还可以将一些文字进行虚化。

不过文字不可以在 PPT 中直接使用虚化效果，它必须先转化成图片，然后才能进行艺术效果设置。

这个转图过程很简单，直接复制文本，然后单击右键选择粘贴为图片就可以了。

如果想要对文字局部进行虚化，那么还需要通过布尔运算先拆分文字，然后转图，然后再虚化。

第四节 大学生创新创业比赛 PPT 制作

一份图文并茂、文字精练的 PPT，可以为演讲者提示思路，抓住演讲重点，吸引投资人，强化项目的初步印象。优秀的项目 PPT 如图 8-34 至图 8-37 所示。

图 8-34 全国"互联网＋"大学生创新创业大赛金奖——"南'馒'入侵"(1)

图 8-35 全国"互联网＋"大学生创新创业大赛金奖——"南'馒'入侵"(2)

图 8-36　第五届中国"互联网＋"大学生创新创业大赛全国总决赛亚军项目

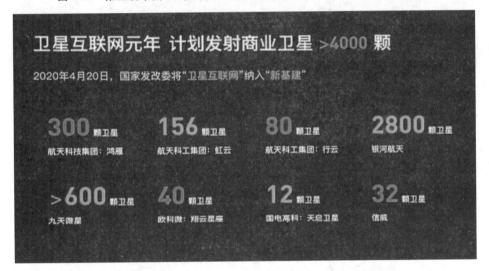

图 8-37　第六届中国国际"互联网＋"大学生创新创业大赛总决赛冠军项目

一、优秀项目 PPT 的特点

（一）主题鲜明

优秀的项目 PPT 要表达出鲜明的主题，体现项目的特色。

（二）定位精准

优秀的项目 PPT 要定位准确，把握机会，找到细分市场需求，设计客户最需要的关键应用。精准定位细分客户，精准定位核心功能。切记不要做功能的罗列，不要说适合所有的客户。

（三）逻辑清晰

优秀的项目 PPT 要有清晰的商业逻辑、业务逻辑与呈现逻辑，创意组一定要将商业模式闭环描述清晰，初创与成长组要将业务逻辑描述清楚。PPT 呈现的逻辑要清晰，紧密围绕主题，避免出现逻辑嵌套，在呈现逻辑上，可以借鉴"金字塔原理"来表达。

（四）内容丰富

优秀的项目 PPT 基于鲜明的主题、精准的定位与清晰的逻辑基础，体现出丰富的内容。

要将表达的内容在 PPT 中充分体现，避免出现一页一句话、一张图等模式。

（五）形式专业

形式上要精心设计，包括模板、色系、字体、字号、标点、图表、动画（切忌过多使用动画）设计等。

（六）结尾有力

要有一个好的结尾，要用精简的话强调项目的价值点，或梦想，或愿景。

（七）日新月异

要不断迭代升级完善。

二、大学生创新创业比赛 PPT 的基本制作建议

（一）避免 PPT 对比不鲜明

比赛汇报时，如果 PPT 背景与字体颜色比较接近，字体不突出，不利于评委观看 PPT 内容，容易产生疲惫感。所以制作 PPT 时，建议使 PPT 文字与背景对比鲜明，让评委看得清楚、真切。

（二）避免 PPT 字体太小

项目路演时 PPT 展示屏幕距离评委有一定的距离，在确保 PPT 整体风格的情况下，建议 PPT 的文字尽量大，让评委看清楚 PPT 的文字内容。在制作 PPT 时，用加粗或加大字体来突出标题，用颜色来突出重点部分。要让评委瞬间能捕捉到 PPT 内容的重点和亮点，在最短的时间内了解 PPT 所介绍的项目内容。

（三）避免 PPT 文字描述太多

如果 PPT 整页都是文字描述，把页面填充得满满的，项目内容描述十分啰唆，既看不到项目重点，又看不出亮点。建议在制作项目 PPT 时，项目内容文字不要写太多，文字表述要简洁、凝练，让评委在最短的时间内了解项目内容重点和亮点。

（四）避免 PPT 插图太多

避免 PPT 插图太多，版面凌乱。PPT 页面空间有限，为了突出项目汇报效果，可采用插图提高 PPT 汇报的生动性和展示性，但不要弄巧成拙，要使用有限的插图和图标尽可能完美地展示 PPT，突出重点和亮点。避免 PPT 插图多、文字少，以及项目内容描述不清晰、不完整。

（五）避免 PPT 页数太多

大赛组委会对于项目路演时间要求一般是 8+7 分钟、8+5 分钟、10+3 分钟或 10+5 分钟，也就是说项目汇报时间多是 8 分钟或 10 分钟，回答评委提问时间多是 3 分钟、5 分钟或 7 分钟，因此项目路演的汇报时间十分有限。建议项目路演 PPT 页数控制在 15~25 页，介绍项目主要内容和核心技术，突出项目亮点。

（六）避免 PPT 内容不全

项目路演 PPT 项目内容主要包括创业团队、产品与服务、市场痛点、市场空间、竞品分析、商业模式、市场策略、发展规划、资金筹措、财务分析、风控分析、创新点、知识产权等，有些内容最好用关键词或提示符来提示解说汇报。

（七）避免 PPT 亮点不突出

参加大学生创新创业大赛项目路演时，比的就是项目特色、项目优势、项目创新性、项目盈利性和项目成长性。建议围绕创新创业计划书的主要模块内容，梳理和提炼出有项目亮点的东西，在 PPT 中尽可能有条理地、完整地展示项目特色与优势。无论是产品的特色与优势，还是团队的特色与优势；无论是市场的竞争策略，还是项目的发展规划；无论是市场空间，还是融资计划，都要尽可能地表述完整，汇报清楚。

（八）其他建议

为了顺利进行路演，建议 PPT 中不添加动画特效，因为特效多占时间，而且经常由于版本问题出现乱码，会影响演讲者思路。项目团队照片应正式，不能用生活照，也并非得证件照。大学生创新创业比赛通常需要制作两版 PPT，一版为路演版，单独提交；另一版为网评版，以图片格式放在计划书最前端。这不是赛制要求，而是一种技巧，能让评委以最便捷的方式先了解到项目。

（江一山　张小远　龚亮）

第九章　大学生创新创业项目路演

路演是信息传递沟通的过程，是在公共场所演示产品、推介理念，以及向他人推广公司、团体、产品、想法的一种方式，是大学生创业者获得社会和投资人认可的重要方式。在"双创"的时代洪流中，许多大学生通过项目路演来推介自己的创新创业计划，在大赛中展示自己的创新创业方案。路演给大学生创业者提供了科技成果转化和落地的机会，是大学生创业者与政府、投资者之间进行交流的桥梁，帮助大学生创业者展示创新创业机会、加强资源整合、获得投资者青睐、实现创新创业梦想。

大学生创业者从所研究的问题或解决的行业痛点入手，介绍自己的产品或解决方案，明确自己的商业用户，阐述自己的核心竞争力，在研究市场、分析市场容量的基础上，找到进入市场或扩大市场的盈利模式，通过最终的财务与盈利性分析，展示创业团队与创业项目的过人之处，从而赢得投资人的风险投资或竞赛胜利。中国国际"互联网＋"大学生创新创业大赛、"挑战杯"全国大学生课外学术科技作品竞赛和"挑战杯"中国大学生创业计划竞赛这三大高校创业赛事的现场决赛都是通过项目路演和现场答辩的方式进行评比。因此，了解大学生创新创业比赛路演的相关内容，对于在相关赛事中取得优异成绩尤为重要。

第一节　创新创业项目路演准备

路演答辩是将项目展示给他人的最重要的环节，在这个环节中，参与者可以充分地展示团队的实力、项目的特色，以及现有的项目进展，吸引评委的兴趣，获得最后的成功。所以为答辩环节做好充分的准备至关重要，一份简练的答辩稿更是重中之重。

俗话说，台上一分钟，台下十年功。在路演的舞台上，大学生选手们自信昂扬、妙语连珠，用他们特有的方式征服了观众和评委，获得了不断的掌声与欢呼声。这都是比赛场下刻苦钻研与潜心积累的结果。一个完整的大学生创新创业项目由众多内容组成，各部分之间相互关联且延伸，答辩现场更是充满许多意外，这需要同学们做好前期工作的准备，才能在"双创"赛事的舞台上胸有成竹，取得优异成绩。

答辩稿是项目路演的基础，如何在有限的时间内展示项目更多的亮点并成功吸引评委的目光，是答辩人在撰写答辩稿时的重要任务。在答辩稿的准备过程中，需重点关注学生自己的创业故事和项目内容。

一、讲创业故事

比赛中的评委已经看过了无数个比赛项目，有些比赛项目甚至可能相似，答辩人要在一开始就引起评委的兴趣，引导评委跟着展示的思路走。许多大学生创业者曾经走过辛酸艰难的创业路，讲述这段难忘的创业故事会达到良好效果。

创业故事的形式大概分为两类：一类是发生在大学生自己身上的真实创业故事，这样的创业故事既可以增加评委的信任感，还可以使接下来的项目介绍更加流畅；另一类创业故事是选择一个与项目相关的时事热点，通常评委对时事热点比较敏感，可以在最短的时间内引起评委的兴趣。讲好一个创业故事可以从下面几个方面做起。

创业故事包括五个要素：何时、何地、何人、何事、何故。每一个创业故事都应该包括这五项内容才算表达清楚。

①何时表述：要开门见山，用警示性的话语，引起听众的注意。
②何地表述：要尽快进入场景，这样才会突出想表达的主题。
③何人表述：要有名有姓，有名有姓才显得真实，也方便听众理清思路。
④何事表述：应注意表达具体化、描述细节化。
⑤何故表述：相对不太重要，是对听众的一个心理释放。

讲创业故事最重要的是对事件的讲解，换句话说，也就是重现场景。重现场景的一个技巧就是表达具体化、描述细节化，这样才能使听众从一个与演讲者描述一致的画面进入情景，而不是让听众随意思考，因为随意思考的结果自然是听众的反应不一致，不一致在社会心理学中意味着心理互动的失败，心理互动失败就不能在演讲中达到最佳效果。

细节必须具体。换句话说，也就是重现场景。

讲述创业故事时，特别要注意用情感去演绎。创业故事有情节，情节必须引发感情冲突，所以讲创业故事时要用"情"去讲。

铭记讲创业故事的目的：演讲不是单纯地讲创业故事，主要是通过创业故事来生动地描绘和陈述观点，时刻记住创业故事要与演讲的主题保持相关性，否则会适得其反。

二、全面了解项目

一个好的创业项目内容很难在短短几分钟内全部呈现出来，这时便要有所取舍。项目介绍时需包含市场前景、技术水平、产品特色、盈利方式、团队成员、创业风险及防控等环节，答辩人可以根据自己的需要，合理分配时间。

项目答辩人在公司内均扮演一定角色（如负责某个部门），应全方位了解与掌握自己的职责，对公司运营、产品特色、市场价格等，答辩者应事无巨细地记在心中，方能保证在评委提问时能对答如流。建议用以点带面的方式去思考，一个问题点，可向外辐射出许多细小却又与之相关的问题，逐个了解并攻破，在脑海中形成有形的知识体系。

产品介绍是路演的重中之重，一个好的产品展示胜过千万种营销手段。项目答辩人可按以下几个方面展示产品，突出产品的与众不同。

①产品简介：这是产品介绍中最为关键的部分，说明产品是什么。
②产品功能：这是需要简要说明的部分，阐明产品解决了怎样的痛点问题。
③产品原理：不同的产品写法大致相同，配料是什么，配料具有哪些功能，借助某些材料的功能能实现什么功效等。

了解市场，包括了解市场环境与同行竞争者等情况。学生可通过阅读各类书籍、上网收集资料等方式，初步了解市场行情与市场整体水平，抽取部分强有力的同质公司进行对比，在心中明确自己公司在市场中所处的地位及公司的劣势与优势，并基于思维的碰撞为公司提出科学建议。

盈利方式是探求企业利润来源、生产过程以及产出方式的系统方法。简单说，盈利模式就是在告诉评委项目的可行性，一个拥有较好盈利模式的项目自然可行性也较高。团队成员的展示决定了能否获得评委的信任。

回答问题时，使用"3W1H"方法。WHO：主体是谁？谁在做这件事？核心客户群体是谁？WHY：原因是什么？为什么这么做？意义何在？WHAT：内容是什么？做了什么？具备怎样的性质与特征？HOW：怎么做？通过什么途径与方式做？

在注重项目原创性的今天，团队成员能力与项目规模之间的匹配程度也越来越被评委所关注。当然答辩稿的内容并不局限于这几个方面，项目的每一个突出点都值得在答辩稿中被提及，具体的环节设定还要视项目而定，具体情况具体分析。

典型案例 9-1

让世界见证卫星互联网测量的中国力量

"在随后的五分钟里,请大家和我一起,把眼光投向太空。"仅有的一位女参赛选手声起,一袭红衣,在白衬衫黑西服的人群中,尤为耀眼;冠军争夺赛的舞台上,这位女参赛选手似乎就注定成为全场的焦点。

经过最终打分,"星网测通"项目以1310分的高分,夺冠成功。项目负责人宋哲也成为大赛举办以来的首位女冠军(图9-1)。

图 9-1 "星网测通"项目负责人宋哲路演

宋哲的美,不仅在于一身荣誉,更在于她"想要让世界见证卫星互联网测量的中国力量"的坚定决心。

2008年汶川地震,灾区大部分通信设施毁坏,救援人员肩扛通信设备的场景深深触动了当时正在做本科毕业设计的宋哲,她将毕业设计定位在了卫星互联网领域,以解决更多通信问题。

"从2014年马斯克和星链项目横空出世,再到今年我国提出新基建,卫星互联网正在带领着人类大踏步地进入太空WIFI时代。"宋哲认为,测量就是给卫星做体检,是卫星互联网产业链的关键一环。

给卫星进行测量,说起来容易做起来难。卫星的轨道高度高达数万公里,使得卫星上的微小偏差会被放大为地面覆盖区域的大幅偏离,而想要偏差小,就得测得准。

"在准的基础上,卫星测量还要解决通信场景多,通用设备功能弱,测不了;测量流程长,设备效率低,测不快;产线规模大,设备售价高,测不起等问题。"为了解决这些问题,宋哲用了12年的时间。

以宋哲为主要负责人,项目团队发明了宽带链路测量仪,实现了九种调制模式的柔性测量,一台设备就能测数百个场景;发明的参数矩阵测量仪,实现了109个通道的全并行测量,效率提升100倍;还发明了十二分量模拟源,实现了20余种波形的低复杂度测量,为用户节省了90%的成本。

宋哲介绍,目前,"星网测通"的设备已可满足国家多个重大型号的研制急需,保障了神舟飞船宇航员与地面之间天地通话链路的畅通,保证了天通一号卫星能按时飞向太空,填补了北斗系统测量手段的空白,让卫星互联网测量的中国力量被世界所见证。

三、路演排练

当拥有一份完美的答辩稿后,就需要进行大量的排练。排练时可在"幻灯片放映"中选择"排练计时",进入播放窗口。计时器上的按钮从左到右分别为下一项、暂停/开始录制、当前页计时窗口、当前页时间复位按钮、总时间。排练计时结束后,在幻灯片浏览视图里,可以在每个PPT的左下角看到时间,这就是每一页PPT试讲过程中实际花费的时间,之后根据实际情况调整演讲节奏。排练计时功能虽然好用,但是不注意或者对答辩稿不够熟悉的话,也可能出现跟不上放映幻灯片的情况。在准备不够充分时,可以将放映方式设置成手动换页,而不是排练计时的换页,这样比较稳妥,可以防止突发事件,规避演讲跟不上幻灯片的风险。

四、路演应注意的问题

几分钟路演能否打动评委,打动投资人,有许多方法值得学习,通常要注意以下几个方面的问题。

(1)答辩人所代表的是整个团队。答辩人的状态直接影响评委对项目发展及团队的看法,所以答辩人要充满自信,争取赢得评委的肯定。如果自己都不相信自己的产品,又怎么能获得评委的信任。

(2)反复演练,控制时间,注重演讲的基础技巧。要合理利用PPT中的排练计时进行试讲并录像,反馈演讲效果并及时改进。

(3)控制好语速,保证评委能够抓到所展示的每一个点才是一次有效的路演。把复杂的问题简单化,用翔实的数据、具体的事例和故事进行讲述。在实际比赛中,如果出现一些突发状况,比如忘词或者幻灯片放映过快或者过慢等,这时可以对语速进行微调,或者有选择地放弃一些演讲词,保证演讲过程的流畅。

(4)注重答辩人的仪态。答辩人要注意自己的着装、体态,以及演讲语气等方面的细节。因为答辩人代表的是整个团队,所以答辩人的形象代表了团队的形象。一个好的团队形象会给团队加分不少。

(5)答辩人要有舞台意识。要熟悉舞台、遥控器和PPT内容,把握好时间,不要使用太多专业用语,要通俗易懂。答辩人可以通过肢体动作引导观众跟着答辩人的思路走,切记动作不要太过浮夸,给人留下不沉稳的印象。

项目答辩是一个帮助评委进一步了解项目的环节,在回答问题时,如果能成功地营造一种愉快的交流氛围,对最后的结果无疑有着巨大的帮助。团队中应该选定一个主答辩者,主答辩者首先回答评委的问题,如果有需要,团队中的其他成员再进行补充,避免场面混乱,给评委老师留下不好的印象。在正式路演前,答辩人可以事先准备一份回答模板,注意项目中的细节与专业性问题,那些往往是评委问题的出处。回答评委的提问要遵守下面的基本原则。

(1)有答有辩。有坚持真理、修正错误的勇气。既敢于阐述自己独到的新观点、新见解,又敢于承认自己的不足,修正失误。

（2）碰到不会的问题，不要紧张也不要强答。如果出现了无法应对评委问题的情况，可以巧妙地将问题绕到项目的亮点、团队的能力展示等方面，既避免了冷场的尴尬，又强调了自己的特色，一举两得。

（3）听清楚评委的问题之后再回答。

做好口头回答的准备，提前准备一份回答问题的模板。陈述问题时，把要说的内容理顺，熟记于心，语言简明流畅，这样会给评委自信大方的印象。回答问题时，一定要坦然镇定，声音要大而准确，使在场的所有人都能听到。针对答辩，应在赛前做好充足的准备，让评委了解到团队的能力，获得最后的成功。

典型案例 9-2

全栈式工业设备智联革命的引领者

"如何说服工业级互联网芯片企业使用你们的产品？""你们的产品很多，是不是不够聚焦？"面对评委的犀利提问，武通达都会向前迈出一大步去回答，肢体语言透露着他的自信，最终他荣获本届大赛总决赛亚军（图 9-2）。

图 9-2　高能效工业边缘 AI 芯片及应用项目负责人武通达路演

"大概在 2015 年，AI 芯片才刚刚起步，我那时候更多的注意力还是跟随我的导师探索技术上的深度。然而创业是一件探索技术和应用结合的事情，可那时候我还不够敏感。"但如何把研究成果落地却是武通达一直思考的问题。

作为黑龙江大庆人，武通达注意到，我国传统油田的生产流程在很长一段时间内存在着设备管理困难、过于依赖人工、无法进行预测性维护等难题。"这些问题不但导致企业运转效率低下，也使得运转成本异常高昂，大量国有资产被浪费。"基于这些思考，武通达联想到了 AI 芯片与工业的结合。

借助导师刘勇攀教授以及一众志同道合的清华战友之力，湃方科技成立了，目标就是用 AI 技术赋能我国传统工业智能化升级。

要如何满足市场的需求？武通达表示，在市场上无论只做硬件还是只做软件，都会面临局限性,"因为中间的接口目前还没有一套标准来实现理想的软硬件融合。湃方科技要做的就是全栈式解决方案。"方向确定了,第一个难题也随之迎面而来,那就是如何获取有效的工业数据。

因为设备管理场景中的数据基本是缺失状态,收集现有的数据不太可行。所以,起初的湃方科技都是拿着自己设计的技术方法去找设备制造商合作,做破坏性实验积累高价值数据,并寻找行业专家的支持,构建机理和数据融合的基础算法模型,通过支持自动学习的算法框架实现每台设备算法模型的针对性调优,之后再不断迭代,拓展不同的设备类型和工况。"曾有新加坡客户对我们的设备智能诊断方案很感兴趣,并来到湃方科技合作工厂现场考察,我们通过现场做故障盲测实验,并以无人工参与、高准确度的异常预警和故障诊断效果,获得了客户的高度认可。"武通达感慨,创业初期真的是挺不容易的,好在湃方科技挺过来了。

目前,湃方科技已成长为一家拥有 70 多位优秀人才、众多合作伙伴、完成了数千万元天使轮和 A 轮融资的高科技企业。未来,湃方科技将持续深耕设备管理赛道,争做全栈式工业设备智联革命的引领者。

第二节 大学生创新创业演讲技巧

项目路演本质上也是一种演讲,故在项目路演时可以参考一些演讲经验,以便让路演更具展示力,增强创业项目参赛竞争力。

项目路演可以按照"10-20-30"原则设计演讲。"10-20-30"原则是日本风险投资家盖川崎提出的一个 PPT 制作及演讲原则。10 指演讲 PPT 不超过 10 页,过多的内容会让观众记不住重点;20 指演讲时间不超过 20 分钟,否则很容易让观众分心和厌倦;30 指演讲 PPT 使用的字体要大于 30 号,除了让观众看得清晰,更重要的是要用精练的语言对观点进行表达和阐述。

提前准备一份演讲稿。俗话说,不打无准备之仗。提前准备演讲稿,不仅能帮演讲者梳理演讲的内容、重点,还使演讲者提前演练以控制好时间。重要的是,演讲者可以在演讲稿中使用一些小技巧,将内容串联成有趣的故事。一般来说,演讲稿分为开场白、正文、结尾三个部分,把握好演讲的结构至关重要。演讲者可以站在观众的立场认真考虑,哪些内容是重点,哪些内容可以剔除。要记住,简单清晰的演讲是观众最喜欢的。

提前到达会场。提前到场可以熟悉场地,缓解自己的紧张情绪,而且有充分的时间检查电脑、投影设备等,万一出现小故障可以提前解决。想象一下,如果观众都坐好了,演讲者才进入会场开始调试设备,是不是会感到很紧张?毕竟台下那么多双眼睛盯着,万一有点小问题,就会放大演讲者的紧张感。

良好的演讲站姿。演讲者的体态、风貌、举止、表情都应给听众以协调的、平衡的、良好的感受。要想从语言、气质、神态、感情、意志、气魄等方面充分地表现演讲者的特点,演讲者应做到脊椎、后背挺直,胸略向前上方挺起;两肩放松,重心主要放在脚掌脚弓上;挺胸、收腹,精神饱满,气息下沉;脚应绷直,稳定重心位置。

注重开场白,增加互动。开场的 2~3 句话是非常重要的,因为它关系到演讲者的演讲能否在第一时间引人入胜。这时,前面提到的演讲稿就要发挥作用了。演讲者用准备好的有趣内容(小故事、互动问答等)吸引听众,最好不要干巴巴地直接进入主题。当然,还要有自信、有激情,不要单纯地背诵演讲稿,要注意调动听众的情绪。

放慢语速,注意眼神交流。没有经验或者紧张的演讲者很容易在演讲时语速过快,让听众听起来很累。所以要反复提醒自己放慢语速。通过停顿达到强调的效果,给听众留出思考和反应的时间。眼神交流也是增加互动的一种方式,可以吸引听众,也能显得从容自信。最好能够照顾到会场各个地方的人。如果真的很紧张,那就多微笑吧,微笑也是很有力的武器。

适当变换语调,不要读PPT。如果总用一种音量和语调,很容易让人疲劳、昏昏欲睡。所以演讲者要试着变化音量和节奏,重点内容和词汇要提高音量、稍做停顿。另外,PPT只是演讲的视觉辅助工具,所以不要照着PPT读,否则会让人觉得很无聊,从而失去对演讲者演讲的兴趣。

适当利用手势,展现自信。自信是一种很好的情绪,而且极具感染力,如果演讲者能在演讲时保持自信,便能游刃有余地把控演讲的内容及节奏,而且在一般情况下,观众不会注意到演讲者的小错误,所以演讲者应放松一些,打起精神。

演讲中若遇观众突然打断怎么办?不要慌张,保持礼貌,询问他有什么问题并尽量帮助解答。如果在提问环节,遇到很刁钻的问题,也不要太紧张,演讲者可以说:"这是个不错的问题/这个问题提得很好"之类的,给自己争取一点思考和组织语言的时间。

注意,在整个演讲过程中,要减少使用支撑词,比如嗯、啊、那个、然后等,这些词会让观众分心、不耐烦。可以有意识地训练自己,用深呼吸或停顿来替代。

熟能生巧,乐在其中。俗话说:"一回生,二回熟",演讲能力也是可以通过锻炼来提高的,所以初期演讲的时候不要太关注讲得好不好,吸取经验比什么都重要,当反复锻炼后,演讲者一定会充满自信。当然,要想吸引他人的注意,就要先让自己乐在其中,投入情感与激情,观众自然会被演讲者的情绪所感染,那么演讲也就成功了一大半。

努力克服畏难、紧张情绪。投资人将对创业者的信任与对项目本身的信心看得同等重要。路演时,演讲者最大的障碍来自恐惧和怯场。有的演讲者会呼吸急促、喉咙发紧,有的会手心出汗、双腿发抖,有的学生表情僵硬、语速加快,有的会头脑空白、忘词卡壳。这些表现都是人在高压下容易出现的反应,适度的紧张是正常的,利于提升效能感。过度紧张则是失常的,容易导致临场失去信心和失利。

路演中演讲者首先要对项目有信心。台上的自信来源于台下的反复多次有效的练习,如经常对着镜子微笑,给自己积极肯定的自我暗示,坚信我能行,反复告诉自己"我一定行"等。在参照PPT进行演讲时,上场之前深呼吸,不要急于开口,先环视观众,寻找亲切的面孔,注意眼神交流,大声开始表达,解除紧张感。此外,在路演训练时,一定要安排演讲者在类似竞赛场景中进行演讲,场下必须有观众模拟赛场环境,给学生真实的压迫感和紧张度,高度实战感的训练才是有效的。

模拟专家提问的训练同等重要。在专家面前,演讲者自信、流畅的回答更能打动人。训练时,可以找不同专业的老师担当评委,从各自的视角对项目进行发问,演讲者按照自己的理解,回答老师的问题。必须对演讲者强调,答不出专家提问也是正常的,要保持镇定,从容不迫地承认自己的不足,切不可和专家狡辩。

路演的过程中要以观众为核心。要说服他人,首先要说服自己,演讲者应充分发挥自我效能感,用最自信的状态呈现创业项目的方方面面。在路演中,演讲者最容易犯的错误就是过分关注自己,要反复提醒自己,不是我要讲什么,而是要让观众关注什么。在陈述时,注意阐述视角的转换,注重观众的体验。路演时,要注意实事求是,不能回避创业项目的问题和缺点,不能一味夸大。在展示创新项目时,不要过度使用专业术语,要通俗易懂,让听众快速有效地认识产品的功能和作用,让投资者了解项目潜在的商业价值。演讲者通过精神影响力、逻辑说服力、表达沟通能力和布局感染能力的综合运用达到影响和说服观众的目的。

不仅创新创业比赛中需要进行PPT演讲,在学生时代的实践汇报、论文答辩、应聘时的自我介绍、作品展示,以及工作之后的提案、工作总结,都会需要用到PPT演讲,所以创新创业大赛是锻炼演讲能力的机会和平台,参赛者应争取在比赛中提升路演技能。

提升路演技能不仅仅是为了短期竞赛,路演技能对提高学生综合素养、塑造学生职业形象也有着重要的作用。创业之路举步维艰,提高学生的自我效能感,有助于学生坚持自己的创业梦想。众所周知,没有一蹴而就的创业,贵在学生的不断坚持。提高学生的自我效能感,有助于学生在创业受挫时,发挥主观能动性,借助身边亲人、朋友、社会等力量,走出困境;提高学生对新鲜事物的敏感度,从创新求异的角度及时调整创业思路,快速适应市场,在满途荆棘中,走出一条属于自己的创业之路。

典型案例 9-3

常州大学挑战杯特辑——金奖是怎样炼成的

一个当初差点与国赛失之交臂的项目,是如何抓住复活的机会,一步步走到今天的?又是如何在众多优秀的课题中脱颖而出,拔得头筹的?

一、立足课堂,放眼未来

空气污染因其范围广、危害重、治理难等特性成为城市环境治理的主要难题,我国每年因室内空气污染导致的疾病发病率逐年提升。但是我国空气净化器家庭普及率只有1%左右,虽然市面有相对成熟的空净技术,但是后期维护成本却很高。始于民生考量,思考行业方向,担当时代使命,常新空净团队萌生了科技创新的念头。

"在一次化工原理的实习课上,老师带我们参观了用于工业废气处理的降膜吸收塔,它可以利用污染物溶解入水的特性将工业废气处理到符合国家规定的排放标准,这不禁点醒了我们,我们是不是可以制作一台缩小版的降膜吸收塔用于室内空气净化?!"带着这样的疑问与好奇,常新空净团队开始网罗志同之士,寻求专业老师帮助,进行专业探索。

二、对标找差,潜心研学

如何让产品净化效率更高?如何扩大去除污染物种类?如何让产品终生无耗材?这些降膜吸收技术在微小设备上的攻坚应用难题,都一一等着常新空净团队去解决。从2018年10月到2020年11月,两年的时间,常新空净团队都在摸索这一个项目。他们白天穿梭在教学楼中学习专业知识、查阅资料,节假日期间走访调研、实地考察,对标行业市场覆盖率较大的小米等品牌空气净化器,充分利用专业知识,发现差距找原因,发现问题寻方法。

因为技术、产品、赛制等熬过的夜,队员已经数不清楚有多少了。但是,在一次又一次的讨论中,思路变得清晰;在一遍又一遍的打磨中,技术变得成熟;在一字一字的琢磨中,文本变得完善。

终于,他们将化工领域的降膜吸收技术引入室内空气净化过程,以水作为污染物的吸收介质,实现了换水即换芯的技术突破。正如队长所言:"哪怕是一丁点的成果,能帮助实现更绿色健康的室内环境,提升人民生活幸福感,那也是好的。"

三、携手并进,筑梦远航

荣获金奖后,团队负责人周郁钊首先感谢了指导老师的辛苦付出,校领导、校团委、学院的大力支持以及曾经帮助过他们团队的所有人,此外,更感谢团队所有成员的艰苦付出,当然,也包括他自己。

"当初得知省赛落选后,整个人懵了,心里的不甘和遗憾很难用语言形容。如果我们不相信那一丝希望,没有继续坚守,不可能从国赛直通车'打'到国赛金奖。"上下同心者胜,众志成城者赢,同舟共济者进,风雨无阻者兴。金奖的背后是整个常新空净团队沉甸甸的努力、坚持和团结。

目前,常新空净团队已与两家养老院签订合作协议,达成了首批100台的订购意向。未来,他们还将与78家养老院、52家幼儿园签约订单,与小米联合开发,自主研发新型鼓泡式、喷淋式净化器。未来,将大有可为。

第三节 学习创新创业大赛路演经验

近几年兴起的创业大赛提供给国内创业者展现自己的舞台，不同级别、区域、主题的创业大赛不断涌现，其中影响范围较大的有中国国际"互联网＋"大学生创新创业大赛、"挑战杯"中国大学生创业计划竞赛、中国创新创业大赛、"创客中国"中小企业创新创业大赛等。这些大赛营造了良好的创业氛围，为培养创业意识、提高创业能力、扩大创业成果的影响力提供了良好的环境。我们可从大学生创新创业大赛的路演中学习知识，挖掘影响投资人对创新创业项目评价高低的关键因素，进而提高大学生创业者路演水平。

一、制作一份完整全面的路演 PPT

显现完整全面的路演指在最有限的时间里做最充分的项目展示，完整全面的展示需要阐明以下主要内容。

（1）项目背景（为什么做）。该部分需要讲清楚项目背景所涵盖的内容，在项目背景展示的过程中要注意以下事项：可以配图说明进行情景带入，尽可能讲得通俗易懂，形成强烈的刺激和共鸣。描述清楚问题的现状、受影响人群、问题产生的根本原因。

（2）项目简介（怎么做）。项目简介主要涵盖产品或服务模式，讲述时要做到方案具体明确、直击痛点、一目了然。讲明白产品技术、产品功能、如何解决问题；将产品置入、延伸服务链、构建商业模式、加快推广。

（3）项目进程（做到哪里了）。项目进程涵盖的内容主要有产品进度、营业额、带动就业、荣誉认可等。尤其要讲清楚项目前后发生的变化、解决的痛点，可以采用配图结合文字的方式，形成鲜明的对比；具有社会价值意义的项目还可以在增加收入、带动就业、资源利用、弘扬文化等方面进行项目进程阐述。

（4）核心竞争力（项目好在哪里）。在阐述项目的核心竞争力时，一是要讲"内保护"，从技术壁垒、优势资源等方面做的工作和准备进行说明，用于证明该核心竞争力是别人无法模仿、复制的。二是要讲"外对比"，产品的性价比、市场上的直接竞品、替代品竞争分析。

（5）营销策略（产品怎么卖）。值得注意的是，营销策略一定要是有效、具体的销售策略，要分点进行介绍，比如该策略已产生的实际效果，并可进行注释，添加相关数据，增加项目的真实性。

（6）财务分析及融资需求（钱从哪来）。演讲中项目财务分析及融资需求涵盖的内容主要是对创新创业计划书中所制作的收支明细表进行绘图展示，讲明白融资需求、融资金额、出让股份、资金用途、预测回收周期等内容。

（7）团队介绍（谁在做）。该部分路演内容主要涉及项目主要成员、指导的导师、知名的顾问，值得注意的是一定要紧紧围绕项目进行介绍；介绍团队成员所学专业、履历、经验及跟项目的关系；团队内各成员担任的职务、具体做出哪些成绩；指导老师的研究领域、工作经验和项目的关联、具体为项目带来哪些实际的帮助；至于担任学生干部和获得奖学金并不能说明什么，各取最高级别一项即可。主次有别、轻重有分，不要记流水账。图片要正式，但并非必须使用证件照。

（8）PPT 要与路演配套。PPT 的页数应满足大学生创新创业比赛相关规定，路演时间一般为 5～10 分钟，项目路演配套 PPT 最好控制在 20 页左右，设计上要言简意赅、重点突出、少说废话、直击主题。一般字号可选择 30 号左右，把关键字、词加粗并更换颜色。PPT 字数不宜多，颜色搭配上尽量不要采用红配绿或红配紫，整个 PPT 总颜色不宜超过 3 种，特效不宜过多。

二、活用路演演讲技巧

如果说创新创业计划书是大学生创新创业赛事的入场券，那么路演答辩则是比赛决胜的关键。关注以下技巧可以帮助参赛者更好地进行项目路演展示和答辩。

（1）把重点讲透彻，不要平均主义。讲清楚项目为什么做、怎么做、做到哪里、核心竞争力是什么。切忌像记流水账一样对各个环节平均介绍。

（2）善于抓住PPT中的关键词展开描述，讲出独特的"味道"，切勿照本宣科。如果讲的内容跟PPT完全一样，评委直接看PPT即可。更何况对于评委而言，如果项目负责人自己的项目都讲不好，评委也很难看好这样的项目。

（3）情景带入，通俗易懂。大学生创新创业赛事的评委一般来自各行各业，精通领域不一，用贴近生活的案例、通俗易懂的介绍可让评委们了解该项目，并且参与交流提问。评委了解了项目、提出有质量的问题，就容易有好感加分。反之，评委不了解项目，不知如何提问，更多选择沉默，打分中庸或偏下。需要注意的是，以上这些细节只是加分小项，评委本质上还是看项目是否有创新、是否能落地。

（4）有情怀，更能打动人心。项目不能只关注纯粹的商业价值和利润获取，适当将愿景、情怀融入项目，更能体现社会价值、得到评审专家认可。

（5）演讲时可适当回头看PPT，这样既可以把握时间进度，又能防止忘词，同时也使得项目展示更显真实。

（6）与评委多进行眼神交流，不要一直看PPT、稿子，或者一直背稿，无视评委存在。与评委进行眼神交流，能够更加凸显演讲者的自信，提高印象分。

（7）注意时间。演讲超时、提前结束都不适宜。

三、认真准备答辩问题

演讲者可提前准备一些评委经常问到的问题。

(1) 竞争分析。如：跟某品牌比，你们的优势/创新点在哪里？客户为什么选择你们？

(2) 产品技术。如：有申请专利/软著了吗？第一作者是谁？

(3) 商业模式。如：你们是怎么做的？你们的商业模式是什么？

(4) 营销。如：你认为最有效的销售办法是什么？

(5) 风险应对。如：如果遇到问题，你们该/是怎么解决的？

(6) 财务。如：你们一年的营业额是多少？利润是多少？有缴税吗？

(7) 融资。如：如果我投资你们，预计什么时候能够回本？

(8) 团队。如：目前某工作是谁在做？是怎么做的？

(9) 项目简介。如：请用一句话介绍你的项目。

(10) 其他相关问题。如：你们如何做到项目持续运营？某某地区/群体会发生哪些变化？

在答辩回答问题时可以采用以下技巧。

（1）不要答非所问。直接回答评委提出的问题，不要在回答时拐弯抹角或是自作聪明地引到其他问题上，否则浪费时间，也容易使得评委反感。

（2）承认不懂，也能赢得好感。确实不懂的问题直接承认，但说话方式可以灵活一点，如"好的，感谢老师，这个问题我们确实存在，也有尝试解决，不过效果都不理想，希望台下能向老师讨教学习。"在灵活作答之中化解危机。

（3）遇到争执，不要反驳。当评委提出不同看法时，不要选择直接反驳，首先肯定、感谢他的宝贵意见，然后再提出自己的见解。通过友善、礼貌的方式增强大家对项目的了解和认可。

（4）数据问题最好能脱口而出。评委问到包括市场调查、财务现状等的运营数据时，最好能脱口而出，实在记不住，可回头看下PPT。尽量不要出现卡壳、沉默、答非所问等现象。

（5）懂得识别问题的本质。其实评委的问题无外乎两种：一是项目运营问题，其中包括市场、团队、商业模式、财务、营销等实践中遇到的问题,对于这些问题,只要真正落实了项目,基本上都能很好应对。二是核心竞争力问题,也就是竞争优势、项目特点。不少评委提出的问题表述可能不一样,但其实质就是竞争力问题。

四、在大学生创新创业大赛中提高演讲者路演水平

在中国"互联网+"大学生创新创业大赛及"挑战杯"中国大学生创业计划竞赛的决赛现场上,5分钟的路演和答辩决定了项目的最终成绩,机会只有一次,需要我们在备赛过程中不断地改进和提高项目路演水平。

项目路演的本质是在有限的时间里传递最有效的价值。有效与否的关键就是能否得到评委或投资人的青睐,让他们印象深刻并认可该项目,或者直接投资。因此,需要用提问思维来做好项目路演的改进和提高。

提问思维,意味着站在评委或投资人的立场去回答他们心中的疑问。因此在项目路演过程中,我们可模仿投资人向自己发问:

你是一个什么样的人?你的专业教育背景如何?你的工作经历如何?你过往取得哪些成绩?蒂蒙斯的创业三模型包括团队、资源、机会。团队组成如何,其实就是回答"什么样的人"的问题。我们需要告诉评委或投资人这些信息:我是一个值得信赖的人,我是很适合这个创业项目的人,我是一个持续创业者。

路演的本质其实就是一场营销,而所有营销的本质最终是营销的"人"。用简洁精炼的话语讲清楚自己作为创始人或项目负责人的专业背景、工作经历,以及团队成员情况。尤其是关键人物的经历,让评委或投资人感受到团队与项目有一种纯天然的契合,没有丝毫的违和感。

要做什么事?一句话讲清楚团队在做什么事。通常的格式是:为某个精细群体,提供某种服务或解决方案或产品。有很多创业者,在10分钟的路演时间里,一直喋喋不休地分析在创业所在领域里,全球有上万亿市场空间、全国有上千亿空间。他们的口头禅是:"今天时间不够,如果大家想要了解更多详情,可以去我们公司看看。"一个连时间都无法掌控的人,是无法掌控好创业的。西方创新创业教育界流行的一种方式是60秒电梯演讲。假设你在电梯里遇到投资人,60秒时间内你得说服他为你投资。这个训练极端但能有效地表明:在最短的时间里,回答清楚要做什么事,至关重要。

卖什么产品?有句话说,"这个世界永远不缺情怀,这个世界也永远不缺想法,这个世界缺的是极致的产品。"在现实中,或许我们熟读驾驶理论知识能考满分,但实际操作时需要调动人的整个身体,达到人车融合,这就是一个发掘"微观体感"的过程。大学生创业者不缺乏宏观战略的表达,中观套路的演绎,缺的是战略的细化、套路的落地。最终聚焦到产品到底是什么?从某种程度上说,项目路演甚至可以一句话都不说,展示产品,标上价格,评委和投资人便已心中有数、了然于胸。比如无人机制造的创新创业项目,最好直接在路演中展示无人机,并清晰地描述它与市场上其他类别的无人机相比最大的优势。产品是大学生在项目路演中最佳的沟通利器。

卖得怎么样?各类型路演的评委及投资人早已看过无数项目,练就"火眼金睛"。大学生创新创业的故事很动人,但最终他们想知道,产品卖得怎么样?有哪些渠道?现在有哪些数据?用事实说话。如果项目已经开始产生销售数据,尽管不怎么样,但也表明已经在接受市场检验的过程中。当然,任何一个评委或者投资人不可能了解每一个行业,必然存有知识盲区。这个时候说服他最好的方式就是告诉他"现在卖得怎么样"。不要大谈特谈市场有多大,投资人想知道的是产品已经占据了多大的市场。回答"卖得怎么样?"这个问题,最忌讳的是基本的财务数据模糊,基本的销售渠道理不清,核心的盈利点搞不明白。创业应该具备基本的成本意识,清楚掌握基础数据,这样才有可能清醒评估自己的项目。

能否持续卖下去?大学生创新创业毕竟不是一次比赛、一次融资就能成功。评委或投资人也一定会评估项目的可持续发展和项目的竞争壁垒。如果一个好的创意、产品、模式,别人却能够轻易抄袭,那就说明

创业项目本身就是在"裸泳"。这样的项目势必难以持久。比如少儿编程的创业项目,如果课程能轻易被别人模仿、抄袭,那么必定无法持续经营下去。因此,在做路演时,一定要展示清楚项目的核心竞争力以及竞争壁垒所在。告诉评委及投资人,或者依托专利发明,或者依托独特的服务体系,或者依托专业知识技术,已经建成了"永恒的护城河",能够保证项目永续经营,可持续发展。

典型案例 9-4

罗化新材料:在大学生创新创业大赛中成长

在第四届中国"互联网+"大学生创新创业大赛冠军争夺赛上,"引领激光照明与显示的'中国亮度',我们是罗化,我们是未来!"的口号久久回荡在上弦场的上空。最终,"罗化新材料"项目凭借着良好的商业性、全球领先的技术和出色的创业团队,获得大赛评委的高度认可和青睐,以总分1140分排名全国第二,斩获大赛亚军。

激光照明与显示具有远超LED等传统光源的优势,是新一代照明与显示技术。然而,其核心部件——荧光转换器却面临着亮度低、寿命短、色域窄等问题,严重阻碍了激光照明与显示产业的发展。基于此,厦门大学"罗化新材料"项目团队注册成立的江苏罗化新材料有限公司致力于高品质荧光转换器材料的研发、生产,提供照明与现实一体化解决方案,团队运用具有自主知识产权的窄带荧光粉、"双助熔"和微观结构调控等核心技术,在国际上首次制备了高色纯度红色荧光陶瓷,成功实现了红、黄、绿全光谱激光荧光陶瓷转换器的量产,补齐了激光照明与显示的短板。

而本次获奖的项目,就是这一款发光材料——激光荧光陶瓷。

"这是团队努力奋战的结果,很高兴我们的创新成果得到大家的认可。"

"罗化新材料"项目路演如图9-3所示。

图9-3 "罗化新材料"项目路演

"罗化新材料"团队主要负责人是材料学院在读博士生罗雪方,团队主体为厦门大学能量转换材料与器件实验室长期从事激光照明与显示研究的博士后、博士生和硕士生,团队第一指导老师为国家特聘专家解荣军教授。团队横跨本硕博三个学历层次,拥有材料学、计算机、政治学、工商管理等多元的学科背景。团队得到了中国工程院院士、中国科学院院士、国家特聘专家在内的行业顶尖专家组成的技术委员会的有力支持。

　　早在2013年,罗雪方就在江苏创办了罗化新材料公司,担任公司董事长。2016年,硕士毕业7年后,她考取了厦门大学材料学院,攻读博士生。决赛现场罗雪方介绍了她带领的团队研制的激光荧光陶瓷转换器。由于技术国际领先,以及潜在的广阔市场前景,罗雪方创新项目在此次比赛征程中受到广泛关注。比赛结束后,不少投资者立即与她建立联系,希望可以进一步探讨合作。

　　罗雪方说:"这一路不仅让我们每一个人成长了,而且对企业要做什么、未来要做什么、现在要做什么梳理得很清楚,也让我们在做企业时上升了一个高度。在这个环境里面,我感觉我的青春创业梦更真实了。"

（江一山　张小远　龚亮）

第十章　大学生创新创业比赛优秀案例

2020年11月17日至20日,第六届中国国际"互联网+"大学生创新创业大赛总决赛在华南理工大学拉开帷幕。共有来自117个国家和地区、4186所学校的147万个项目团队报名参赛。在这里,众多大学生项目团队通过线上线下结合的方式展示创新成果,交流创业感想,让大赛成为一场实现创新创业梦想的全球盛会。

一大批科技创新项目脱颖而出,最终北京理工大学"星网测通"项目获得冠军。"星网测通"团队负责人宋哲博士表示,目前,卫星测量存在测量仪精度不足、效率低下、功能单一、价格高昂等问题。为了解决这些问题,"星网测通"团队研制了宽带链路测量仪,可实现9种测量模式的柔性测量,用一台设备就能测数百个场景;发明了参数矩阵测量仪,实现了109个收发通道的全并行测量,在确保精度的同时,大大提高了效率;推出了12分量模拟源,实现了20余种波形低复杂度测量,将成本大大降低。

清华大学"高能效工业边缘AI芯片及应用"项目获得亚军,清华大学武通达博士介绍说,智能物联网要解决数据的采集、计算和传输等问题。目前,相比采集和传输,计算解决方案依然不够成熟。项目团队通过将芯片和算法进行协同优化,发布了面向工业场景的人工智能物联网芯片。

除了极具创新性,不少项目还带有很强的社会关怀精神。来自牛津大学的项目"塑料循环经济"采用微波技术,通过自主设计的催化剂将塑料垃圾转化为可利用塑料,再制成相关塑料产品,从而减少塑料污染,提高塑料循环利用率。电子科技大学的"沈厅·筑梦家庭农场"项目,通过联合行业带头人打通行业全产业链,为果农搭建起现代农业社会化服务体系,在不到两周的时间内,帮助果农促销了1500万斤柑橘。

推动高校创新项目走向社会、走向市场,离不开教育部门和高校的支持。教育部高等教育司司长吴岩表示,目前,许多学校支持学生创新创业,建立了创新创业的学分积累与转换机制以及在线开放课程的学习认证和学分认定制度。此外,教育部聘请了各行各业的优秀人才担任创新创业教育的专兼职教师,还组织了近4000场"双创"教师培训,培训了"双创"教师34万人次。

大赛还提供了优质的资源对接平台,帮助孵化一大批科技含量高、市场潜力大、社会效益好的高质量项目。据统计,前五届赛后成立公司的项目中,近90%是赛后第一年成立,有一半左右的公司完成融资,19%的项目完成5000万元以上的融资。实践类项目中,2018年年收入在5000万元以上的占比13%,最高的项目年收入突破2亿元。

华南理工大学的"金磁海纳"项目就是其中一员,其全球高性能纳米晶磁芯产品已经广泛应用于电力、电子、光伏、新能源以及航空航天等领域,成为华为、比亚迪、OPPO等知名品牌的合作伙伴。

本届大赛子活动——"智投未来"资源对接会精心打造了线上资源对接平台,于2020年9月28日开通。依托这一平台,前期分阶段举办了新材料、新一代信息技术、智能制造、生物技术线上专场对接,数以千计的优质项目在平台上与资源方互联互通,许多项目获得了大额投资意向、落地邀请和合作邀请。此外,"智投未来"资源对接会还在11月19日举办了线下活动。

通过这一平台,项目方和投资方最终达成融资意向额36.65亿元,参与投资机构或投资人达到459个,参与项目数2020个,各项数据均创历史最高纪录。

在本届总决赛中高教主赛道省市优秀组织奖10个,高校集体奖20个,冠军1名、亚军2名、季军3名,单项奖项目4个,金奖项目104个、银奖项目214个铜奖项目772个,入围总决赛项目112个。"青年红色筑梦之旅"赛道省市优秀组织奖8个,高校集体奖29个,单项奖项目4个,金奖项目23个、银奖项目59个、铜奖项目127个。

教育部要求高校坚持以赛促学、以赛促教、以赛促创，把创新创业教育融入人才培养全过程，持续深化创新创业教育改革，推进高校人才培养范式变革，大力提升学生的创新精神、创业意识和创新创业能力，推动形成新的人才质量观、教学质量观和大学质量文化，汇聚起服务高质量发展的青春力量。下面从总决赛高教主赛道中选取32个大赛金奖项目进行案例点评分析，希望对大学生创新创业与实践能力培养有所帮助。

一、共轴双旋翼无人机，撬动无人机市场

葛讯博士，首届未来飞行器设计大赛全国一等奖获得者，在南京航空航天大学魏小辉教授的指导下创建"韬讯航空"，依托南航微型飞行器研究中心，直升机旋翼动力学国防科技重点实验室，以共轴变距机构、直升机飞控系统、无人机避障系统等为核心技术，致力于打造工业级高性能共轴无人直升机产品。

在国内首创新型共轴无人机，面向我国安防无人机市场，打造符合未来需求的特种无人机产品。近年来，我国无人机产业快速发展，预计到2025年，仅民用无人机产值将达到1800亿元。在消费级无人机市场趋于饱和的情况下，"韬讯航空"瞄准未来需求的特种无人机市场，打造出具备快速动态响应能力、结构紧凑、性能优异、抗风性强的共轴无人直升机。

共轴直升机是直升机研究领域的一个重要分支，就是通过一个轴连接两个旋翼，在同时转动的状态下，两个旋翼所产生的反扭矩得以抵消，以此来保证直升机的稳定运行，采用这样的设计，节省了占地空间。相比单旋翼带尾桨的直升机，共轴直升机抗风能力更强；相比多旋翼直升机，共轴直升机有更长的续航。但共轴直升机存在结构复杂、气动复杂、控制复杂三大技术难题，国内只有极少数创业团队能够开发。

"韬讯航空"十年磨一剑，成功开发共轴无人机，攻克了共轴诸多关键技术，完成了极为突出的三大技术创新：一是共轴结构集成一体化设计与自适应展开技术，解决了共轴旋翼快速自适应展开的技术难题。二是移动平台动态起降技术，在国内首次完成了无人机与移动车辆之间的精准动态对接。三是气动/结构/控制综合设计技术，研发了具有自主知识产权的设计仿真软件。"韬讯航空"已申请包括PCT在内的专利60余项，授权32项，构筑了坚实的技术壁垒。目前"韬讯航空"已推出折叠版产品和车载版产品，后续还将推出用于立体化运输的民用载重版机型。其中，警用车载版产品可以实现动态起降、实时出勤，是全球首款全程不间断伴警无人机，解决了目前警用无人机出勤慢、不便携的问题，已成功应用于警方夜间追捕和禁毒行动中。

葛讯在读研究生期间受到国家"大众创业、万众创新"政策的鼓励和学校浓厚创新创业氛围的影响，带领团队走上创业之路，并得到学校全方位创业扶持。2014年底参加南航第六批创业项目入园评审，以第一名的评审成绩成功获得入园孵化资格。2015年荣获南京市青年大学生优秀创业项目特等奖获50万投资资助，也顺利签订了150万首个业务订单。2016年获得300万元天使投资，2017年孵化出园，落地于南京市秦淮区白下高新技术产业园区。

点评：葛讯，在南京航空航天大学攻读博士期间开始创业，创立南京韬讯航空科技有限公司，注册资金638.2万元，是一家以航空技术研发、无人机产品制造与销售为主营方向，专注于高性能飞行器研究的科技创新型企业。该项目为优秀校友创业项目，依托南航微型飞行器研究中心和直升机旋翼动力学国防科技重点实验室，解决了共轴直升机结构复杂、气动复杂、控制复杂三大技术难题，是国家重点鼓励的科技创新项目。

二、中盛嘉材——新型商用级量子点薄膜领跑者

陈嘉伟，南京理工大学2018级直博生，在学校纳米光电材料研究所所长曾海波教授的指导下创建"中盛嘉材"团队。当前正处于第二代液晶显示向第三代高清柔性显示发展的变革时期，QLED具备广色域、超高

清等众多优势,有望成为我国在新型显示领域弯道超车的一大突破口。目前市面上量子点材料的制备工艺复杂,材料供应商数量不多、产能不足,"中盛嘉材"突破了行业内全无机钙钛矿量子点制备工艺复杂、稳定性较差的商业化应用瓶颈,拓宽了量子点应用范围。

QLED,即量子点显示屏,是一种主流的第三代显示技术,不仅画面更加真实、显示更加清晰、色彩更加鲜艳,同时功耗更低。"发光层量子点薄膜是显示屏最核心的部件,直接决定了显示效果。"目前市面上常用的以镉基为原料的量子点薄膜制备工艺复杂,且面临环境问题的挑战,已被欧盟禁用。在这样的背景下,"中盛嘉材"推出了钙钛矿量子点薄膜。

在制备钙钛矿量子点薄膜过程中,面临着工艺复杂、稳定性差等难题。"中盛嘉材"首创了易操作、低成本的室温析晶合成技术,打破了30年来经典方法中阻碍量子点量产的3个必需,突破了量子点难以在室温开放环境下生产的难题,还首创了核壳结构包覆技术等独家配方,使量子点的稳定性大幅提升,解决了钙钛矿量子点难以商业化等难题。通过进一步优化生产流程,将传统工序必需的10大流程缩短到6道工序,真正实现从材料到设备无阻力国产化生产,使薄膜成本降低50%以上。经TCL供货商南通维怡公司的测试,产品使用寿命相较行业标准提升了一倍。据京东的权威出货报告显示,使用该团队产品组装的显示屏画质更清晰,色彩更鲜艳,不仅达到了市场显示屏显示效果的最优级别,同时价格降低了20%以上。

南京中盛嘉材新材料科技有限公司于2020年9月27日由陈嘉伟博士创建,落户江北新区中山科技园进行自主生产。公司位于产业链的中上游,目标客户为京东方、TCL等大型面板显示企业,每年可为依托单位国家首批工信部重点实验室提供数十人次实习岗位并提供就业指导,将带动数百人就业。

点评:陈嘉伟,南京理工大学2018级直博生,依托国家首批工信部重点实验室,在导师曾海波教授指导下创建"中盛嘉材"团队。2020年陈嘉伟创建南京中盛嘉材新材料科技有限公司,公司注册资金100万元。"中盛嘉材"团队突破了量子点难以在室温开放环境下生产的难题,首创了核壳结构包覆技术等独家配方,使量子点的稳定性大幅提升,解决了钙钛矿量子点难以商业化等难题。该项目为师生共创业项目,产业化过程是否需要进行环评和安评?由于创业公司成立不久,目前经济效益和社会效益未见报道。

三、智骨——个性化可降解骨诱导材料开拓者

张勃庆,四川大学2016级硕士生,在四川大学国家生物医学材料工程技术研究中心副主任樊渝江教授的指导下创建"智骨"团队,基于骨诱导磷酸钙生物陶瓷,致力于打造个性化定制骨缺损修复产业闭环,通过高度集成材料前处理、云建模、3D打印、后处理技术,充分利用材料可诱导骨组织再生特性,精准针对特定结构、部位、病症拟合仿生结构,高度集成化工艺缩短了时间成本,使急需植入填充物的患者减少被迫截肢的风险。期望未来能打造出一款集云计算、3D打印与实时交互于一体的新一代人工骨个性化定制专家系统。

骨缺损即骨的结构完整性被破坏,是临床常见病。骨质疏松、肿瘤切除、事故创伤以及先天畸形等原因导致的不可逆性骨缺损一直是临床面临的重大挑战之一,由此而衍生出对骨修复材料的需求也居高不下。据统计,我国每年需要做骨移植的患者超过350万人,且增长迅速。目前临床上针对骨缺损患者应用的骨移植治疗方式主要包括自体骨、异体骨和人工骨移植,或使用骨搬运技术,但均存在种种问题,而针对儿童和青少年而言,由于其全身骨骼处在生长发育的阶段,其无法突破定型的金属,导致高达90%的患者出现畸形、破损等问题等。即便如此,目前仍有约40%的患者采取这种方式。现有治疗方案无法完全满足临床需要,大量患者严重伤残甚至截肢。由于恢复时间长,经济负担巨大,患者身心剧痛,千万患者与医生都期待着更好的治疗方法的出现。

"智骨"团队研发出世界首创的骨诱导人工骨材料,结合完美仿生的处理工艺,打造个性化人工骨产品,提出"智能骨缺损可降解修复方案",首次攻克了不可逆性骨缺。成都骨芯医疗科技有限公司希望成为中国领先的集云计算、3D打印与实时交互于一体的新一代人工骨个性化定制专家,将智骨打造成中国乃至世界最具影响力的公开上市的精准化骨缺损可降解修复的医疗集团。

点评：张勃庆，四川大学硕士，毕业后依托四川大学国家生物医学材料工程技术研究中心，在樊渝江教授指导下创建"智骨"团队。2020年9月创立成都骨芯医疗科技有限公司，注册资金150万元。该项目为校友创业项目。团队有世界首创骨诱导人工骨材料，结合完美仿生的处理工艺，打造个性化人工骨产品，提出"智能骨缺损可降解修复方案"，首次攻克了不可逆性骨缺。公司成立不久，目前经济效益和社会效益未见报道。

四、商车底盘——中国智能商用车线控底盘领跑者

栾众楷，南京航空航天大学2019级博士生，南京市创新型企业家，在学校能源与动力学院副院长赵万忠的指导下创建"天航智能"团队，致力于完成商用车智能化底盘的研发、生产和销售。智能驾驶将成为近年来汽车行业的颠覆性变革，而智能底盘就是商用车实现智能驾驶的必备载体。

当下智能驾驶产业百花齐放，但大部分公司关注的是智能车的感知和决策部分，也就是智能车的"大脑"和"心脏"。缺少了强壮的"四肢"，车跑不快、跑不远、跑不精准，这是限制智能商用车大规模落地的一个关键原因。当智能驾驶汽车装载了智能底盘，乘客的乘坐体验将大大提升：比如，无人巴士如果采用传统底盘，遇到障碍物急速刹车时，乘客会感受到明显的颠簸，说明它的控制精度和响应速度是不够的，而应用了"天航智能"产品之后，可以非常舒适、柔和地停车和转向。

目前，我国智能驾驶市场中关键性的底盘部件依赖进口，市场被国外垄断，技术被严密封锁。"天航智能"团队历经十余年的筹备与数百次设计方案的迭代，解决架构设计、高精控制和信息互联三大核心问题，引领了中国自主品牌的汽车底盘智能化发展。

"天航智能"研发的商用车线控底盘突破了底盘电液耦合等技术瓶颈，由电信号直接控制系统，是实现商用车智能驾驶的理想载体。从创业到落地，从0到1，团队共获得PCT专利、发明专利等50余项自主知识产权，产品得到了中国汽车工程学会，以及著名车辆电动化领域专家孙逢春院士及多位专家的高度评价，也在厦门金龙、宇通客车、奇瑞商用车等龙头企业得到应用，销售额达到2400余万元。团队预计，到2025年，装配智能化底盘部件的商用车占比将达30%，市场规模超过1200亿元。

点评：栾众楷，进入南京航空航天大学攻读博士前已成立南京天航智能装备研究院有限公司，注册资本500万元，目前该公司为江苏省高新技术企业。公司面向主机厂以及一级零部件厂等目标客户，打造了线控底盘总成产品以及线控转向、线控制动衍生产品，还针对客户特定业务要求，提供软件架构模等多项技术开发服务，合作的客户包括宇通客车、厦门金龙等国内龙头企业，未来公司致力于引领我国自主汽车智能线控底盘行业发展。

五、天维菌素——新一代低毒高效农兽药引领者

黄隽博士，浙江励康生物科技有限公司总经理，高级工程师，在浙江工业大学生物工程学院党委书记王雷的指导下创建"天维菌素"团队，致力于新一代低毒高效农兽药天维菌素的研究开发、生产和推广应用。

全世界60%农药洒在中国，如果没有农药，每年将损失30%～50%的收成。阿维菌素是全球使用量和销量最大的农药，但已经使用超过30年，害虫的耐药性增加了上千倍，几近失效，此问题困扰全球农民多年，急需解决，世界多个国家均投入巨大财力研究替代品，历经多年，浙江励康生物科技有限公司创始人黄隽博士携团队在"中国生物农药之父"沈寅初院士和郑裕国院士指导下，历经两代院士，数十年科研攻坚，利用全球首创的大片段基因无缝拼接技术成功研发出了阿维菌素理想的替代品——天维菌素。

天维菌素的成功研发，不仅解决了目前市场上农兽药的抗药性、毒性问题，更是填补了水生市场的空白，市场潜力巨大。

公司已经获得行业龙头上市企业海正药业的两轮合计1900万元的投资，与世界农药巨头巴斯夫、拜耳、

辉宝达成战略合作。天维菌素即将成为我国农药领域首个1类新药。

黄隽大学时选择了生物科学专业,毕业后成为一名医药研发者,如今成为大健康产业的公司负责人,黄隽表示,自己和医药产业结下了不解之缘。

2003年,硕士毕业的黄隽回到家乡台州,在海正药业从事研发工作。因表现出色,入职第二年他便担任了公司一项重大项目负责人。曾作为核心成员参与了"基因组工程改良抗寄生虫药物多拉菌素产生菌关键技术及其产业化"项目,获上海市科技进步二等奖。工作期间主持参加4个国家级项目,首创4个国内外研发技术,拥有15个发明专利。

点评:黄隽,浙江工业大学优秀创业校友,2016年创立浙江劾康生物科技有限公司,注册资金1000万元。浙江劾康生物科技有限公司是浙江海正药业股份有限公司的内部创业公司,2017年获评台州市500精英计划创业A类项目。该项目为优秀校友创业项目,实现天维菌素关键技术产业化,不仅解决了目前市场上农兽药的抗药性、毒性问题,更是填补了水生市场的空白,市场潜力巨大。

六、金磁海纳——全球高性能纳米晶磁芯开拓者

王永飞博士,在华南理工大学材料科学与工程学院刘仲武教授的指导下创建"金磁海纳"团队,致力于高性能纳米晶磁芯领域的技术研发、生产、销售,促进高校科研成果的转化,帮助企业解决新材料研发、生产、应用等技术难题。

磁芯作为与电子设备息息相关的器件之一,在新能源、通信、物联网等领域有着广泛的应用。目前,行业高端市场基本被日本的日立金属和德国的VAC垄断,而国产高端磁芯面临着技术"卡脖子"的行业痛点。

在利用不同生产工艺发挥磁芯不同性能的同时,"金磁海纳"产品有自主研发独创的材料配方、专利保护的自研工艺与设备,产品的磁学特性具备一定的优势。"金磁海纳"团队在原有磁芯成分基础上,使用精准微量元素配比、诱导高性能的强磁处理等技术,在制备工艺上进行快速冷却和恒定磁场处理,使最终生产出来的纳米晶磁芯具有以下四大优势:一是损耗小、节能大;二是成型易、工艺短;三是良品率高达98%;四是独创的元素配比使同行仿制难度大。

"金磁海纳"通过合作制造商在多个领域服务于终端厂商,将纳米晶磁芯的应用实现多方位落地。目前,"金磁海纳"为华为、小米、三星、OPPO等著名手机厂商提供能有效提高充电效率的共模电感磁芯,也与微软、戴尔等笔记本电脑厂商和特斯拉等新能源汽车厂商进行合作。"金磁海纳"纳米晶磁芯还应用于高海拔风机市场,以及中国散裂中子源这一重大科学装置中。"金磁海纳"纳米晶磁芯使发电机和发动机之间减少了近80%的干扰信号,增加了发电系统的使用寿命。"金磁海纳"作为中国首台脉冲型散裂中子源的磁芯独家供应商,推进了国家重大科学装置国产化进程。

"金磁海纳"产品已经在5G电源、新能源汽车、精密传感器、工业电源、消费电子等领域广泛替代进口的高性能磁环。未来计划将此电磁材料应用于能源、信息等领域,推动国内产业升级,为各行各业提供优质的材料与服务。

点评:王永飞,华南理工大学在读博士生,师从刘仲武教授。2018年,王永飞辞去南方电网工作,创立广州金磁海纳新材料科技有限公司,注册资金500万元,公司原为广东高校成果技术孵化基地,旨在促进高校科研成果的转化,帮助企业解决生产研发技术难题。目前公司已开发出7大系列23种产品,已应用在北斗卫星的导航系统、陆地坦克控制器和水下鱼雷探测等军工领域,以及移动通信、新能源汽车和新能源发电等消费级的民用领域,多领域产品销售额2400万元。公司现成为第一批进驻中国纳米谷的企业,并与中钢集团合作,在2021年联合建设研究院,2022年将在长三角建立产值50亿元的产业基地,更深程度助力我国从磁材大国向磁材强国的转变,开创属于中国的"芯"时代。这是优秀成功人士一边管理公司一边攻读博士的案例,值得学习。

七、小鹿萌妈——打造优质国学教育IP，传承中华优秀传统文化

汪晖，广东外语外贸大学2017级硕士研究生，在与中国语言文化学院辅导员朱倩渝老师的共同努力下创建"小鹿萌妈"团队，致力于中华优秀传统文化的传承与传播，以中华优秀传统文化为内核，利用IP化的手段和互联网的传播方式，以国学教授及研究生为主要创作力量，融合国学与少儿优秀文学，针对3～12岁少儿，打造原创国学教育IP产品，产品品类覆盖有声书、纸质书、动漫等。"小鹿萌妈"致力于传播新时代具有中国精神与价值内核的国学故事，打造立足粤港澳大湾区、辐射全国乃至"一带一路"沿线国家的知名少儿国学IP品牌。

迄今为止，"小鹿萌妈"全网粉丝超58万，专辑播放量超2亿次，与喜马拉雅、QQ音乐、懒人听书等13个主流音频平台达成合作，并获得广东省广播电视局推荐，以及人民日报、广州日报等众多权威媒体报道。

2020年2月，"小鹿萌妈"上线中共中央宣传部学习强国平台。

疫情期间，"小鹿萌妈"免费开放所有专辑，并为钟南山团队编写的防疫手册录制全书音频。"小鹿萌妈"创始人汪晖是一位二娃妈妈。为了让孩子能够听到忙于工作的妈妈讲的故事，她将故事制作成音频，得到孩子的喜爱。音频上传到喜马拉雅等平台后，收获了大批粉丝。致力给孩子们带来更好的中国故事，汪晖还考取了古代文学的研究生。

在中文学院老师的鼓励和指导下，汪晖成立了团队，招募来自广东外语外贸大学各学院的创新创业人才，一边研学，一边完善"小鹿萌妈"，并于2019年7月成立"鹿小萌"公司，发展至今，初具规模。

点评：汪晖，几年前，还是一位工作繁忙的职场妈妈，为了让孩子每天都能听到她讲的睡前故事，她将故事录成音频上传至网络，正式开设《小鹿萌妈》音频节目。2017年汪晖进入广东外语外贸大学攻读硕士，在学校支持下2019年创立鹿小萌文化创意（广州）有限公司，注册资金10万元，取得良好的社会效益。

八、塑料黄金——特种聚酰亚胺的中国力量

简凌锋，广东工业大学材料工程研三学生，与其导师国家杰出青年科学基金获得者闵永刚共同创建"塑料黄金"团队，致力于特种聚酰亚胺的技术研发和成果转化。

特种聚酰亚胺是综合性能极好的有机高分子材料，因其优异的性能和昂贵的价格被称为塑料中的黄金，从"玉兔号"月球车的"金黄色"外衣，到手机中的柔性线路板，上至太空、下至民用，特种聚酰亚胺无处不在，影响着我们的生活。特种聚酰亚胺材料可长期耐受各种极端条件，主要用于制备手机柔性屏幕盖板，实现手机的弯折、卷曲等操作。在国内，特种聚酰亚胺属于紧缺材料，简凌锋经过不断学习和实验，带领团队通过创新的工艺、技术路线实现了材料快速产业化，努力缓解国家在相关领域高价进口的局面，助力解决"卡脖子"问题。

"学校为我们提供了500平方米的中试基地（新产品中间试验的场所）和性价比很高的咨询服务，公司注册、财务等各方面都有专业人士对接，为我们小型公司的快速成长给予了便利。"简凌锋介绍说，新冠肺炎疫情防控期间，为了不耽误赛事进度，切实做到"停课不停学，备赛不停歇"，学校及时出台备赛指引，组织师生线上备战。为了不辜负学校的期望，简凌锋和他的团队积极进行赛前演练，实在累了，就趴在桌上歇会。就在比赛前一天凌晨两点，就业指导中心凌辉剑老师驱车到酒店帮团队抢修设备。简凌锋表示，在将近一年的备赛和比赛过程中，学校领导高度重视，多次带领相关部门深入二级学院和重点项目课题组进行重点项目挖掘和指导动员，整合资源，强化保障，切实解决项目实际困难。

对于今后的创业思路，简凌锋表示，番禺是一块人才沃土，自己在这里得以培育，也将在这里生根发芽，在大学城创业最大的优势就是有很好的配套服务，自己在项目研发等方面得到了学校以及番禺区的大力支持，加速了项目落地。今后继续发挥敢想爱创的创业者精神，把创新成果转化在番禺这片热土上，为番禺经

济社会的发展奉献自己的青春力量。

点评：简凌锋，广东工业大学在读研究生，在导师闵永刚教授的指导下推进特种聚酰亚胺技术研发和成果转化。通过多项技术创新解决"卡脖子"问题，本项目为老师科技成果转化项目。目前未见报道创立公司。

九、广州市格米网络科技有限公司——大数据智能心理服务平台

郭永兴博士，组织行为学与用户研究专家、心理学报审稿人，在中国心理学会理事长、华南师范大学心理学院莫雷教授的指导下创建"格米科技"团队，致力于为个人、企事业单位和其他心理服务机构提供心理体检的工具和服务。团队依托华南师范大学心理学A＋学科的雄厚实力，深耕教育领域的心理测评，为家庭提供亲子教育的评估与指引，为学校提供师生心理健康的筛查与监测，为学生提供学情诊断与生涯规划等服务。目前，"格米科技"已开发的心理测评工具超过200个，累计测试人次超过1000万。到2020年，格米科技营业收入已经接近3000万元，共获软件著作权16项。

疫情期间，"格米科技"团队迅速开发了多款心理测评公益服务产品。其中，上线央视网和人民日报的公众抗疫心态自检自助表使用人次超过200万，参加抗疫复学心理测评服务的中小学超过2300所，解决了许多学校的燃眉之急。

"格米科技"团队负责人郭永兴表示，社会对心理服务提出越来越高的要求。对于从本科到博士专业都是心理学的他而言，不仅要积极投入到心理应用服务中，更应该注重心理学的研究成果和应用的结合，做出高水平的心理应用产品。参加"互联网＋"的比赛，其实也是一次高强度的创业辅导。每次团队内的讨论、与评委老师的激烈交锋，都会让他深入地思考自己创业中的优势和存在的问题。创业并不容易，但能有华南师范大学心理学A＋学科的大力支持，"格米科技"一定会为社会做出更大的贡献。

从提出项目设想、成型、斩获省赛银奖到入围总决赛现场，团队一路劈波斩浪，最终荣获总决赛主赛道金奖。未来，"格米科技"将重点打造教育、司法和医疗三大垂直领域的心理服务系统，推动产研结合，促进智能心理服务，填补更多需求空白。

点评：郭永兴，华南师范大学心理学博士，具有超过20年的心理测量与心理数据分析经验，主持、参与一百多家企业心理评估项目。曾担任蓝心网、博曼心理、艾思林柯、壹心理的联合创始人、合伙人、测评总监等职务。2016年9月郭永兴创立广州市格米网络科技有限公司，注册资金111.11万元，从事网络技术的研究、开发，计算机技术开发、技术服务，多媒体设计服务，广告业，教育咨询服务，企业管理咨询服务，软件开发，工艺品批发。本项目为优秀校友创业项目。

十、新"净"界——用"芯"打造空气净化安全网

张武，华南理工大学2014级MBA校友，在华南理工大学副研究员樊霞指导下与其共创"新净界"团队。团队首创纳米银形貌精准调控制备技术、季铵盐定向固定化技术、氧化石墨烯负载锰基催化剂高效降解三大关键技术，研发制造车用空调滤芯、空气净化器滤网和工业环境滤网等系列产品。做到高效杀灭细菌、病毒，去除超微有害粒子和VOC等气态污染物，成为现有低端空气过滤行业竞争格局的破局者，是德国曼·胡默尔、美国3M、东风本田、途虎养车等品牌相关产品的唯一指定供应商，并成为小鹏汽车等新能源车企的合作伙伴，提供座舱空间整体空气净化解决方案。公司2019年营收突破6200万，累计营收超2亿元。

东莞市艾尔佳过滤器制造有限公司拥有IATF16949质量体系认证，同时拥有江苏、东莞两大生产研发基地，占地面积51000平方米，配备现代化的研发、生产车间及技能娴熟的一线生产技术人员，同时引进了专业的检测检验设备，保证产品品质的稳定一致性。

空气污染主要是固体颗粒物和有害气态物两大部分，当前的空气净化技术与产品普遍存在过滤效率

低、寿命短、性能不稳定、二次污染等问题,其抗菌抗病毒的效果更是不尽人意。经过多年研发,团队拥有材料制备、滤芯成型、空净设计等三大专利群,拥有自主知识产权专利27件,首创了广谱多功能复合纳米银制备、氧化石墨烯负载锰基催化剂高效降解以及定向键合生物抗菌抗病毒三大核心技术,实现了空净技术的突破性飞跃。

团队已和多个国际知名企业建立了长期稳定的合作关系。目前已经拥有车用空调滤清器、空气净化器滤网、工业环境滤网三大客户群。客户遍及多个国家和地区,已累计销售上千万套各类空气净化过滤产品。

点评:张武,华南理工大学2014级MBA校友,MBA在读期间获得优秀在校生、创业红人等荣誉,曾担任华南理工大学东莞MBA校友会副秘书长,华南理工大学东莞校友会理事等职务;2014年6月16日创建东莞市艾尔佳过滤器制造有限公司,注册资金900万元。该公司是一家专业从事空气净化滤网设计、生产、销售为一体的国家高新技术企业。公司名称源自英文"Air Guard"意为"空气的守护者"。成立至今,始终秉承"同呼吸、共担当"的使命,坚持用"芯"打造空气净化安全网。本项目为优秀校友创业项目。

十一、美瑞健康——长寿时代健康管理的探索者

周文川博士,师从武汉大学董辅礽经济社会发展研究院院长毛振华教授,在武汉大学计算机学院张沪寅教授的指导下创建"美瑞健康"团队,致力于全生命周期的精准健康管理,以伴随长寿时代而来的慢性病和退行性疾病威胁为核心痛点,开创性引入功能医学精准检测,个性化健康评估,前瞻布局细胞治疗和大麻素健康产品两个核心解决方案。现已投入逾3亿元进行研发,4年累计纳税7275万元,2019年再度成功募资3.28亿港币。"美瑞健康"团队拥有2家国家级高新技术企业、3名深圳孔雀人才、博士10人、硕士21人,累计申请专利70多项,含10项国际PCT。细胞治疗和大麻素已经在骨关节炎、阿尔茨海默病、糖尿病等慢性病和众多退行性疾病的治疗中展现出前景。

美瑞健康国际是在香港联交所主板上市的一家以大健康为主业的国际化产业集团,在大麻健康产业拥有全球较大的CBD萃取基地,专利数量和质量均行业领先,致力于成为全球领先的大麻健康消费品牌。

周文川博士自豪地说,武大是唯一一所诞生了三位年利润过百亿的民营企业家的高校。校友企业家共同的知识文化底蕴、使命和情怀,迅速凝聚成一股新的商业力量,使他们团结互信、携手共进。小米创始人雷军,毕业于武汉大学计算机专业,是校友们心中公认的劳模和奇才。在周文川看来,优秀的企业家是社会最稀缺的资源。虽然物联网还处在早期起步阶段,产品与商业模式都处于探索之中,但小米已经是国内最具雏形的物联网入口。因此周文川父女从始至终都十分笃定地看好小米,最终成为小米IPO的第二大投资者和最大个人投资者。

对于事业上取得的成绩,周文川最想感谢的人是父亲周旭洲。虽然父亲的陪伴并不多,父亲却是她的精神导师。

点评:周文川,武汉大学健康经济学博士研究生,深圳市工商联(总商会)执委会常委理事,深圳市女企业家商会"十大先锋人物",获2020年度"中国最具影响力的30位商界女性"。

美瑞健康国际公司立足全球大健康产业前沿,对接世界顶尖医疗资源,以技术引领、产品驱动,在健康医疗板块拥有遍布全球的医疗服务和销售网络,世界一流的技术研发团队和医疗服务团队,与国内近20家知名三甲医院开展合作,累计数万例临床治疗案例。本项目为优秀校友创业项目。

十二、柯林得——环氧乙烷生产新工艺服务提供商

郭韬,江西师范大学2017级硕博连读研究生,在国家单糖中心主任廖维林教授的指导和支持下创立"柯林得"科研团队,依托学校重点实验室国家单糖中心,研发出高效复合型分子筛催化剂,取得历史性突破,打破了半个多世纪以来国外对该项技术的垄断,实现弯道超车,成为中国新时代环氧乙烷生产领域的领头羊。

其团队一直努力将科研成果推广至全国环氧乙烷生产领域，实现从科研成果到项目落地的快速转化，聘请了中国工程院舒兴田院士作为技术顾问，为项目保驾护航。

环氧乙烷是当今世界应用领域极广、生产价值极高的化工产品之一。它不仅是涤纶的重要生产原料，并且在医疗消毒、精细化工合成和国防军工生产等领域发挥着重要作用。随着下游产品的发展，环氧乙烷的消耗需求近几年大幅增长，国内环氧乙烷化工发展更是蓬勃旺盛。2019年中国环氧乙烷消耗总量高达720万吨，占世界消耗量的23%。

在环氧乙烷需求量巨大的情况下，我国有超过70%的环氧乙烷生产企业使用的仍是半个世纪前从国外引进的传统卤醇法生产技术，该工艺污染严重，根本无法满足当下高效绿色的化工生产理念，平均每年产生的废料超10亿吨，处理难度大，因此处于被淘汰的边缘。核心技术的缺失、昂贵的原料成本、不可忽视的工艺安全隐患等，都成为无法避免的行业之痛。

在这样的现实环境下，"柯林得"科研团队自主研发出了高效复合型分子筛催化剂，取得了历史性突破，打破了半个多世纪以来该项技术的瓶颈。独创的卤醇法生产环氧乙烷工艺真正实现了环氧乙烷低价、高效、环保、安全的生产，使濒临停产的落后生产线起死回生，具有极高的商业价值与社会价值。

点评：郭韬，江西师范大学在读博士，依托学校重点实验室国家单糖中心，在导师廖维林教授支持下创立"柯林得"科研团队。2020年7月成立江西柯林得化工有限公司，注册资本200万元，在研发高效复合型分子筛催化剂上取得了历史性突破。该项目为化工类项目，实现产业化需环评和安评，在严峻的环保形势下该项目能否落地？目前该创业公司成立不久，未见其公司经济效益和社会效益报道。

十三、KGMB——污水重金属吸附新航向

史全滨博士，天津华清环宇环保科技有限公司创始人兼首席执行官，在天津大学环境科学与工程学院党委书记刘洪波的指导下创建"KGMB——污水重金属吸附新航向"团队，创业团队坚持"洁净的水源如生命般珍视"的理念，致力于中国环保事业。

工业废水中重金属污染问题非常严峻，市场上主流吸附材料为活性炭，活性炭在使用的同时暴露出诸多问题，如吸附能力较低，不可重复使用，尤其是二次污染问题。团队历经5年研发KGMB吸附材料，中文名称为魔芋葡甘聚生物炭微球，由魔芋葡甘聚糖经水热改性制备而成，原料来源广泛，成本较低且环保、吸附高效、定向吸附、吸附量大、可循环使用，并且在价格上始终保持较低水平。原料对于Cr、Pb等重金属离子有着高达96%的吸附效率，可以完全替代活性炭，解决了当前吸附材料存在的吸附能力较弱、不可重复使用以及二次污染等问题。

史全滨博士在环保行业从业10余年，负责15项已实施的水处理项目，荣获25项污水治理专利，入选2017年大学生创业英雄100强，被评为2018年天津市青年创业能手，天津市津南区的创业导师，环保协会及环保促进协会的副会长。

KGMB吸附材料已经被授权了3项核心专利。目前KGMB吸附材料已经成功应用于十余项工程项目中，均受到了客户的良好反馈。同中国华冶科工集团、碧水源、中国华能等多家大企业建立了稳定的合作关系。公司管理制度完善、机构健全、技术力量雄厚，拥有科研团队30余人、工程团队80余人、31项专利技术，荣获国家高新技术企业、天津市高新技术企业、2019首批雏鹰企业、3A级信用企业等诸多荣誉。

点评：史全滨，天津大学优秀创业校友，2015年12月创立天津华清环宇环保科技有限公司，注册资金2000万元，是一家集研发、生产、销售废水废气处理设备及吸附材料于一体的综合型环保企业。公司隶属中国华冶科工集团，通过与天津大学、中国华冶科工集团进行战略合作，搭建产学研基地，从而实现产学研市场转化。该项目为优秀校友创业项目，贴合社会实际需求，有效发挥技术创新优势，真正让创新服务于民。

十四、"猎鹰"——开创城市环境下的无人机防控新时代

吴则良,北京理工大学 2020 级博士研究生,在导师北京理工大学林德福教授的指导下创建"猎鹰"团队,致力于城市环境下的无人机群防控,开创无附带损伤防控新时代,助力智慧城市建设。

在越来越多的无人机防控接触中,"猎鹰"团队发现,城市环境将会是无人机防控未来难度技术的分水岭。在与北京首都机场等无人机防控产品主要客户对接过程中,项目团队了解到行业内主要产品在城市中面临两大问题:一是难以防范群体打击;二是使用过程易有电磁干扰或坠落物威胁,不适于城市使用。

"猎鹰"团队依托北京理工大学宇航学院无人机所平台,2016 年开始开展城市无人机防控研究,历经四年创新研发了以蜂群对抗蜂群的无人机反制系统。该系统针对城市环境下无人机"拦不全、截不准、附带安全威胁"的技术痛点,采用柔网捕获的精准拦截控制和移动平台自主起降等技术,实现了对无人机群的零遗漏、无附带损伤捕获。该项目可用于城市环境下固定目标和动态目标全方位无死角防护。

目前,团队核心技术已经全部落地,应用于多研所和高校的重点项目。团队正与北方工业公司、西安206 所、阿联酋 IGG 公司展开基于城市无人机防控的密切合作。项目已申请多项发明专利,初代样机已为客户避免了约 1700 万元的社会损失。

未来,"猎鹰"团队将不断创新,瞄准更高目标,定义城市无人机防控标准,解决更多关键技术问题,实现无人机群防控系统更为广泛的应用。致力打造集探测设备、机械制造、数据互联、服务培训等多行业于一体的全产业链,带动多产业协调发展。

未来城市无人机防控之路可能不会平坦,但"猎鹰"团队成员将始终秉承着"国家需要,我即战斗;我既战斗,必然取胜"的信念,守护每个人抬头可见的那片天空。

点评:吴则良,北京理工大学在读博士,依托北理工宇航学院无人机平台,在导师林德福教授的指导下致力于城市环境下无人机群防控研究。该项目为师生共创项目,将无人机应用立足于军事防控,保障民众安全,是国家安全防控需要与科学技术突破的一次完美结合。

十五、云遥宇航星座计划——中国商业空间气象探测领航者

李峰辉博士,在天津大学秦俊男老师的指导下创建"云遥宇航"团队,致力于建成在轨运行 80 颗卫星的全球组网星座,打破国外技术垄断,辅助上下游产业的发展,将实时全球电离层大气层探测系统服务于全球地震短临预报及气象预报,为"一带一路"国家提供实时性优于 20 分钟的地震短临预报信息及气象预报信息,增强我国国际影响力。团队的 GNSS 探测载荷研发工作拥有独立知识产权,并已开展近百项专利申报工作,形成从载荷设备研制卫星搭载到数据反演处理再到数据销售的完整产业体系。

李峰辉博士是天津大学校友创业的典范,中国商业航天的领航者,为我国第一颗地震电磁监测实验卫星"张衡一号"GNSS 掩星分系统项目负责人,参与过国内四十多颗卫星研制工作,拥有极高的专业技术和经验。"云遥宇航"团队已形成了从"载荷设备研制→卫星搭载→数据反演处理→数据销售"完整的产业体系,已与科工集团二院、科工集团四院、科技集团八院、长光卫星等卫星研制单位开展合作。通过云遥牵手上下游产业共同发展,形成的实时全球电离层大气层探测系统服务于全球的地震短临预报及气象预报。

2020 年 12 月 22 日上午 12 时 37 分,"长征八号"火箭在中国文昌航天发射场成功首飞,这枚新型火箭上搭载了一个"天大的梦想"——天津大学李峰辉博士创业团队自主研制的"云遥 GNSS 掩星探测载荷"搭载此次发射的"元光号"卫星顺利入轨,一个由 80 颗在轨卫星全球组网的"气象北斗——云遥星座计划"进入了加速布局期。建成后的"云遥星座"将成为全球领先的商业气象星座,生产出中国人自己的气象数据,开启全球精准气象的新时代。

点评:李峰辉,天津大学优秀创业校友,2019 年 3 月创立天津云遥宇航科技有限公司,注册资金 600 万

元,是我国国内首个发射商业GNSS掩星系统的民营公司,定位于打造"全球空间气象数据生产"+"空间气象数据应用推广"于一体的综合性服务平台。该创业项目立足于云遥星座计划核心技术,构建起牢固的技术壁垒。

十六、精工利刃——全球领先的复合材料加工工具

赵猛博士,在大连理工大学王福吉教授和贾振元院士的指导下创立"精工利刃"团队,研发了18个系列纤维增强树脂基复合材料专用加工工具,使加工损伤由厘米减至0.1毫米以内,刀具寿命为国际先进产品的2倍以上。

民航客机结构重量每降低1%,其油耗可减少3%~4%;高铁每减重1%,其能耗可减少6%~7%,对于"一克重就是一克金"的高端装备领域来说,无论是航天还是陆运,只有减轻重量,才能提高结构效率、提升装备性能。为此,一场由"减重"而引发的先进材料之争早已蔓延全球。碳纤维增强树脂基复合材料因其优异的性能,已成为全球发展高端装备的优选材料。

传统加工只能采取手工方式,低质低效,加工构件极易出现毛刺、撕裂和分层等损伤,并且加工损伤是随机的、不可控的,达不到碳纤维复合材料构件的高性能要求,严重制约碳纤维复合材料的推广应用。加工质量提升到一定程度就受限,原因在于工程中沿用的是传统金属等均质材料切削理论,但碳纤维复合材料的特性和结构与之完全不同,必须突破传统金属等均质材料切削理论体系的束缚,开辟和建立适应碳纤维复合材料加工的新理论体系。

由于影响碳纤维复合材料加工损伤的因素非常复杂,加工产生损伤的形式多种多样,整个研究过程都充满挑战。无论是创建理论研究模型还是发明新工具、设计新工艺,都要经过成百上千次实验。团队成员啃硬骨头,打攻坚战,终于在一系列关键环节取得了突破,揭示了碳纤维复合材料去除机理和加工损伤形成机制,提出了针对碳纤维复合材料加工切削理论,建立了切削力和切削过程动态仿真模型,实现了切削理论源头创新。

2010年起,新研制的技术装备和刀具开始投入应用,为国家重大装备、重点型号研制、定型及批量生产作出了突出贡献,已成功应用于航天一院、航天三院、中航工业和商飞等企业。项目团队授权国内专利46项、授权国际专利3项,已成功应用于运-20、歼-20、C919大飞机等关键型号,团队和多家航空航天企业建立了稳定合作关系。

点评:赵猛,大连理工大学在读博士,依托学校机械工程学院平台,在导师王福吉教授和贾振元院士指导下共创碳纤维复合材料刀具团队,进行国际领先刀具技术的产业转化探索,以服务国家重大工程,参与国际制造竞争。团队提出了"微元去除"和"反向剪切"刀具设计思想,研发了纤维增强类树脂基复合材料专用加工工具,获2017国家技术发明一等奖,为优秀的师生共创项目。

十七、同驭汽车——线控制动系统行业领导者

舒强,同济大学硕士毕业,在同济大学熊璐副教授的指导下组建"同驭汽车"团队,作为学校成果转化落地企业,团队进行线控电子液压制动系统的产业化,短短几年时间,"同驭汽车"发展迅猛,将线控制动系统、制动能量回收系统先进技术成功实现产业化。自主研发的线控底盘关键零部件达到国际一流水平,突破国外技术垄断,迅速成长为我国线控底盘关键技术领跑者。跻身中国智能驾驶和新能源汽车关键零部件行业快速增长的创新企业行列。

"同驭汽车"团队经过七代样机研发迭代,已掌握全部核心技术,开发出国内领先的EHB产品。已申请专利55项,其中已授权发明专利8项,实用新型专利26项,是国内该领域拥有专利最多的团队。"同驭汽车"已与东风日产、吉利、江淮、江铃、金龙、五菱、合众、威马、驭势科技等60多家知名整车厂和智能驾驶公司

开展业务合作,匹配车型70余款,涵盖了乘用车、商用车、军用车以及无人驾驶车辆等各个领域。2018年初"同驭汽车"顺利完成数千万元天使轮融资,成为国家高新技术企业,依托同济大学汽车学院科研实力与万安科技产业资源支撑,"同驭汽车"迅速成长为我国智能驾驶与新能源汽车关键零部件领域极具潜力的新锐企业之一。同驭汽车已经先后完成了种子轮、天使轮、Pre-A轮,并获得2400万元Pre-A轮融资。

舒强是一名"90后"青年创业者,一名科班出身的标准工科男,荣登2020福布斯30Under30精英榜、2020胡润Under30s创业领袖榜。舒强告诉记者,2016年,我国智能驾驶行业开始萌芽,当时正读研二的他意识到,智能驾驶将给汽车行业带来百年一遇的大变局。对当时只是个学生的舒强来说,做一家集研发、生产、销售于一体的汽车核心零部件创业公司,风险和挑战巨大,但他不想错过这样千载难逢的机会。

点评:舒强,同济大学优秀创业校友,2016年9月创立上海同驭汽车科技有限公司,注册资本2500万元。通过自主创新,打破了一项项曾被国外垄断的核心技术壁垒,在脚踏实地中走出更稳健的步伐,用匠心的中国质量和安全智能的产品守护出行安全,经过四年的拼搏,"同驭汽车"奠定了中国线控底盘关键零部件的领导者地位。获得中国汽车工业技术发明奖一等奖,第二十二届中国国际工业博览会高校展区优秀展品奖等奖项。

十八、eDNA精准生物监测与生态健康诊断

杨江华博士,在南京大学导师张效伟教授的指导下创立团队,2017年成立南京易基诺环保科技有限公司。在国家重大科技研发专项的资助下,基于环境DNA(eDNA)宏条形码技术,突破eDNA现场富集、无损储存及转运、稳定PCR(聚合酶链式反应)扩增等核心关键技术及流程,通过开展比对实验优化eDNA生物监测操作流程,形成了可标准化的eDNA精准生物多样性监测分子试剂,牵头组织开展eDNA生物监测行业标准制定,历时7年研发了新一代eDNA精准生物监测技术,打破了传统以生物个体为主的监测模式,从生物最本质的遗传物质入手,通过环境基因检测,准确、快速地识别环境中的各类生物多样性,实现了生物监测的数字化、智能化和自动化,使监测准确性提高了50%,工作量下降了90%,效率提高了300%,批量样本的检测效率提高100%以上,综合监测成本下降30%以上,解决制约我国流域生态监测的难题。

该技术作为国家"水专项"重大技术突破之一,得到生态环境管理专家的高度认可。团队已申请国家发明专利19项,美国专利1项,软著5项。累积发表论文50多篇,环境领域顶级期刊20多篇。

项目负责人杨江华表示,南大重视科研创新和落地应用的传统,也为项目提供了快速的发展跑道。"在南大读博期间,老师曾经多次向我们强调,作为应用学科的学者,不能只是发发论文,不考虑技术本身的实用性。不要让技术停留在书架上,要让它摆到货架上,真正落地,发挥价值。"

点评:杨江华,南京大学在读博士,在国家重大科技研发专项的资助和导师张效伟教授的领导下开展新一代eDNA精准生物监测技术研究。2017年7月张效伟教授创立南京易基诺环保科技有限公司,注册资金:352.9万(元)。该公司从事环保技术的研发、转让;环保设备的开发、生产、销售;环保工程的咨询、设计、施工;环境保护监测服务。该项目为优秀的师生共创项目,共同解决制约我国流域生态监测的难题。

十九、粒子超人——全球首创多脏器肿瘤粒子介入机器人

徐易,东南大学医学院学生,在东南大学附属中大医院院长滕皋军教授和陆健老师的共同带领下,在2018年国家重大科研仪器研制项目和2019年国家重点研发计划变革性技术关键科学问题的支撑下,"粒子超人"研究团队正式启航。2019年入驻东南大学国家大学科技园四牌楼双创基地进行孵化,2020年6月南京恒乐医疗机器人有限公司成立,主要从事粒子介入机器人的生产研发与销售。

碘粒子植入是肿瘤患者治疗的重要方法之一,目前手术方式仍是通过CT或B超设备,对患者肿瘤部位进行准确定位,锁定"敌方目标"。医生在影像引导下经过穿刺,人为手动将4.8 mm×0.8 mm大小的I-125

放射性粒子植入肿瘤组织内。根据肿瘤大小与位置,精心布点,放置足够数量的碘粒子,由内向外"引爆"肿瘤细胞。碘粒子可用于有效治疗前列腺癌、肺癌、肝癌、滑膜肉瘤、平滑肌肉瘤、横纹肌肉瘤、恶性组织细胞瘤、恶性神经鞘瘤、眼部肿瘤、皮肤癌以及胆管癌、食管癌等空腔肿瘤等。

粒子治疗恶性肿瘤在美国应用较早,我国核心技术薄弱。复合型人才需求缺口短期内仍无法弥补,产品出售和患者支付仍面临挑战。成本因素影响极大,导致国内机器人手术效能尚未充分发挥。操作手术机器人市场几乎被国外产品独占,国内产品均处于在研状态,尚无产品获得医疗器械注册证。

我国虽然起步较晚,但近年来异军突起,每年接受粒子治疗的肿瘤患者数万人。据调查显示,放射性碘粒子技术在东南大学附属中大医院自2003年开展17年以来,5000多名患者成为碘粒子打击肿瘤战役的受益者。未来5年,随着国内产品陆续落地,操作手术机器人领域也将迎来更大的发展机遇。

"粒子超人"研究团队在粒子介入机器人领域突破了术前手术规划、术中精度控制及医生患者辐射防护三大难点。这款机器人系统由沉浸式驾驶舱、导航系统、穿刺执行机构及AI治疗计划系统共同构成。该技术代表了未来介入医学的崭新模式,医生有望在手术室外利用5G网络,甚至在千里之外,坐在驾驶舱,身临其境地操作机器人去完成手术。借助手术机器人人机协调的理念来实现系统的控制,实现机器时代下更智能化、信息化,手术微创化、精准化的医疗。

点评:徐易,东南大学医学院本科生,依托东南大学附属中大医院,在滕皋军教授和陆健老师的共同带领下开展多脏器肿瘤粒子介入机器人研究。2020年6月,陆健老师创立南京恒乐医疗机器人有限公司,注册资金300万元。该项目为优秀的师生共创项目。肿瘤粒子介入机器人是应用于恶性肿瘤治疗领域的手术机器人,是一款多脏器肿瘤粒子介入机器人,是全球首创、国际领先的高精尖医疗器械,通过人工智能机器人技术,突破了目前临床介入内放疗手术规划难、术中精度低及安全防护差的瓶颈性难题,同时,借助5G通信架构,实现介入手术的远程操控,直达抗疫前线、边远地区。

二十、照明卫士——隧道智慧照明系统引领者

何禄诚博士,在北京工业大学胡江碧教授的指导下创立"照明卫士"团队,团队怀揣着改善我国隧道运行光环境质量安全的梦想,基于我国隧道存在的问题,将已有照明光环境系列研究成果实现转化,从智能、节能和实时监控三方面入手,运用"云-边-端"技术、现场总线和无线通信技术探索研发了照明卫士-隧道智慧照明系统。

隧道智慧照明系统是以无线网络作为远程通信链路的路灯单灯管理系统,由监控中心软件、智能控制设备(集中控制器)、远端设备(单灯控制器)组成。集中控制器可直接安装路灯配电箱内,单灯控制器则安装在灯杆检修孔内以方便后期维护,对原设备无须做任何改动。该系统不仅可以实现对城市照明设施进行远程管理,实现按需照明达到二次节能,同时通过对灯具的调光降低灯具功率,减少灯具的损耗,提高灯具整体寿命。

研究团队50多名师生研究足迹遍布全国20多个省市隧道,实验研究行程1万多公里。砥砺精研15年,长期的坚持终换来丰硕的果实:团队陆续攻克了隧道照明系列技术难关,研发了3大核心产品,包括隧道专业照明灯具、照明质量监控、自适应调控、无监督式运行、无接触式超远调控等,从灯具、监测、调控、反馈形成完整的闭环软硬件系统,有效解决了隧道光环境"白洞、黑洞"效应和眩光、频闪光环境质量问题,在保证运行安全的同时,有效降低了照明能耗和运营费用,减少了灯具更换、维修频次,降低了施工、运营的风险和费用,减少了施工对隧道通行的影响,解决了照明能耗与运行安全之间的矛盾。

团队创建至今已成功应用于20多条高速公路、135处特长和长隧道,系统运行稳定且故障率低,无一例交通事故发生,节省电费高达1023万元/年,产生了巨大的社会效益和经济效益。

点评:何禄诚,北京工业大学优秀创业校友,2016年12月创立北京安行畅达科技有限公司,注册资金100万元。该公司从事技术开发、技术推广、技术转让、技术咨询、技术服务;销售自行开发后的产品;计算机

系统服务；基础软件服务；应用软件服务；软件开发；软件咨询等。该项目为校友创业项目，该项目扎根于现实生活，攻克了隧道照明系列技术难关，有效解决了隧道光环境质量问题。

二十一、HoloOptics全息视界——全息波导AR眼镜显示技术破壁者

沈忠文博士，在东南大学党委常委、常务副校长王保平教授和电子科学与工程学院显示技术研究中心张宇宁教授的共同指导下组建"HoloOptics全息视界"团队，团队提供了国内首创、国际领先的全息光波导增强现实（AR）显示模组及光学系统解决方案。

增强现实技术即AR技术是将虚拟信息与现实世界相互融合，属于下一个信息技术的引爆点，据权威预测，AR眼镜将会取代手机成为下一代的协作计算平台。以AR眼镜为代表的增强现实技术目前在各个行业开始兴起，尤其在安防和工业领域，增强现实技术体现了无与伦比的优势，大大改进了信息交互方式。

对于AR眼镜来说，近眼光学和显示技术是非常重要的部分，目前比较成熟的增强现实技术主要分为棱镜方案、birdbath方案、自由曲面方案、离轴全息透镜方案和波导方案，前三种方案在显示、重量、体积、量产能力方面均存在一定缺陷，且目前未被有效解决，限制了其在智能穿戴方面，即AR眼镜方面的应用。全息透镜方案因为眼动范围比较小而使用受限。波导是目前最佳的AR眼镜方案。波导方案又分为几何波导方案、浮雕光栅波导方案和全息体光栅波导（体全息波导）方案。

其中体全息波导模组在显示、重量、成本上均有优秀表现，被认为是最具潜力AR光学显示方案。全息光波导是将光学元件作为全息反射镜曝光在透镜内部。体全息波导方案在色彩均匀性和实现单片全彩波导上均有优势，但是目前在大规模量产和大视场上受到了限制。且中国受到国外感光材料技术封锁，在该技术路线发展受阻。

全息波导AR显示模组主要由微像源、准直光学系统和全息波导光学镜片组成。由"HoloOptics全息视界"团队自主研发的全息波导镜片是该显示模组中最为核心的光学器件，可将微像源的画面衍射投影到人眼中，实现虚实融合效果。该项技术可广泛应用于军用夜视瞄准显示、消防救援、道路导航、安防巡检等领域，是未来近眼显示终端极具潜力的技术途径之一。

点评：沈忠文，东南大学医学院在读博士，依托东南大学电子科学与工程学院显示技术研究中心，在导师王保平教授和张宇宁教授的共同指导下致力于全息光波导增强现实（AR）显示模组及光学系统研究，取得了重要成就。该项目为优秀的师生共创项目。该项技术提供了国内首创、国际领先的全息光波导增强现实（AR）显示模组及光学系统解决方案。

二十二、愿朗纳米科技——高效纳米纤维空气过滤膜供应商

张涵，宁波大学"90后"研究生，在张晓伟博士的指导下组建"愿朗纳米科技"团队。

2020年新冠疫情暴发期间，张涵发现高性能口罩等防护用具紧缺，组织团队迅速行动，积极开展过滤膜在口罩中的应用研发，显著提升口罩的防护率和使用率。经多次市场调研和课外科学研究探索，采用静电纺丝技术研发出基于TPU纳米纤维的过滤膜，通过优化工艺参数，设计特殊的nanonet-nanofiber结构，结合惯性碰撞技术，成功研发了效率高、风阻低、寿命长、耐高温的复合式高效纳米纤维空气过滤膜。

产品经浙江省纺织测试研究院测试，PM过滤效率高达99.3%，压强差低于10Pa。符合防护口罩国家GB2626—2006标准，其高效过滤膜产品获得包括亚太材料科学院院士等多位权威专家的认可。

点评：张涵，宁波大学在读研究生，依托宁波大学信息科学与工程学院，在张晓伟博士的指导下致力于纳米纤维材料研发，2019年7月创立宁波愿朗科技有限公司，注册资金200万元，是一家专业从事空气滤膜材料和滤膜系统研发、设计、销售的科技公司。公司专注于纳米纤维材料的研发，致力于为新风系统厂商提供复合式高效纳米纤维空气过滤膜。愿朗纳米科技，致力于成为空气净化领域的标准制定者，为室内生态

构筑纳米屏障,为中国新风行业提质赋能。该项目为师生共创创意类项目,创业公司成立不久,未见其公司经济效益和社会效益报道。

二十三、磁晶科技——国内首创光电通信器件的核心材料供应商

刘海鹏,福州大学博士,在福州大学光功能晶态材料研究所所长庄乃锋教授的指导下组建"磁晶科技"科技团队。

2020年,"5G"呈井喷式发展,法拉第磁光材料作为5G通信三大光无源器件的核心,为光信号的稳定传输保驾护航。磁光晶体材料的垄断性源自其生长方法复杂,由于材料掺杂改性困难,因此存在诸多技术难题。

"磁晶科技"团队12年磨一剑,攻克了一个个技术难关。在国际上首次采用了自助溶剂导模提拉法生长出CRIG晶体。首先,生长速率获得大幅提升,同等生长周期,获得的晶体尺寸可提高20倍。其次,通过不断优化改善材料组分,团队使晶体关键性能比法拉第旋转角高于商用14%,进一步实现器件小型化。

关键核心技术是要不来、买不来、讨不来的。越来越多的科学研发者永不言弃,始终怀着坚韧不拔的创新毅力和面对困难毫不畏惧的精神,解决"卡脖子"难题。该成果已受到华为公司和晶体材料领域权威专家吴以成院士、国家973计划专家咨询组成员王继扬教授等人的一致认可,现正接受华为公司的性能评测。

"磁晶科技"团队在关注自身成长的同时,还将目光聚焦到社会效益之上。与合作企业拟定人才孵化计划,持续向合作企业输送专业人才;实力入驻众创空间,搭建多元教育平台;将线上线下有机结合,进行创新实践,缩小理论到实用性的距离,带动产学研高度融合。共同成长,追逐创业之梦。

点评:刘海鹏,福州大学在读博士,依托学校光功能晶态材料研究所所长,在导师庄乃锋教授的指导下共创"磁晶科技"科技团队,进行自助溶剂导模提拉法生长CRIG晶体技术研究,攻克了许多技术难关,推进技术产业化。为优秀的师生共创项目。

二十四、华盛科技——打造全球智慧实验室生态系统

钱文鑫博士,华盛科技董事长,在浙江大学区块链研究中心常务副主任、浙江省区块链技术研究院院长蔡亮教授的指导下组建"华盛科技"团队,致力于将"华盛科技"打造成为生物医药实验室的一站式服务商。"华盛科技"综合实力强劲,业务覆盖全产业链,行业内综合实力第一;行业资质全面,拥有13项实验室相关工程资质,全国首家省级装备工程技术研究中心;研发能力突出,拥有国家发明专利23项,实用新型专利323项,外观专利18项;产业生态完整,160亩实验室产业园,汇集上下游产业精英。

"华盛科技"通过技术创新,带动组织管理和资本创新。专注于智慧科研实验室,从实验室产业入手,在实验室智能化和物联网技术上作出巨大突破。收购华盛控股,创立共享实验室等科技型企业,打通了实验室产业链;基于区块链技术,构建了以实验室为核心的科学家社区。"华盛科技"为全球2万多家实验室搭建了智慧实验室科研共享生态体系,让智慧互联、信息共享,成就科学智慧共同体,共享全体人类科学智慧,为科研实验室变革作出了积极的贡献。

华盛实验室通过软硬件的信息化,IaaS、PaaS、SaaS三大平台的构建和设计,可以让多色3D细胞打印机、智能试剂柜、试剂耗材采购自动化、环境参数全面监控等功能变成现实。"华盛实验室以科学家为核心,以实验室为主体,以大学、科研机构、政府、金融等中介服务机构为系统要素载体,致力于打造全球智慧实验室生态系统。"CEO钱文鑫这样定位"华盛科技"。

"华盛科技"核心团队共有6人,分别专注于实验室的设计研发、架构搭建、日常运营和业务拓展,深度服务科研工作人员。截至2019年年底,"华盛科技"累积服务的实验室已经超过30000家,目前正在为7300家

左右的实验室提供运营支持及试剂、耗材等。

点评：钱文鑫，浙江大学优秀创业校友，2005年5月创立华盛科技控股股份有限公司，注册资金5890万元，是一家集研发、生产、销售智慧实验室成套装、智能控制系统研发、实验室检测服务于一体的综合型高新技术企业。该项目为优秀校友创业项目，创新十足，是化学实验者的福音。

二十五、国家战略急需高性能电磁材料与天线产业化

薛玉磊博士，高级工程师，中国航天九院五三九厂导弹武器电子工程研究室副主任、航天技术应用发展处副处长，主要从事导弹、飞机、卫星军民融合领域北斗导航系统以及抗干扰通信系统、基于新材料的天线设计工作，参与弹载以及机载全数字化高精度三轴模拟转台研制，参与智慧城市建设，主要涉猎消防以及交通领域，目前师从黄卫平教授攻读博士学位研究生。

该项目集研发、生产、销售、服务为一体，立足于研发和提供高端电磁材料、高端天线、高端抗干扰北斗导航系统。为我国的强军强国建设做出了不可忽视的贡献，在航空、航天、军工等领域均有建树。主要核心人员曾多次获得军队科技进步奖，所研制产品在神舟飞船、CH92A、飞鸿系列无人机、155炮弹及多个型号任务中使用。且团队依据自主研发新材料完成了国内抗干扰设备的优化，使其可以搭载在无人机上，填补了国内空白。

薛玉磊带领团队联合中国航天科技集团、中国科学院相关科技工作者，成功研制出高介电常数、低损微波电磁材料，成功解决了我国缺高性能电磁材料的问题；基于该材料研发的小型天线解决了缺高端天线的问题；基于该材料研发的轻型化、小型化阵列天线解决了中国北斗导航抗干扰小型化天线设计问题，攻克了国家战略急需高性能电磁材料与天线产业化难题。研发产品获得多个国家航天立项、多项发明专利以及国防专利，并且在国家军事项目竞标中多次获得第一名。我国的神舟飞船、多型155炮弹、第一批出口欧洲CH-92A无人机、中国最大的无人运输机飞鸿98都采用了团队研发的特种天线设备，为解决国家"卡脖子"难题做出了重要贡献。

点评：薛玉磊，进入山东大学攻读博士前已在导弹、飞机、卫星军民融合领域北斗导航系统研究领域取得重要成绩，在导师黄卫平教授和邢建平教授的共同指导下致力于高端电磁材料、高端天线、高端抗干扰北斗导航系统的研究，为国家国防领域解决了"卡脖子"难题。

二十六、"水上行者"无人驾驶清洁船守护绿水青山

朱健楠，2017级西北工业大学航海学院在读博士，在导师杨益新教授的指导下组建"水上行者"团队。创业团队均来自西北工业大学，软硬件核心研发成员大部分来自西工大航海学院在读硕士，并从事电子信息、水声工程、自动化等专业。

"欧卡智能"专注水上无人驾驶技术与细分市场下的产品落地，是一家由清华大学、西北工业大学等知名高校博士组成的中外合资高新技术企业。

目前"水上行者"团队聚焦水面环卫(清洁、除藻等水面维护)、水域数据收集(水深、水质等测量)、水域智能巡检三大智慧场景，推出人工智能水务云分析平台及 ELFIN、SMURF、TITAN 三大系列无人驾驶清洁船，为水环境综合治理提供一体化解决方案。公司入围2020年联合国地球青年卫士，并获荣誉包括戴森设计大赛中国区冠军，全球TOP20(中国首次)、中国科技创新创业大赛地区一等奖，2019乌镇互联网大会暨全球互联网大赛TOP4，中国智慧环卫示范区，并获得姚期智院士西安交叉信息融合研究院、图灵创投、香港X科技基金(Hong Kong X)、李泽湘教授领衔的松山湖国际机器人基地、Plug & Play 基金与 Brizan Ventures 的联合投资。

传播绿色理念至今，欧卡无人船完成众多水域铺设，包括伦敦、宁波、西安、成都等地区，从国际化大都

市到宝塔山下,"工大船"帮助上万亩湖域恢复洁净,为上百个孩子和家庭普及并建立了绿水青山意识,成为我国走向世界的一张绿色名片,获得 30 多个国家或地区的认可与上百家媒体报道,包括新华社、人民日报、CCTV、BBC 等。

"水上行者"团队 2017 年获得大疆无人机董事长李泽湘教授松山湖机器人早期投资,2019 年获得由马化腾和沈南鹏领衔的 Hong Kong X 科创基金与硅谷著名加速器 PNP 的联合投资,朱健楠入选 2018 年福布斯 30under30 榜单,团队的可持续理念更是吸引众多领域前辈作为团队指导老师,包括时任大疆无人机董事长李泽湘教授、香港科技大学工学院院长高秉强教授、长江商学院副院长甘洁教授、诺基亚中国区副总裁徐洁平先生、思科亚太区 CTO 古一思女士。更有各界领导的访问和关心,包括工信部部长、杭州市市长、西安市委书记等,推动产品与政府的合作与创新。

点评:朱健楠,在西北工业大学攻读博士期间开始创业,2017 年 1 月创立陕西欧卡电子智能科技有限公司,注册资金 301 万元。这是一家从西北工业大学走出来的创业公司,专注于水面无人驾驶技术的研究,推出了用于水面环卫、水域数据收集(水质水深)、水域智能巡检、水域救援等的国内首个标准化无人驾驶环卫船,是智慧城市水域新基建的重要组成部分,取得了重要成绩。该项目为优秀在校博士创业项目。朱健楠在人生奋斗路上不断践行当初的承诺:"给我一艘小船,还你一片绿水。"

二十七、大隐科技——四维隐身吸波蜂窝开创者

王浩博士,在华南理工大学导师胡健教授的指导下组建"大隐科技"团队。团队依托造纸、电信、材料三大学科交叉优势,全球首创四维隐身蜂窝材料技术,通过各向异性吸波基体、纸基网络结构、蜂窝及智能电磁结构四个维度的丰富技术手段展开电磁功能设计,开发的新一代隐身蜂窝材料具备超宽频、自适应、免维护等优势,为飞机、舰船、导弹等新一代武器装备的隐身技战指标实现提供材料支撑,部分产品现已进行装机验证。

四维隐身吸波蜂窝主要应用于军事领域。四维蜂窝就是在用纸张搭建三维蜂窝结构的同时,在纸张上加入可控电磁器件,使得蜂窝具备超宽频、自适应、免维护的性能优势。通俗地讲,就好比用纸印刷特定的电磁周期结构,然后再将纸折出一个蜂窝状的模型。

据王浩博士介绍,基于这样的设计,四维蜂窝对低频雷达波具有很好的吸收效果,从而实现隐身。"在作战过程中,要想不被对方雷达波探测到,就需要一种材料来吸收对方雷达发射出的电磁波,让飞机能'隐身'。"当对方的电磁波照射到飞机上时,被蜂窝吸收掉,反射回去的电磁波就会减少,将加大敌方雷达的探测难度。

作为一个集合了造纸、电磁、材料三大领域的项目,学科交叉是其创新的"密码"。相比单学科研究而言,交叉学科的四维设计提高了吸波蜂窝的低频吸波性能,兼具电磁性能智能可调的性质。但学科交叉也是一大难点,三个学科的基础知识体系都不一样,团队在技术攻关、实操过程中要磨合的地方比较多。

团队在科研成果转化落地方面有深厚的技术积淀。2017 年团队与中车集团合作成立了株洲时代新材料科技股份有限公司,获得现金投资 5 亿元,已建成投产一条年产 5000 吨的芳纶纸生产线。公司多项产品已实现为大型飞机、高速列车等重大项目以及先进军机提供材料支撑。团队受邀参加广东卫视、凤凰卫视、南华早报、科技日报等媒体报道。

点评:王浩,华南理工大学在读博士,依托学校轻工科学与工程学院,在导师胡健的指导下共创"大隐科技"团队,进行四维隐身蜂窝材料技术产业转化探索,为飞机、舰船、导弹等新一代武器装备的隐身技战提供材料,取得良好的成绩。该项目为优秀的师生共创项目,目前未见创业公司的报道。

二十八、能眼云 E-eyes

刘泽健,华南理工大学研究生,在杨苹教授的指导下组建"能眼云 E-eyes"团队,致力于将领先的电力电

子技术与云计算、大数据、人工智能、区块链、工业互联网等新一代信息技术融合创新,全球首创智能化升级的四层架构系统性创新解决方案,分为采集、分析、应用和交易四层架构,分别实现数据采集感知、数据分析挖掘、数据深度应用和数据增值,为用户提供集用能安全、节能、降费于一体的综合能源解决方案,推动能源互联网下的企业用能服务产业智能化升级。

2015年我国"电改9号文"的发布,意味着我国电力体制将借助电力市场机制逐步迈入绿色低碳、节能减排、安全可靠和实现综合资源优化配置的新型电力治理体系。这将意味着企业必须做好节能、省电工作,如果不做出改变,按照过去的用电方式,将会大幅增加用电成本,加大企业的开支。

通过设计改善电表采集层和分析层,采集层设备是一个颠覆电表本身的设计,它通过非侵入式的边缘计算的方式,让不同时间尺度数据都能够实现从秒钟到分钟到小时级自适应的采集,从而获得更精准、更高维度的数据。分析层采用人工智能的算法,基于华为云 ModelArts 平台进行数据标注和模型训练,快速上手,把人力从繁重的开发部署中解脱出来,识别数据的安全隐患,一旦有危险,就会及时做出预警反应,大大提高了企业用电的安全性,在很大程度上避免了悲剧的发生,减少了很多不必要的损失。这一方式能使用电企业获得更高质量的用电,更加安全的用电,并从不平衡度、功率、无功补偿等指标上改善企业的电能质量,促进节能环保。

"能眼云 E-eyes"项目本身是服务型云化的业务场景,项目组建之初也遇到了很多云计算的问题,华为作为国内的主流云厂商,拥有成熟的生态及过硬的技术实力,再加上参赛过程中对华为云的良好印象,最终团队选择与华为云合作完成了项目落地版本。如今这个项目在产品采集层、分析层、应用层和交易层上都有不同程度的技术突破,真正实现了企业智慧用电。

点评:刘泽健,华南理工大学在校研究生,依托广东省风电控制与并网工程实验室,在导师杨苹教授的带领下开展能眼 E-eyes 企业综合用能管理系统研究,围绕电能质量问题突出、电能利用效率低下、用电成本居高不下等工业企业发展过程中的核心痛点问题,为用户提供集数据采集+分析挖掘+智能应用+电力现货交易于一体全方位智慧用电管理服务,满足企业高效用能管理需求,助力企业实现安全、节能、降费。该项目为优秀的师生共创项目。

二十九、NASH美育

米怀源,硕士研究生,2017年毕业于山东师范大学美术学院,在母校艾翔老师的指导下组建"米多多NASH美育"团队。

2010年暑假,米怀源作为学生骨干,被抽调到山东师范大学美术课程研发团队,为山东省内美术辅导机构进行学术培训。米怀源为了跟进研发速度,几乎每天晚上奋战到深夜,通过不断补充知识、自学相关内容,与团队成员配合完成研发任务。2012年,米怀源作为学校优秀毕业生代表,受邀到美国参加世界艺术学术论坛交流会。

回国后,米怀源创办了一间工作室,对外招生,从事美术教育。2012年米怀源开始将通识教育理念融入自己的教学中。历经1年的教学实践和经验沉淀,还是学生的米怀源在授课、学业两不误的情况下,完成了第一套由她的教学实践经验和通识教育理念相结合的幼儿美术教材。

米怀源考取山东师范大学美术学院研究生,在老师的指导下将自己通识学科美育的创业思想拿到舞台上,将画室更名为米多多美术学校,与山东师范大学达成校企合作,成为山师双创基地、大学生就业实习基地。米怀源夜以继日地努力推广,其2.0版本课程被47家美术辅导机构采纳,做课程植入,学术团队成员同时兼任会员机构高级课程顾问。

2016年3月山东米多多教育咨询有限公司正式成立,米怀源团队将教学反馈不断融入教学研发中,2017年将动漫设计纳入课程体系。2018年新增综合绘画美学和综合设计美学,并将整个课程体系进行整合梳理,完成倡导以美育呵护童心的米多多美育课程体系的搭建,赢得市场上的一片好评。新版课程植入了

143家美术辅导机构,遍布全国28省。

通过课程植入机构的市场反馈,米怀源发现了新的商机,通过北上学习新的管理理念,米怀源团队接触到了加盟形式业务,让米多多实现了快速发展。米多多美术课程也正式升级迭代为新美育4.0课程体系——NASH学科美育+课程体系,含九大学科课程板块。这一课程体系也得到了良好的市场反馈,正式做加盟业务首年,在无市场投入的情况下便签约4家加盟学校和3家课程植入合作校。

点评:米怀源,山东师范大学优秀创业校友,2016年3月创立山东米多多教育咨询股份有限公司,注册资金370.37万元,坚持用美育呵护童心的理念,以为全球3~14岁青少年儿童提供科学的美育教育为宗旨,主营课程研发、师资培训、内容输出以及艺术游学等业务。米怀源创业拼搏经历,代表着当代青年敢于奋斗、敢于拼搏的精神,将学习和创新创业相融。该项目为优秀校友创业项目,是符合大学生"双创"精神培养的案例。

三十、华涂科技——国内首家高性能车用轴瓦涂层材料供应商

吴烨卿,在校研究生,在宁波大学机械学院曹均博士的指导下组建"华涂科技"团队,紧密围绕提升轴瓦润滑耐磨性能、破解电镀工艺污染严重、解决国内高端涂料产品性能不足等难题,成功打破国外技术封锁,突破了涂料、设备和工作三大难关,自主研发出新型环保型涂料和五轴联动自动喷涂设备,为百亿级的电镀轴瓦行业转型发展提供了新的解决方案。

基于汽车内燃机轴瓦的润滑耐磨需要,"华涂科技"项目旨在替代具有污染的电镀技术,开发了新型纳米环保型涂料,经过测试和客户反馈,其性能超越国外进口产品。同时开发了国内第一台五轴联动自动喷涂生产线,采用轴瓦合并垂直喷涂技术,让设备做到污水排放为零,且已投入生产使用。本项目可提供全套的新材料、新设备和新工艺。

"华涂科技"作为新型纳米环保涂料领跑者,对轴瓦涂层技术进行了创新,助力新型环保涂料技术发展与革新。为了破解高性能轴瓦涂料"卡脖子"问题,团队还自主研发了新型纳米环保型涂料,五轴联动轴瓦自动喷涂设备,以及涂层制备工艺,实现了涂料、设备和工艺的一体化供应。

点评:吴烨卿,宁波大学在读研究生,依托宁波大学机械学院平台,在导师曹均博士带领下开展高性能车用轴瓦涂层材料研究。该项目旨在替代具有污染的电镀技术,开发了新型纳米环保型涂料及国内第一条五轴联动自动喷涂生产线,该生产线采用轴瓦合并垂直喷涂技术,让设备做到污水排放为零,并投入生产使用。该项目为优秀的师生共创项目。

三十一、Plastifuel——塑料再生循环领航者

戴磊磊博士,师从南昌大学食品学院刘玉环教授,在南昌大学食品学院的支持下组建"Plastifuel塑料再生循环"团队,致力于塑料再生循环技术研究。

关于废塑料如何才能更好地被循环利用,目前市场上主要是依靠机械回收和传统化学热解技术实现废塑料再生,但这些技术都存在二次污染、再生塑料品质低、不能永久再生等弱点。

"Plastifuel塑料再生循环"团队开发了微波催化热解技术,将废塑料转化成石脑油技术,热解气穿过一级碳化硅热载体深度热解后,经二级微波响应催化剂床层重整,实现了塑料深度热解与非原位催化重整耦联,使废塑料中高达55%的能源再生为石脑油,石蜡含量低于3%。

微波催化热解技术开辟了塑料回收新时代,团队利用环保经济新手段解决塑料污染与低值难题,推出废塑料再生循环高值化利用方案。以废塑料微波热解后产生的石脑油为产品,构成了从原材料供给、微波热解设备生产搭建、石脑油销售的商业闭环,以价格和品质优势突破现有市场。

创始团队已成立江西点塑科技有限公司,采用与塑料回收企业、石油化工企业成立合资公司的方式进

行生产经营,共同合作,共享收益。目前该公司与塑料回收企业、成品油配送及贸易商和相关镇政府达成了系列的战略合作协议。该项目从研发到落地近5年,培养的本硕博学生近150余名,为公司运营储备了大量的专业人才。预计3年提供就业岗位近五百个。

"Plastifuel 塑料再生循环"团队是一个多学科高层次人才融合的创业团队。戴磊磊博士2018年入选了中国青少年科技创新奖候选人。作为核心发明人拥有已授权发明专利15项;以第一作者发表SCI论文16篇,中科院一区/Top期刊10篇,被引958次,H指数20,其中2篇学科前1%ESI高被引论文,构建坚实技术壁垒。

点亮绿色,塑造未来,"点塑科技"将开创中国废塑料循环再生的新时代。破解塑料围城,让废塑料永生。

点评:戴磊磊,南昌大学在读博士,依托学校食品科学与技术国家重点实验室,在导师刘玉环教授团队的支持下于2020年9月创立江西点塑科技有限公司,注册资本300万元,推进塑料再生循环技术产业化。该项目为师生共创项目,为废塑料化学循环再生领域。目前该创业公司成立不久,未见其公司经济效益和社会效益报道。

三十二、气炭创循——酿酒废弃物微波气化高效处理装备创造者

王允圃博士,南昌大学优秀校友,目前为南昌大学食品学院副教授,依托学校食品科学与工程国家重点实验室、生物质转化教育部工程研究中心等平台,在学校支持下组建"气炭创循"团队。基于碳化硅热载体深度热解构建了微波驱动非原位催化体系,经过上万次试验迭代,打造了生物质微波热解气化装备,有效解决了常规酒糟气化效率低、焦油含量高等技术瓶颈问题,以"余热干化预处理-接力式微波驱动气化-酿酒工艺供能"和"热解生物炭-土壤修复改良-绿色种植"耦合技术为核心,攻克整装成套的酿酒固废资源化利用技术,形成酿酒固废问题系统性综合解决方案与推广模式,实现了酿酒固废减量化、资源化、无害化处理。

"气炭创循"团队构建了接力式微波驱动催化体系,集成了首台小型智能、绿色环保的生物质微波热解气化装备,可将生物质高效转化成生物燃气和生物炭,突破了传统气化焦油高、效率低的瓶颈,提高了其经济价值,助力酿酒产业转型升级为循环经济。

"气炭创循"团队在泸州老窖股份有限公司实现产业化应用,打通了从上游设备生产到下游设备销售的合作。业内专家认为,"气炭创循"将助力酿酒行业转型升级,创新固废资源回收利用体系,推进环保产业迈向循环经济进程。

未来,"气炭创循"团队将酒糟的处理模式延伸至其他有机废弃物(如农业废物、地沟油、废塑料等城市垃圾)处理,最终全面覆盖整个生物质热解领域,清洁地球,做地球的环保卫士。

"气炭创循",创绿色美丽中国,循未来无限可能!

王允圃博士拥有相关授权发明专利34件,其中第一发明人15件;发表相关SCI论文86篇,第一作者/通讯作者53篇,其中中科院一区/TOP期刊37篇,被引1372次,根据Web of Science数据统计在微波热解领域影响力全球排名第三。

点评:王允圃,南昌大学优秀创新创业校友,依托南昌大学食品科学与技术国家重点实验室和学科优势,首创了接力式微波驱动催化体系,打通了从上游设备生产到下游设备销售的合作,并在泸州老窖股份有限公司实现了产业化应用。该项目为优秀校友创新创业项目。同时,王允圃博士作为指导老师指导了"Plastifuel塑料再生循环领航者"项目,作为参赛选手和指导老师同时获得全国总决赛金奖,值得高校年青老师学习。

三十三、用激光照亮未来——白激光光引擎技术的开发和产业化

杨毅博士,师从我国著名光学家、上海理工大学光电信息与计算机工程学院院长、中国工程院庄松林院

士,在学校重点支持下创建"激光光源"团队。团队耗时5年,研发出了一种全新的激光照明光源,勇做行业的"造风者"。

团队研发的新型激光照明光源可满足工程车、越野汽车、房车等有大范围、长距离照射需求的车载照明灯。将传统的LED光源换成激光照明光源之后,照明范围扩大了5倍以上;用于铁路巡逻、野外搜救、探险等的手电,换成了激光照明光源之后的射程为3公里,是传统LED手电的5倍以上。

团队在新材料的突破创新,为传统照明行业提供了新的光源方案,衍生出一系列在全球范围内具有独特性能的新产品。新材料给照明行业带来的新变局,项目团队的光源还在舞台光束灯、影视用灯、高铁以及航海航空照明等诸多领域开始应用。

五年来,"激光光源"团队发布了针对不同应用的激光照明光源,共拥有专利206项,包括5项PCT国际专利和1项美国专利。与此同时,使用白激光光引擎技术的客户也在应用层面进行着创新,据不完全统计,下游客户群所申请专利也超过了50项,其中国外专利占比超过50%。由此可见,白激光光引擎技术催生的不仅是产业链,更是引导全行业变革的"创新链"。

目前团队所研发的激光照明光源产品已累计带动照明行业所产生的总产值超过10个亿,这些新的照明产品所带来的就业岗位不少于1000个。谈及未来,团队正着手研发成本更低、体积更小的第三代产品,为照明产业打造新一代的激光引擎,为全行业制造一个属于激光照明的"新风口"。

点评:杨毅,上海理工大学在读博士,依托学校光学与电子信息工程学院平台,在导师庄松林院士的指导下创建了"激光光源"团队,聚焦白激光光引擎技术探索,解决关键性材料问题,突破世界性光学难题。该项目为优秀的师生共创类项目。

(徐德锋　李忠玉　徐知遥)

参考文献

[1] 王冀宁,陈红喜.大学生创新创业教育案例集萃和实践指南[M].北京:科学出版社,2020.
[2] 杜永红,梁林蒙,杨彩霞.大学生创新创业教育——基于互联网+视角[M].北京:清华大学出版社,2016.
[3] 蔡立雄.大学生创新创业基础[M].北京:北京大学出版社,2018.
[4] 马林.大学生创新创业拓展与训练[M].北京:科学出版社,2016.
[5] 李国强,刘君.大学生创新创业基础[M].北京:机械工业出版社,2019.
[6] 李红梅,赵婷.大学生创新创业指导实务[M].北京:电子工业出版社,2019.
[7] 孙全民,徐大治.大学生创新创业训练与指导[M].北京:北京师范大学出版社,2018.
[8] 康丽勇,于环.大学生创新创业导论[M].北京:科学出版社,2017.
[9] 吕云翔,唐思渊.大学生创新创业教程[M].北京:清华大学出版社,2018.
[10] 刘长伟.大学生创业项目的选择:基于PES视角[J].长春工业大学学报(高教研究版),2015,36(1):68-71.
[11] 康秋林.大学生创业项目选择的策略[J].当代经济,2015,(3):100-101.
[12] 李海东.大学生创业项目选择的方法与途径[J].现代商业,2013,(2):267-268.
[13] 熊光,宋晓丹.浅谈大学生选择创业项目的方法[J].江西化工,2017,(6):231-233.
[14] 施险峰.培养大学生创业风险规避能力的路径选择[J].职业时空,2014,10(7):106-108.
[15] 林秋君.新时代大学生创新创业精神培育与能力提升研究[D].重庆:重庆交通大学,2018.
[16] 张一清.新时期大学生创新创业教育研究[D].西安:西安建筑科技大学,2017.
[17] 张思意,孙曙光.新常态下大学生创新创业人才素质特征模型构建[J].现代商贸工业,2019,40(28):77-79.
[18] 刘云海.论优秀创业团队建设[J].管理观察,2016,(1):101-103.
[19] 姚大伟.大学生创新创业意识培育研究[D].抚州:东华理工大学,2017.
[20] 李莹.大学生创新创业能力影响因素与培养策略研究[D].长春:东北师范大学,2019.
[21] 杜先颖.大学生创新创业精神培育研究[D].天津:天津工业大学,2018.
[22] 赖美詹.高校创新创业教育对大学生创新创业素质及行为的影响研究[D].北京:北京邮电大学,2019.
[23] 蔡晨笑."互联网+"大学生创新创业大赛研究[D].上海:华东师范大学,2018.
[24] 孔宇航.大学生创新创业素质评价研究[D].大连:大连理工大学,2018.
[25] 徐灿.大学生创新创业培育机制研究[D].武汉:华中农业大学,2018.
[26] 吴嘉妮.思想政治教育视域下大学生创新创业教育研究[D].长春:吉林财经大学,2018.
[27] 茹秋平.我国大学生创新创业政策研究——以广东省为例[D].广州:华南理工大学,2019.
[28] 陈婧.大学生创新创业项目管理系统的设计与实现[D].厦门:厦门大学,2018.
[29] 段焱.高校思政教育促进大学生创新创业教育的路径探析[J].理论导刊,2019,12:116-121.
[30] 杜建群,杜尚荣.大学生创新创业课程的价值取向与目标定位[J].教育研究,2018,39(5):63-66.
[31] 罗琳.互联网+背景下大学生"专业、创新、创业"能力培养模式研究[J].高教学刊,2018,22:42-44.
[32] 满炫.大学生创新创业教育协同育人机制研究[J].教育理论与实践,2020,44(6):6-8.
[33] 柯玉荷,沈陆娟.大学生创新创业实践研究[J].高教学刊,2020,34:49-52.
[34] 付春权.高校大学生创新创业教育存在的问题及对策[J].继续教育研究,2020,6:78-81.
[35] 张欣柔.高校大学生创新创业能力养成型培养模式构建[J].科技与创新,2020,14:15-16.

[36] 杜天宝,于纯浩,温卓.大学生创新创业政策扶持体系优化研究[J].经济纵横,2019,9:88-94.

[37] 何望,林庚.大学生创新创业训练项目指导及实践效果案例分析[J].创新创业理论研究与实践,2019,2(20):187-188.

[38] 毕瑜林.推进大学生创新创业教育发展的路径研究——从社会主义核心价值观角度出发[J].教育教学论坛,2020,43:84-86.

[39] 袁嵩,黄新宇,陆佳鑫.大学生创新创业能力培养探索[J].教育教学论坛,2020,35:75-76.

[40] 程颖,侯烨.高校思政教育与大学生创新创业教育的有机融合路径[J].教育教学论坛,2020,8:50-51.

[41] 王忠良,张瑞丽."互联网+"背景下大学生创新创业实践平台建设的思路和策略[J].教育教学论坛,2020,8:130-131.

[42] 徐晓君,熊森.大学生创新创业与专业教育有机融合的路径探索[J].高教学刊,2020,8:26-28.

[43] 谈洁."互联网+"大赛,南京高校斩获多个金奖[N].南京日报,2020-11-26(A11).

[44] 姚玲利.黄隽:创新不断 挑战不止[N].台州日报,2020-7-29(4).

[45] 姚瑶.广东师生联手斩获"互联网+"大学生创新创业大赛金奖[N].南方日报,2020-11-24(A10).

[46] 董鲁皖,龙于珍.科研成果从实验室走向市场[N].中国教育报,2020-11-19(3).

[47] 郭静原.匠心独运 雕琢"中国制造"[N].经济日报,2018-01-23(14).

[48] 杨频萍."互联网+创新创业"南大学子展风采[N].新华日报,2019-08-07(13).

[49] [英]保罗·巴罗.巧绘蓝图:商业计划书写作秘诀[M].北京:经济日报出版社,2003.

[50] 秋叶,陈陟熹.和秋叶一起学PPT[M].北京:人民邮电出版社,2020.

[51] 魏炜,朱武祥.发现商业模式[M].北京:机械工业出版社,2009.

[52] 唐滔.天使投资:如何成功解决创业者的融资问题[M].杭州:浙江人民出版社,2012.

[53] [美]本·霍洛维茨.创业维艰[M].北京:中信出版社,2015.

[54] 周丽.创新创业大赛实战教程[M].北京:企业管理出版社,2019.

[55] 潘亚楠,朱晋伟.路演方式对项目评价的影响研究[J].经营与管理,2020,6:14-19.

[56] 丁三青.中国需要真正的创业教育:基于"挑战杯"全国大学生创业计划竞赛的分析[J].高等教育研究,2007,(3):87-94.

[57] 王弘扬.创新创业教育"大阅兵":记首届中国"互联网+"大学生创新创业大赛[J].中国高等教育,2015,(21):42-44.

[58] 李薇薇,马海君.国际在线:我敢闯 我会创 第六届"互联网+"双创大赛十大金奖案例出炉(上)[EB/OL].(2020-11-19)[2021-03-25].https://news.xmu.edu.cn/info/1023/38069.htm.

[59] 李艳敏.我校"罗化新材料"团队喜获第四届中国"互联网+"大学生创新创业大赛亚军!张荣校长与团队座谈[EB/OL].(2018-10-15)[2021-03-25].https://www.sohu.com/a/259596719_404525.

[60] 赵怡如,杜选平.引领特种无人机未来!南京航空航天大学这支创业团队厉害了![EB/OL].(2020-12-04)[2021-03-25].https://baijiahao.baidu.com/s?id=1685150294933991178&wfr=spider&for=pc.

[61] 韬讯航空葛讯:共轴双旋翼无人机,撬动无人机市场[EB/OL].(2017-03-17)[2021-03-25].https://www.sohu.com/a/129232238_537890.

[62] 崔玉萌.影像2020:南京理工大学年度新闻人物[EB/OL].(2020-12-31)[2021-03-25].http://zs.njust.edu.cn/d4/c3/c13123a251075/page.htm.

[63] 高犇,方鋆,陈华华.喜获2金!学院在第六届中国国际"互联网+"大学生创新创业大赛总决赛中取得历史最好成绩[EB/OL].(2020-11-21)[2021-03-25].http://cepe.nuaa.edu.cn/2020/1121/c11911a222653/page.htm.

[64] 天维菌素——新一代低毒高效农兽药引领者[EB/OL].(2021-01-28)[2021-03-25].https://www.

sohu. com/a/447310600_654808.

[65] 姜虹羽.搭起青年创业者创新大舞台[N].中华工商时报,2020-11-25(5).

[66] 张甜甜,周喆,孙宏宇,等."小鹿萌妈":用声音把孩子带进国学经典的奇妙世界[EB/OL].(2021-01-12)[2021-03-25]. https://www.gdufs.edu.cn/info/1106/55974.htm.

[67] 孙小鹏.广外这支学生创业团队,用声音把孩子带进国学经典的世界[N/OL].南方都市报,2021-01-15[2021-03-25]. https://www.sohu.com/a/444754764_161795.

[68] 肖桂来.番禺创新文化"开花结果",他们摘得全国大奖[N/OL].广州日报,2020-12-05[2021-03-25]. https://baijiahao.baidu.com/s?id=1685263173880919051&wfr=spider&for=pc.

[69] 喜讯:我院"塑料黄金"项目荣获第六届中国国际"互联网+"大学生创新创业大赛高教主赛道金奖[EB/OL].(2020-11-24)[2021-03-25]. https://clnyxy.gdut.edu.cn/info/1011/5495.htm.

[70] 陈明诗,洪子媛,林颖怡,等.零的突破!华师收获全国1金1银[EB/OL].(2020-11-20)[2021-03-25]. https://news.scnu.edu.cn/34846.

[71] 赵梁羽,吴莉,曹娅琴.师大人物志|逐梦金奖,勇攀高峰[EB/OL].(2020-12-02)[2021-03-25]. https://mp.weixin.qq.com/s/XinQosEQEKzrMDBdt5taQg.

[72] 骆辉."互联网+"大学生创新创业大赛江西省获9金16银35铜[EB/OL].(2020-11-23)[2021-03-25]. https://www.sohu.com/a/433632221_114731/.

[73] 天津大学校团委.2金3银!天大学子在"互联网+"大赛中再创新高![EB/OL].(2020-11-20)[2021-03-25]. https://baijiahao.baidu.com/s?id=1683876427270891450&wfr=spider&for=pc.

[74] 赵天.喜报!天津大学环境学院2支队伍在"互联网+"大赛摘得1金1银![EB/OL].(2020-11-20)[2021-03-25]. https://www.sohu.com/a/433244548_768526.

[75] 董真,穆昊宇.[互联网+]用激光照亮未来 做传统照明行业的"造风者"[EB/OL].(2020-12-01)[2021-03-25]. https://www.usst.edu.cn/2020/1201/c34a40028/page.htm.

[76] 北京理工大学校团委学术科技部.北理工包揽第四届"互联网+"大赛北京赛区冠亚军[EB/OL].(2018-09-07)[2021-03-25]. https://www.bit.edu.cn/xww/zhxw/158763.htm.

[77] 北京理工大学宇航学院.宇航学院"猎鹰"团队勇夺"互联网+"大学生创新创业大赛(北京赛区)一等奖[EB/OL].(2020-09-11)[2021-03-25]. https://sae.bit.edu.cn/zxdt/185537.htm.

[78] 赵晖."云遥星座计划"加速布局 气象"北斗"梦想启航[EB/OL].(2020-12-22)[2021-03-25]. http://www.tju.edu.cn/info/1026/3851.htm.

[79] 陈欣然,赵晖.天津大学"云遥GNSS掩星探测载荷"搭载"元光号"入轨[EB/OL].(2020-12-22)[2021-03-25]. https://baijiahao.baidu.com/s?id=1686790123174879766&wfr=spider&for=pc.

[80] 姜凝.天大启动"云遥星座计划"[EB/OL].(2020-12-23)[2021-03-25]. https://new.qq.com/rain/a/20201223A0406000.

[81] 大连理工大学教务处 生物工程学院.赞!大工学子再获2项国际大赛金奖[EB/OL].(2020-11-28)[2021-03-25]. https://www.sohu.com/a/434967415_349574.

[82] 王欣,苗一迪.我校学子在第六届中国国际"互联网+"大学生创新创业大赛斩获一金一铜[EB/OL].(2020-11-25)[2021-03-25]. http://teach.dlut.edu.cn/info/1015/9895.htm.

[83] 两金一银!南大学子"双创"国赛传捷报[EB/OL].(2020-11-23)[2021-03-25]. http://news.cyol.com/app/2020-11/23/content_18860393.htm.

[84] 宁俊康.东南大学在第六届"互联网+"大学生创新创业大赛中喜创佳绩[EB/OL].(2020-11-20)[2021-03-25]. https://news.seu.edu.cn/2020/1120/c5528a353786/page.htm.

[85] 北京工业大学.北工大学子在第六届中国国际"互联网+"大学生创新创业大赛上实现金奖零突破[EB/OL].(2020-11-24)[2021-03-25]. https://www.eol.cn/beijing/bjgd/202011/t20201124_2046969.shtml.

[86] 突破！首捧金奖！[EB/OL].(2020-11-20)[2021-03-25]. https://baijiahao.baidu.com/s?id=1683845005397109618&wfr=spider&for=pc.

[87] 刘璐.显示中心团队在第六届"互联网+"大学生创新创业大赛中喜创佳绩[EB/OL].(2020-11-20)[2021-03-25]. https://display.seu.edu.cn/2020/1120/c12898a353771/page.htm.

[88] 张阳.宁波大学信息学院：党员总动员 科技抗疫显担当[EB/OL].(2020-04-02)[2021-03-25]. http://m.haiwainet.cn/middle/3542414/2020/0402/content_31758086_1.html.

[89] 宋佳敏.1金2银！信息学子再创"互联网+"国赛佳绩[EB/OL].(2020-11-20)[2021-03-25]. http://eecs.nbu.edu.cn/info/1054/5004.htm.

[90] 李星.磁晶科技,致力开创中国法拉第磁光材料自主新时代[EB/OL].(2020-11-12)[2021-03-25]. http://www.hlj.chinanews.com/hljnews/2020/1112/76716.html.

[91] 王坤伟,黄雅雯.奔走相告|1金！2银！4铜！福州大学在第六届"互联网+"大赛全国总决赛再创佳绩！[EB/OL].(2020-11-24)[2021-03-25]. https://www.sohu.com/a/434035609_718399.

[92] 华南理工大学党委宣传部.凤凰卫视专访章熙春书记：深化双创教育改革培养"三创型"人才[EB/OL].(2020-08-11)[2021-03-25]. http://news.scut.edu.cn/2020/0811/c41a42631/page.htm.

[93] 山东大学校团委宣传部.山大在第六届山东省"互联网+"大赛中获佳绩[EB/OL].(2020-09-02)[2021-03-25]. https://www.view.sdu.edu.cn/info/1022/138465.htm.

[94] 许中华.两个金奖！电力学院在第六届中国国际"互联网+"大赛中获佳绩[EB/OL].(2020-11-25)[2021-03-25]. http://www2.scut.edu.cn/ep/2020/1125/c5228a409907/page.htm.

[95] 宁波大学校团委.宁波大学"王炸"出手！"挑战杯"特等奖浙江省第1！[EB/OL].(2020-09-01)[2021-03-25]. https://baijiahao.baidu.com/s?id=1676634715144820980&wfr=spider&for=pc.

[96] 洪松.一金一银！机械学院在"互联网+"国赛中再创佳绩！[EB/OL].(2020-11-23)[2021-03-25]. http://eng.nbu.edu.cn/info/1150/8990.htm.

[97] 王冬晓.甬上APP：全国"互联网+"大赛,宁大勇夺六金！[EB/OL].(2020-11-23)[2021-03-25]. http://news.nbu.edu.cn/info/1005/39427.htm.

[98] 戴艳.南昌大学"plastifuel塑料再生循环"项目获江西省"互联网+"大学生创新创业大赛金奖[EB/OL].(2020-09-15)[2021-03-25]. https://www.sohu.com/a/418541286_381537.

[99] 刘媛.南昌大学"气炭创循"项目助力白酒产业酒糟资源化利用[EB/OL].(2020-09-14)[2021-03-25]. http://www.jx.xinhuanet.com/2020/09/14/c_1126491231.htm.

[100] 胡春艳.天大创业团队欲用3年打造气象界的"北斗系统" 80双"千里眼"太空监测地球气象[EB/OL].(2021-01-12)[2021-03-25]. https://baijiahao.baidu.com/s?id=1688630581323235813&wfr=spider&for=pc.

[101] 罗亮.大学生如何做好创新创业项目路演？[J].中国大学生就业,2019,5:30-31.

[102] 潘亚楠,朱晋伟.路演方式对项目评价的影响研究——以大学生创业竞赛为例[J].经营与管理,2020,6:14-19.

[103] 许莉萍.创业者为何路演？创业激情、自我效能与项目展示意愿[D].成都：西南财经大学,2019.